精品课程新形态教材
21世纪应用型人才培养系列教材
新时代创新型人才培养精品教材

大学生
创新创业基础

杨　霄　主编

中国商业出版社

图书在版编目（CIP）数据

大学生创新创业基础 / 杨霄主编 . -- 北京 : 中国商业出版社, 2024. 6. -- ISBN 978-7-5208-2941-0

Ⅰ. G647.38

中国国家版本馆 CIP 数据核字第 2024S3L289 号

责任编辑：聂立芳
策划编辑：张　盈

中国商业出版社出版发行
（www.zgsycb.com 100053　北京广安门内报国寺 1 号）
总编室：010-63180647　编辑室：010-63033100
发行部：010-83120835/8286
新华书店经销
涿州汇美亿浓印刷有限公司印刷

* * * * *

787 毫米×1092 毫米　16 开　15.5 印张　327 千字
2024 年 6 月第 1 版　2024 年 6 月第 1 次印刷
定价：48.00 元

* * * *

（如有印装质量问题可更换）

《大学生创新创业基础》编委会

主　编：杨　霄

副主编：赵俊哺　王馨然　袁　梦　王志新

孙耀东

自“大众创业、万众创新”成为我国全面深化改革、推动经济发展的国家战略以来，全国上下正掀起新一轮的创业浪潮。深化高校创业教育改革是国家实施创新驱动发展战略、促进经济转型升级的重要举措。

目前，创业类课程已经成为面向全体高校学生开设的一门必修课。该课程不应该仅仅教授学生如何设立公司，还应该让学生学会像创业者那样思考，掌握创业行动背后的逻辑，并形成自己的创业思维和创业能力，使有志创业者用自己的行动实现创业成功；同时，可以让就业者在工作岗位上能像创业者一样用自己的行动和智慧去发现和解决问题，提高个人的就业能力，创造经济价值和社会价值，进而实现人生价值。

本教材注重创业活动的实践性、操作性等特点，将经济学、管理学理论与创业中的实际问题结合起来，或重点剖析，或例证讲解，力求学以致用。此外，本教材对创业、经营实践中经常遇到的经济学问题和管理学问题，以通俗易懂的表述方式，深入浅出地进行了讲解。

本教材根据创业过程的实践主线，把整个内容分为理论篇和实践篇两个部分。其中，理论篇包括认识创新创业活动，创新创造思维的培养，认识创业规律，从创业者角度分析自己，创业团队的组建、管理与股权分配，创业融资；实践篇包括创业企业的设立与注册，创业机会的识别、评价与选择，商业模式设计，编制创业计划书和精益创业共 11 章内容。其理论与实践相结合，旨在帮助学生将知识转化为能力和行动，做到知行合一，让学生像创业者一样思考和行动，勇敢地面对不确定的未来。

在教学的全过程中，教师一定要深入贯彻党的二十大精神，尤其要落实党的二十大报告中提出的“深入实施科教兴国战略、人才强国战略、创新驱动发展战略”“培育创新文化，弘扬科学家精神，涵养优良学风，营造创新氛围”等要求，积极探索创新创业教育的实践模式和有效途径，努力构建集理论教育、实践训练、指导服务等内容于一体的创新创业教育体系，为培养社会适应力、创造力、团队意识、创新精神、执行力、组织力等多方能力兼具的创新创业型人才贡献力量。

本书由杨霄主编，赵俊哺、王馨然、王志新、袁梦、孙耀东担任副主编。其具体编写分工如下：杨霄编写第三、第十、第十一章，赵俊哺编写第四、第五章，王馨然编写第六、第七章，王志新编写第八、第九章，袁梦编写第一、第二章，杨霄和孙耀东负责案例部分的编写。全书最后由杨霄负责统稿。

创业是一门比较新的学科，人们对它的认识还在不断深化，“创业经济学”课程体系和教学内容的完善还需要长期的努力。由于时间及编者自身的理论功底和实践经验有限，认识还有不到位的地方，书中难免会有疏漏，敬请各位专家和读者批评指正。

编　者

目录

Contents

第一部分　理论篇

第二部分　实践篇

第一部分
理论篇

第一章　勇于冒险，不畏艰苦——认识创新创业活动

第二章　打破常规，勇于开拓——创新创造思维的培养

第三章　敢为人先，务实进取——认识创业规律

第四章　敢于冒险，善于创新——从创业者角度分析自己

第五章　艰苦奋斗，团结合作——创业团队的组建、管理与股权分配

第六章　诚信务实，乐于担当——创业融资

第一章

勇于冒险，不畏艰苦
——认识创新创业活动

学习目标

（1）认识创新与创业。

（2）掌握创新与创业的联系。

（3）了解创业发展及现状。

思政目标

培养学生敢于冒险、不惧艰苦的创业精神，树立正确的创业动机。

案例导入

创新与创业

创新与创业在当今社会已经成为一种趋势，无数创业者砥砺前行、艰苦创业，最终因为对市场的深刻洞察和创新思维而获得了成功。

华为的创始人任正非的创业史永远是一个颇具启示性的故事。30 年前，他率领一支锐意进取的中国科技团队，开始了他所称为“开天辟地”的创新之旅。如今的华为，已成为全球通信巨头之一。

中国有很多知名的电子商务公司，这些公司借助亚洲金融风暴后的开放市场，创立了全球领先的电商平台。

此外，脸书（Facebook）也是一家成功的创新公司，它打破了传统的门户和交流方式，成为一种全新的社交方式，深受全球用户的欢迎，并成功上市。

还有很多案例值得我们学习，如谷歌（Google）、苹果、微软等公司的一些举措。他们的共同点都是抓住市场的空白，用个性化的方式制造了产品，并在全球范围内推广。这些企业成功的原因在于他们敢于创新，不断追求进步，愿意在风险和机遇面前探索前进。

创新与创业成为当今社会的最大宝藏。无限的机遇和变革，源自人们意识的更新，也是人们创新思想的体现。创新创业，孕育着无限的经济奇迹，为企业拓宽新的商业领域，也为人类提供了更多、更好的物质和精神生活。

第一节　认识创新与创业

一、创新的概念

从狭义上来说，创新是经济学的概念；从广义上来说，创新既包括一切从无到有的创造，也包括一切比以前既有的东西具有新形式内容的新东西。它既可以是一个以技术为内涵的创新，如产品创新、工艺创新、原材料创新、市场创新、管理创新，也可以是一个非技术内涵的创新，如制度创新、政策创新、组织创新、文化创新、观念创新等。

创新，即提出有别于常规或常人思路的见解，能够利用现有的知识和物质，在特定的环境中，本着理想化需要或为满足社会需求，而改进或创造新的事物、方法、元素、路径、环境，并能获得一定有益效果的行为。

创新是引领发展的第一动力。国际经济竞争甚至综合国力竞争，说到底，就是创新能力的竞争。谁能在创新上下先手棋，谁就能掌握主动权。我们要大力实施创新驱动发展战略，加快完善创新机制，全方位地推进科技创新、企业创新、产品创新、市场创新、品牌创新，加快科技成果向现实生产力转化，推动科技与经济紧密结合。

二、创新的基本类型

创新并非少数天才的专利。一支纪律严明的团队，再加上有效的系统方法，就能更好地实施创新，并取得骄人的业绩。

（1）盈利模式创新：盈利模式创新指的是公司寻找全新的方式将产品和其他有价值的资源转变为现金，这种创新常常会挑战一个行业关于生产什么产品、确定怎样的价格、如何实现收入等问题的传统观念。溢价和竞拍是盈利模式创新的典型例子。

（2）网络创新：在当今高度互联的世界里，没有哪家公司能够独自完成所有的事情。网络创新让公司可以充分利用其他公司的流程、技术、产品、渠道和品牌。悬赏或众包等开放式创新方式是网络创新的典型例子。

（3）结构创新：结构创新是采用独特的方式组织公司的资产，包括硬件、人力或无形资产来创造价值的，它可能涉及从人才管理系统到重新进行设备配置等方方面面。结构创新的例子包括建立激励机制、鼓励员工朝某个特定目标努力、实现资产标准化从而降低运营成本和复杂性，甚至创建企业大学以持续提供高端培训。

（4）流程创新：流程创新涉及公司主要产品或服务的各项生产活动和运营，这类创新需要彻底改变以往的业务经营方式，使得公司具备独特的能力，能高效运转、迅速适应新环境，并获得领先市场的利润率。流程创新常常构成一个企业的核心竞争力。

（5）产品性能创新：产品性能创新指的是公司在产品或服务的价值、特性和质量等方面的创新，这类创新既涉及全新的产品，也包括能带来巨大增值的产品升级和产品线延伸。产品性能创新常常是竞争对手最容易效仿的一类。

（6）产品系统创新：产品系统创新是将单个产品和服务联系或捆绑起来创造出一个可扩展的强大系统。产品系统创新可以帮助创业者建立一个能够吸引、取悦顾客的生态环境，并且能抵御竞争者的侵袭。

（7）服务创新：服务创新保证并提高了产品的功用、性能和价值，它能使一个产品更容易被试用和享用，不仅为顾客展现了他们可能会忽视的产品特性和功用，还能够解决顾客遇到的问题，并弥补产品体验中的不愉快。

(8) 渠道创新：渠道创新包含将产品与顾客、用户联系在一起的所有手段。虽然电子商务在近年来成为主导力量，但传统渠道诸如实体店等还是很重要的，特别是在为顾客创造身临其境的体验方面。这方面的创新老手常常能发掘出多种互补方式将他们的产品和服务向顾客呈现。

(9) 品牌创新：品牌创新有助于提高在顾客和用户心中的辨识度，能够识别、记住公司的产品，并在面对竞争对手的产品或替代品时，一定程度上提高竞争力。好的品牌创新能够提炼一种“承诺”，吸引买主并传递一种与众不同的身份感。

(10) 顾客契合创新：顾客契合创新是要理解顾客和用户的深层愿望，并利用这些来了解和发展顾客与公司之间富有意义的联系，与顾客契合的创新开辟了公司广阔的探索空间，帮助人们找到合适的方式，把自己生活的一部分变得更加难忘、富有成效并充满喜悦。

只选择一两种创新类型的简单创新不足以获得持久的成功，尤其是单纯的产品性能创新很容易被模仿、被超越，公司需要综合应用上述多种创新类型，才能打造可持续的竞争优势。

三、创新的作用和意义

创新并不是当代的专利，关于创新，自古有之。历史和实践证明，创新是文明进化的催化剂，是历史飞跃的加速器，是事业成功的突破口。

人类社会发展的历史就是一部创新创造的历史。

在人类的蒙昧时期，人们由于采集、打猎、防卫的需要，创造出第一种创造性成果——石器，如将石块打碎用的砍砸器、刮削器、切割器等。随着石器的广泛使用，在偶然的情况下，人们发现将两块合适的石头相互撞击会产生火花，于是开始使用火引燃木屑，随后又发明了弓箭，并产生了语言，开创了人类社会最初的文明。

到了 18 世纪，伴随着纺纱机和动力织布机的发明，社会对动力的要求非常迫切，于是人们根据已发现的热力学规律发明了一系列蒸汽机。瓦特经过艰苦的努力，发明出带有单独冷凝器的蒸汽机，通过改良蒸汽机的结构提高了效率并取得四项专利，使蒸汽机迅速在工业各部门得到广泛应用，进而促使能源、冶金、交通运输等各个领域都发生了翻天覆地的变化，引起了第一次工业革命。

19 世纪，装订工出身的法拉第发现了电磁感应的客观规律，并设计制造出世界上第一台发电机，从而引发了一系列诸如电话、电动机、无线电报等电气设备的重大发明，进而引起了第二次工业革命。

自从 1945 年第一台计算机诞生，人类社会进入了一个新的时期，也就是数字化信息时

代，这是第三次科技革命。

第四次科技革命始于20世纪后期，以系统科学的兴起到系统生物科学的形成为标志，系统科学、计算机科学、纳米科学与生命科学的理论与技术整合，形成系统生物科学与技术体系，包括系统生物学与合成生物学、系统遗传学与系统生物工程、系统医学与系统生物技术等学科体系，将导致转化医学、生物工业的产业革命。

电子和信息技术普及应用开启了第五次科技革命之门，而随着互联网技术的普及和移动互联网的发展，全球处于半个世纪以来的又一次重大技术周期之中。

自2015年开始的第六次科技革命，从科学角度来看，可能是一次“新生物学革命”；从技术角度来看，可能是一次“创生和再生革命”；从产业角度来看，可能是一次“仿生和再生革命”；从文明角度来看，可能是一次“再生和永生革命”。

可以看出，从原始社会到现代社会，人类发展至今的历史，就是一部不断征服自然、改造自然的创新史。

四、创业的定义

“创业”一词由“创”和“业”组成。所谓“创”就是创造，即创建、创立、创新之意。《辞海》中“创业”的解释是“创立基业”。古代《孟子·梁惠王》有：“君子创业垂统，为可继也。”诸葛亮《出师表》曰：“先帝创业未半而中道崩殂。”这里所谓的“创业”是广义的创业，是指“事业的基础、根基”，既可以是古代的“帝王之业”“霸王之业”，也可以是百姓家业、家产和个人事业。同样，“创业”的内涵也极其丰富，有性质、类别、范围和过程阶段等方面的区别与差异。

在现代社会中，“创业”被普遍用于描述开创某种事业的活动，与保持前人已有成就和业绩的“守业”是相对的。创业也指一切个人或团队创立自己的产业的活动，如开店、办厂、创办公司、投资生意等生产经营活动。在高等教育中表述的“创业”主要是指以所学知识为基础，以技术、工艺、产品、服务的创新成果为支柱，以风险投资基金为依托，开创性地提供有广阔前景的新技术、新工艺、新产品、新服务，直至孵化出新的高新技术企业甚至新产业部门的一系列活动。

从“创业”这个概念在汉语使用中所表达的意思分析，一般强调三层含义：①强调创业开端的艰辛和困难；②突出创业过程的开拓和创新意义；③侧重于在前人的基础上有新的成就和贡献。而对“业”的范围没有什么限制，主要体现一个新的结果。因此，创业是一个过程，创业是一个主体通过主观努力而取得的新的结果。

对创业的定义可以归纳为以下三种类型：

（1）强调创新精神和创业精神的培育和拓展，能够综合运用已有的知识、信息、技能和方法，提出新方法、新观点的思维能力和进行发明创造、改革、革新的意志、信心、勇气和智慧。

（2）创业精神是指创业群体所共有的创新、冒险、开拓进取等特质和价值观体系。

（3）强调创业机会的识别和开发。

总之，创业一般强调对价值的创造。

第二节　掌握创新与创业的联系

一、创新与创业的关系

随着全球经济一体化进程的加快和知识经济时代的到来，创新与创业成为时代的主旋律，也成为实现经济发展的重要途径。大量的研究证明，创新与创业是密不可分的实践活动。能否准确把握和处理好创新与创业的关系、架起创新与创业之间的桥梁，将直接关系企业创业的成败，进而关系企业发展的前途和命运。

创新与创业是人类社会发展与进步的永恒主题。当今世界已从传统工业文明向现代信息文明迈进，知识经济崛起，而知识经济的核心恰恰在于创新。在知识经济条件下，国际上综合国力的竞争越来越多地表现为创新型人才的水平和数量的竞争，创新在竞争力上的优势得以凸显。所以，创新与创业的教育与实践是培养民族创新精神的主要动力，是实现 21 世纪中华民族伟大复兴的关键，也是把我国巨大的人口压力转化为丰富的人力资源的根本出路。科技体制创新在我国创新体系中处于重要的地位，对企业发展具有决定性的作用。企业技术创新的发展，只有通过科技体制的不断创新，才能从根本上解决长期存在的“两张皮”现象，为企业技术创新活动的组织实施和过程管理提供必要的支撑和保障。

创新与创业是相辅相成、无法割裂的。创新是创业的手段和基础，而创业是创新的载体。创业者只有通过创新，才能使开拓的事业生存、发展并保持持久的生命力。在创业活动中，创业者需要在市场开拓、产品生产、技术改进、业务模式和管理制度等方面进行不断的探索和创新。同时，创业者需要跳出固定的思维模式，识别创业机会，只有不断变革，才能使企业立足和发展。

当下是一个“全民创新”的时代，作为当代大学生，更应该顺应时代发展，把握创新的机遇。大学生创业具有独特的优势，大学生的朝气蓬勃、激情及“初生牛犊不怕虎”的开拓精神，都是优秀创业者所应具备的素质；在丰富的理论知识下，无论是高技术含量的创

新领域，还是文化服务领域，大学生都可以调用所听所看所学来实现创业，“用智力换资本”是大学生创业的特色和必由之路。尽管创业对于大学生而言具有挑战性，但也应该时刻思考，并用双眼去发现新的创业之路。

二、创新与创业的融合

（1）创业在本质上是一种创新性实践活动。无论是何种性质、类型的创业活动，都有一个共同的特征，即创业是主体的一种能动的、开创性的实践活动。

（2）创业是一个从无到有的实践。尽管有人认为，创新不是创造新东西的简单缩写，而是有特定的经济学内涵的。

（3）创新是一种推陈出新的实践活动。对原有的思想理念、制度文化和科学技术进行改造、革新、突破、超越，这是一切创新的特质，而创业正是具有这种特质的实践活动。

（4）创业是具有主体能动性的实践行为。主体能动性是一切创新活动的内在动因，创业过程中的主体能动性充分体现了它的创新性特征。

三、创新与创业的总结

创新是创业的基础，创业是创新的载体。创新是对人的发展总体的把握，创业注重的是对人的价值具体的体现。仅仅具备创新精神是不够的，它只是为创业成功提供了可能性和必要的准备，如果脱离创业实践，缺乏一定的创业能力，创新精神也就成了无源之水、无本之木。创新精神所具有的意义，只有作用于创业实践活动，才有可能最终实现创业的成功。因此，创新与创业要有机融入，相辅相成。

第三节　了解创业发展及现状

一、创业在我国的发展历程

在我国，创业具有明显的时代性、阶段性，它分时期、分阶段，在不同的历史条件、不同的发展阶段、不同的经济体制、不同的社会形态，有着不同的创业方式和创业成果。

自 1978 年改革开放以来，我国社会在不同的发展背景下，经历了带有典型特征的六次创业浪潮。而始于 2014 年的“大众创业、万众创新”的蓬勃发展，更是一次在广度、深度、强度上均超越以往的普及性创新创业大潮。在这一进程中，从那些带有时代烙印的承上启下的关键年份上，可以一窥创业中国的简要发展脉络。

第一个时期（1978—1983）：城市个体户和农村专业户创业爆发期。

这个时期，党的十一届三中全会召开，作出把党和国家的工作重心转移到经济建设上来，实行改革开放的伟大决策。改革开放开启了中国巨变的历史进程，带来了巨大的制度红利，为全社会积压已久的创造力和创业能量解缚松绑，生产效率和经济效益随之提升。一方面是改革，另一方面是开放，这是探索经济体制改革的方向和方式方法，总设计师邓小平说过的“摸着石头过河”时期。

这个时期是一个转型期，政治和经济都在发生转变转型。政治方面，以阶级斗争为中心转变为以经济建设为中心；经济方面，由国家计划经济转型为以计划经济为主，市场调节为辅。

该时期的特点是城乡个体户和农村专业户开始自主经营、自负盈亏。从农村到城市都发生了深刻的变革，这段时期又称为改革开放初期。从小岗村到华西村、从深圳到上海，个体户和农村专业户的创业就像雨后春笋般蓬勃发展。个体户就是当时城镇创业的一种主要形态。

这个时期以联产承包责任制、目标承包责任制、个体手工作坊等形式为主要的创业方式。

第二个时期（1984—1991）：乡镇企业和国有企业承包租赁经营兴起（产品经济时代）。

1984 年年初，邓小平第一次南巡，视察深圳、珠海、厦门经济特区和上海宝山钢铁总厂。同年，党的十二届三中全会召开，一致通过《中共中央关于经济体制改革的决定》，拉开了深化经济体制改革的序幕。

这个时期是经济方式的转变带来创业方式方法的转变，个体经济受到规模的局限跌宕起伏，个体经济在创业的过程中需要不断地与其他个体融合才能够不断发展壮大，因而出现了集体经济、国有企业承包租赁经营方式的兴起。该时期的特点是私营企业开始发力，创业者各显神通，创造了空前的神话。

第三个时期（1992—1996）：全国上下刮起下海狂潮，全民经商。

1992 年年初，邓小平在南方谈话中提出：改革开放要敢于试验，大胆地闯。南方谈话带动了一大批党政机关、科研院所等体制内精英、知识分子下海创业。经过 3 年国民经济整顿和低速徘徊，1992 年之后的几年内中国民营企业数量呈现爆发式增长。

这个时期以第三产业蓬勃兴起为主要标志，改革逐步深入，开放逐步扩大，投资股份制合作、资本经营、经商创业蓬勃兴起，商品市场非常活跃。国家政策扶持创业的力度逐步加大，国人渴望经商致富的激情得到空前的释放，一大批素质相对比较高的机关干部、教师、科研人员、国有企业骨干纷纷下海，前往长三角、珠三角经济特区，私营企业风起云涌。

这一时期的特点是计划经济和市场调节相结合，以市场调节为主、计划经济为辅。这一波浪潮奠定了中国廉价工业品走向世界，成为世界加工厂。

第四个时期（1997—2007）：互联网捷足先登，主要特点是知识分子创业高峰。

20 世纪末，随着互联网在全球范围内的快速普及，互联网创业在发达国家蔚然成风，带动了一大批海归和本土互联网精英的创业热情。1997 年，党的十五大报告鼓励留学人员回国工作。国家教委启动鼓励留学生回国服务的“春晖计划”，李彦宏、邓中翰等人在此之列。这个时期信息化一跃而起，以知识为主体的创业蓬勃兴起，信息化、工业化、数字化、规模化成为主要的特点。

该时期的特点是继早期的个体户、乡镇企业家、中间商、民营企业家之后，中国迎来了第六代富裕阶层——学有专长的各类知识分子。这个时期是中国信息时代的起步阶段。经过改革开放 20 多年的积累和大浪淘沙，这时候的中国市场已经成熟，创业门槛不再像改革开放初期那么低，需要的知识水平、商业眼光和市场营销眼光都高出很多，而另一个新兴企业——互联网正在不知不觉地进入。

许多著名互联网企业如新浪、搜狐、网易、腾讯、阿里、百度等都是在这一时期开始创业的：腾讯创立于 1998 年 11 月，阿里创立于 1999 年 9 月，百度创立于 2000 年 1 月。

2001 年年底，中国加入世界贸易组织（World Trade Organization，WTO），进一步推动了创业热潮。由于互联网企业的价值评估逻辑和成功支撑条件与传统企业不同，随着互联网创业迅猛发展，以硅谷为代表的整个创业投资体系被复制到国内并发展壮大，代表人物有汪潮涌、邓锋等。

第五个时期（2008—2013）：海归创业潮。

2008 年爆发的全球金融危机，推动了海外精英大规模归国就业或创业；同时，中共中央组织部适时推出了海外高层次人才引进计划，在全国各地大范围引进海外高层次人才回国，形成新一轮的海归创业潮。

新一轮海归创业潮不再局限于互联网、移动互联网创业，而是广泛涉及智能制造、生物医药、新能源、新材料、文化创意等诸多高科技和前沿创新领域，进一步助推了中国高新技术的发展。各级地方政府也开始鼓励“回乡创业”“大学生创业”“创业带动就业”，并出台了一系列扶持政策，创业热潮已蔚然成风。

第六个时期（2014 年至今）：“大众创业、万众创新”的创客时代。

移动互联网时代，中国经济正处于转型升级、结构调整的关键时期，改革开放头 30 年，年均 10% 左右的 GDP 增长率已难以为继。原来靠物质资本投入、基础设施建设、土地批租和房地产开发、能源及矿产资源粗放开发等方式形成的发展动能，虽然刺激了 GDP 的快速增长，但也导致了环境污染、生态破坏、资源浪费、食品安全等一系列的严重问题。在新常态背景下，我国经济发展的重要课题是如何实现可持续发展的动能转换，打造新引擎、切换新动力。推动“大众创业、万众创新”，对促使经济发展转向创新驱动，推动转型升级和可持续发展，具有重要意义。

2015 年的《政府工作报告》中，将“大众创业、万众创新”与“增加公共产品、公共服务”并列为中国经济发展的“双引擎”。

这个时期我国已经从站起来到富起来，进入“以互联网为特征”的新经济时代和“以大众化为特征”的创业黄金期，整个社会处在前所未有的创业热浪之中，创新创业将为中国经济的新一轮增长提供持久动力。国家富强以后，顺应网络时代“大众创业、万众创新”的新趋势，出现了高铁等一系列的新兴产业，科技的创新带来的技术手段形成了一个新的高潮。

现在我国已经进入新时代，党和政府为创新创业提供了强有力的政策支撑、组织支撑、服务支撑，全国上下掀起了万众创新、万众创业的热潮，每个人都应勇于担当、敢于作为。

从 2014 年起，我国社会正式进入了大众创业、万众创新的创客时代，即众创时代。众创时代是全民释放创造力的时代，与前五次创业潮相比，具有更为广泛的思想基础和群众基础，在我国改革发展的道路上具有里程碑式的历史意义。

二、中国科技的创业发展历程

中华人民共和国成立以来，高校科技创新工作从作为教育教学的有益补充，到强化科教结合、深化科教融合，在高校发展全局中的地位不断稳固。回望发展历程，高校科技创新始终坚持服务国家急需，与国家发展相伴相长，成为国家科技创新体系的重要战略力量。

1. 高校科技创新的探索阶段（1949—1976）

1950 年 8 月，中华人民共和国教育部颁布《高等学校暂行规程》，规定高校的具体任务中有“运用正确的观点和方法，研究自然科学、社会科学、哲学、文学、医术，以期有切合实际需要的发明、著作等成就”。科研成为高校四项主要任务之一。

为满足国家经济建设和工业化发展的迫切需要，20 世纪 50 年代，在全国范围内开展了一场大规模的高校院系调整，大力增设和发展冶金、地质、石油、采矿、水利等工科院校和专业，并将沿海地区的一些高校整体或部分院系搬迁到内地另行组建新校和新专业。高校形成以“学系—教学研究组”为组织结构，以专业人才培养为中心工作的建设模式。

这一阶段，高校将科技创新作为教育教学的有益补充，在项目经费严重匮乏的情况下进行了艰难的探索。高校科技创新注重解决行业的实际问题，把科技创新与生产建设目标紧密联系，产生了一系列科技创新成果。例如，北京大学作为三个主要完成单位之一，为人工合成牛胰岛素作出了重要贡献，在国际上产生了重要的影响；平均年龄 23.5 岁的清华大学核能所师生建成了屏蔽试验反应堆，完成了动力堆屏蔽等试验，这是我国第一座自行研究、设

计、调试、运行的核反应堆，为我国核能事业的发展作出了重要贡献；原北京钢铁学院（现北京科技大学）发明了世界上第一台弧形连铸机；原西北农学院（现西北农林科技大学）育成并推广小麦品种“碧蚂1号”，被评价为“一个小麦品种挽救了大半个新中国”。

2. 高校科技创新的蓬勃发展阶段（1977—1994）

1977年，邓小平在科学和教育工作座谈会上明确把科教发展作为发展经济、建设现代化强国的先导，摆在中国发展战略的首位。高校正式确立以教学、科研为两个中心的历史重任，高校科技创新进入蓬勃发展的新的历史时期。

1978年3月，全国科学大会通过《1978—1985年全国科学技术发展规划纲要（草案）》，中国迎来了科学的春天，揭开了科技自身快速发展并助力经济社会发展的大幕。

1985年，中共中央发布了《关于教育体制改革的决定》，提出“高等教育学校担负着培养高级专门人才和发展科学技术文化的重大任务”，要“发挥高等学校学科门类比较齐全，拥有众多教师、研究生和高年级大学生的优势，使高等学校在发展科学技术方面做出更大贡献”。《关于教育体制改革的决定》的发布突破了计划经济体制下形成的科技、教育体制模式，明确了高校在科技工作中的重要地位。

为了进一步促进多层次、多形式的科研生产横向联合，推动科技与经济的紧密结合，1986年，国务院出台了《关于进一步推进科技体制改革的若干规定》；1992年，国务院出台了《国家中长期科学技术发展纲领》；同年，国家经委、国家教委、中国科学院共同倡导实施了“产学研联合开发工程”；1994年，《关于高等学校发展科技产业的若干意见》对高校科技产业发展的指导方针、企业制度、财务和人事管理制度、产业发展的环境和条件等做了具体规定。这一时期，为促进科技进步，国家还颁布了《中华人民共和国科学技术进步法》《国家科学技术进步奖励条例》，为“鼓励企业、高等院校、科研机构开展联合与协作”提供了法律依据。中央政府还通过实施一系列国家重大科技计划，让高校积极参与科技创新，促进科技与经济协同发展。

这一阶段，高校对科研和教学的关系认识越发深刻。时任华中工学院（现华中科技大学）院长朱九思先生发表文章《科学研究要走在教学的前面》，提出“科学研究是‘源’，教学则是‘流’”，“科学研究也是培养人才的一种重要手段”。高校在产学研合作中的地位逐步由被动拉入转变为主动进入。校办企业如雨后春笋，清华同方、北大方正、浙大网新是其中的佼佼者。高校科技工作者的积极性大大提高，“汉字信息处理与激光照排系统”“稀土高能效分离”等科学技术成果接连涌现。

3. 高校科技创新的快速发展阶段（1995—2012）

20世纪90年代中期，国家越发重视科技和教育。1995年，中共中央、国务院发布《关于加速科学技术进步的决定》，首次提出在全国实施科教兴国的战略，把科技和教育摆在经济、社会发展的重要位置，加速实现国家的繁荣富强。1996 年，全国高校科技工作会议提出了未来 15 年的发展目标、主要任务和措施，强调着重抓好科教兴农、产学研合作、科技成果转化、重点研究项目、基础研究体系等重要任务。1997 年，国务院批准制订和实施《国家重点基础研究发展规划》，通过支持重大项目、优秀人才和重要研究基地等方式推动我国基础研究的发展与重点突破，成为我国第一个基础研究专项计划，也开启了高校作为我国基础研究主力军的新篇章。“新世纪（跨世纪）人才计划”“创新团队等人才计划”相继推出，对高校改革用人制度、薪酬体系，延揽海内外中青年学界精英，培养造就高水平学科带头人起到了极大的推动作用。

21 世纪初，教育部启动了大学科技园建设。2000 年 1 月，教育部在北京召开了全国高校技术创新大会，提出将科技产业化工作纳入学校发展的总体规划之中；召开国家大学科技园试点工作会议，部署了国家大学科技园的试点工作。2001 年 5 月，《国家大学科技园“十五”发展规划纲要（草案）》颁布实施；2003 年，教育部、中华人民共和国科学技术部在武汉召开大学科技园工作会议；2004 年，中华人民共和国科学技术部、中华人民共和国教育部联合发布《关于进一步推进国家大学科技园建设与发展的意见》，加速高校兴办大学科技园、培养创新人才的进程。2006 年，根据省部合作协议在广东开展产学研合作实践，助推了广东产业的升级换代，开创了校地、校企合作新模式。

2006 年是我国高校科技创新发展史上具有里程碑意义的一年，国务院发布了《国家中长期科学和技术发展规划纲要（2006—2020）》，提到“积极支持大学在基础研究、前沿技术研究、社会公益研究等领域的原始创新。鼓励、推动大学与企业和科研院所进行全面合作，加大为国家、区域和行业发展服务的力度”。3 月，教育部召开全国高校科技工作会议，提出新时期高校科技工作的指导思想和战略目标：以提高自主创新能力为核心，以重大科技前沿和国家重大需求为导向，以科技创新平台为载体，注重挖掘行业特色高校的潜力，加强科技创新基地建设和重大项目集成、培育，进一步推动高校深化科技体制改革与全面推进高校创新体系的建设，增强高校承担国家重大科技任务能力，提高高校综合竞争力。

2012 年 5 月，教育部、财政部联合召开工作会议，正式启动实施“高等学校创新能力提升计划”，构建面向科学前沿、文化传承创新、行业产业，以及区域发展重大需求的四类协同创新模式，深化高校的机制体制改革，转变高校创新方式。

这一阶段，高校科技创新进入快车道，规模大幅扩张，投入产出高速增长。高校科技经费总数从 1995 年的 47.74 亿元增长到 2010 年的 940.28 亿元，横向经费占比长期保持在 30% 以上。高校基础研究持续发力，占高校科学研究与试验发展（R&D）经费比例不断提高。高校与企业、研究机构、地方、海外机构共建协同创新平台成为重要趋势。以华中科技大学东莞研究院、电子科技大学东莞研究院为代表的一大批“产、学、研”合作研究院，为推动地方经济社会发展和学校学科建设、科技创新作出了贡献。

4. 高校科技创新的高质量转型阶段（2012—2017）

2012 年 11 月，党的十八大强调，要坚持走中国特色自主创新道路，实施创新驱动发展战略，把科技创新摆在国家发展全局的核心位置。其后，频繁出炉的相关政策文件和法律制度涵盖科技计划、资金管理、人才队伍等多个方面。顶层设计上，《中共中央、国务院关于深化体制机制改革加快实施创新驱动发展战略的若干意见》《国家创新驱动发展战略纲要》相继出台，《关于改进加强中央财政科研项目和资金管理的若干意见》等一系列重要文件落地，这些改革节奏快、层次高、力度大，形成了新的科技管理体制和计划布局。

2016 年 5 月 30 日，全国科技创新大会召开。习近平总书记在会上指出："成为世界科技强国，成为世界主要科学中心和创新高地，必须拥有一批世界一流科研机构、研究型大学、创新型企业，能够持续涌现一批重大原创性科学成果。"这要求高校成为国家创新驱动发展战略的排头兵和先行者，在科技创新浪潮中，关注国家急需，瞄准世界前沿，做好战略布局，建设完善科研创新体系，引领国家科学技术发展。

这一阶段，高校逐渐从外延式规模扩张向内涵式高质量发展转变，教育、科技、经济三者结合更加紧密。高校承担了全国 60% 以上的基础研究、60% 以上的重大科研任务，建有 60% 的国家重点实验室，每年获得 60% 以上的国家科技三大奖，高校发表科技论文数量和获得自然科学基金资助项目均占全国 80% 以上。创新能力实现跃升。高校国家重大科技基础设施"十一五"实现零的突破，"十二五"牵头项目占 1/3，"十三五"优先启动项目占半壁江山。基础研究原始创新重大突破，首次观测到量子反常霍尔效应，发现聚集诱导发光现象，研制出碳纳米晶体管。2017 年度"中国科学十大进展"中，有八项是由高校牵头完成。中国连续两年获得国际高性能计算应用领域最高奖项"戈登贝尔"奖。在服务需求方面贡献巨大，高校科技成果为高铁、核电、光伏、数控、高压输电、4G 通信、新能源汽车等提供关键技术支撑。国际影响力显著提高，我国高校 SCI（Science Citation Index）论文总数达到全球的 1/8，CNS（Cell Nature Science）论文数量和进入 ESI（Essential Science Indicators）前 1% 的学科数翻了一番，进入四大世界大学排行榜前 500 名的内地高校达到 98 所，是 2012 年的 3 倍。

5. 高校科技创新的未来发展方向

2017 年，党的十九大报告提出要加快建设创新型国家，瞄准世界科技前沿，强化基础研究，实现前瞻性基础研究、引领性原创成果重大突破。高校是基础研究的主力军、高层次人才培养的主阵地、原始创新的主战场，要努力在基础研究和关键核心技术突破上下功夫，在更多重大创新领域实现由跟跑转为并跑，争取领跑。

为担负起新时代高等教育的使命，高校必须科技创新。一是科研两手抓。一方面，保优势、强特色，鼓励自由探索，积极争取承担国家自然科学基金、重点研发计划等国家科技项目；另一方面，补短板、强弱项，加强引导开展有组织科研，实现“从0到1”的重大原创突破，形成服务国家重大战略能力体系。二是创新文化建设两手抓。一方面，守底线、画红线，保持遏制学术腐败的高压态势，明确科研经费性质与使用底线要求，引导科研人员更多关注科研本身，营造良好的学术氛围；另一方面，转风气、造环境，破除“五唯”，克服评价弊端，完善成果转移转化机制，为高校科研工作者静下心来、潜心科研创造条件，构建扎扎实实做学问的良好学术生态，促进原创引领。

以高等学校基础研究“珠峰计划”和高等学校关键领域自主创新能力提高行动为契机，构建新时代“三纵一横一面”高校科技创新体系。第一“纵”是基础研究。顶端就是国家研究中心和前沿科学中心，布局少而精，重点支持，强调多学科交叉，瞄准诺贝尔奖，实现原始创新重大突破；学科层面是国家重点实验室、教育部重点实验室，突出全面稳定、高质量发展。第二“纵”是针对应用领域。顶端是国家级协同创新中心，促进跨学科、跨单位、跨领域融合创新，加强高校、企业等不同创新主体间协同，完善创新链、产业链布局；学科层面是国家工程研究中心、国家技术创新中心、教育部工程中心，加强关键核心技术突破，搭建产业与科研之间的“桥梁”，促进产业技术进步和核心竞争能力的提高。第三“纵”是成果转化。依托科技成果转化和技术转移基地和双创示范园，促进高校科技创新、成果转化与创新创业项目落地。“一横”是集成攻关大平台。与龙头企业加强合作，构建从原始创新到产业化全创新链布局，长远支撑重要关键行业发展。“一面”是深化高校科技体制改革。开展“放管服”改革试点、优化科技评价制度、促进科技成果转化，切实减轻科研人员负担，解放生产力。

党的二十大和全国教育大会为教育和科技工作提出了新的、更高的要求，也为高等教育、高校科技创新指明了目标和方向。高校科技管理部门要“摸清家底”，结合学校未来发展方向，加强组织凝练，加大创新基地平台布局力度，营造良好的创新氛围，着力提高创新能力。加快“双一流”建设，实现高等教育内涵式发展，推动高校成为教育强国和科技强国建设的战略支撑力量。

三、中国创新创业活动现状

我国已经进入以互联网为特征的新经济时代和以大众化为特征的创业黄金时期，整个社会处在前所未有的创业热潮中。国家为“双创”提供了许多政策支持，同时紧抓创业教育，鼓励大学生创业。

目前，我国正处于发展方式转变和新旧动能转换的关键期，经济政策和改革举措应着眼于加快这一转换速度。因此，国家重视培养学生的创新能力，引导大学生创新，支持大学生创业实践，结合学生的专业知识，使专创结合，让“中国制造”向“中国智造”迈进。正

如联想集团董事长兼首席执行官杨元庆先生在2021年两会上的发言：“世界工厂”优势不再，那我们就变成“世界发动机”。而这份用创新创业为中国谋发展的责任，已经转到当代年轻人的身上了。学生应明确认识这份责任，培养自己的创新创业精神。

复习与思考

一、选择题

1. 关于创业，下列说法有误的是（　　）。

   A. 创业可以挖掘个人潜力，有助于实现自身价值

   B. 创业者的动机是多种多样的，可能是生理需求、安全需求、尊重需求等

   C. 在创业过程中考验的是综合素质和创业精神

   D. 就职业的稳定性而言，创业没有就业稳定

2. 关于创业与创业者，下列说法有误的是（　　）。

   A. 创业者在创业前要做好准备，包括正确认识自己

   B. 并不是每个人都适合创业

   C. 创业与职业生涯规划息息相关

   D. 创业精神是与生俱来的，与后天的培养无关

二、填空题

1. 创业一般强调对________的创造。

2. 创新是创业的________，创业是创新的________。

第二章

打破常规，勇于开拓
——创新创造思维的培养

学习目标

（1）确立创新意识。

（2）激发创意构想。

（3）培养创新能力。

思政目标

培养学生敢于打破常规、勇于开拓进取的创新精神。

案例导人

不安分者眼中的商机

高中毕业之后，小胡与小姜投身于家电维修业，日复一日地修理电脑和电视机以谋生。二人在经营理念上有所不同：小胡是一位寻求创新和变革的经营者，而小姜则坚守经营的传统规则，是一个守旧且诚实的人。不久前，小胡灵光一现，发现了一个新的商机。他注意到，当地的农民开始使用自来水，这意味着他们未来可能会用上洗衣机。有了洗衣机，相应地，就会有维修洗衣机的需求。因此，他决定购买一些本地市场上常见的洗衣机品牌，提供给周围的人使用。这样做既可以让人们体验洗衣机带来的便利，又方便他自己学习洗衣机的构造、保养和维修知识。果然，一年后，洗衣机开始普及农村，维修业务几乎全落在了小胡手中，而小姜则无奈地看着自己错失了拓宽维修服务范围的良机。

一般人总是等机会从天而降，而不是通过努力工作来创造机会。往往被忽视的是，人们面临的问题和尚未满足的需求总是源源不断地创造出新的商业机会。一个杰出的创业者的关键品质之一，就在于能够敏锐地从他人遭遇的困境中寻找到潜在的机遇，并主动抓住机会。对照一下你自己，又做何感想？

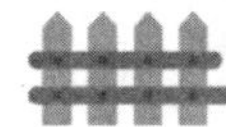

第一节　确立创新意识

一、创新的含义

1. 创新的概念

“创新”一词从字面意思理解就是创造新的事物。创新概念包含的范围很广，可以说，各种能提高资源配置效率的活动都是创新。

（1）创新是开发一种新事物的过程。

（2）创新是创造力的实施。

（3）创新是新创意的认知。

（4）创新是指新事物本身。

（5）创新是指从新想法到行动。

（6）创新是“新观点的成功利用”。

无论是治理国家还是创办企业都必须创新。创新必须突出新，要创造出新的东西。可以是产品也可以是服务，可以是一种商业模式也可以是一种新的应用。总之，创新者能创造出当前环境下没有的事物，当然这种新的事物，并不一定是多么惊天动地的。

因此，创新就是在现有的环境下，利用已有的知识、资源、技术，打破常规，重新整合出新的事物，从而改进现有事物的不足，或产生新的经济效益的行为。

2. 创新与其相似概念的区别

与创新相似的概念有很多，如创意、创造、发现、发明、创业等。

（1）创意。创意主要是指人的智慧，是一种能创造物质财富和精神价值的思维。创意最基本的含义就是创造性的主意，也就是通常说的好点子。创意往往更多的是指早期的构思，而并非一种真正的产品。比如，在马车上安装喷气发动机，人们通过虚拟现实（VR）探索和了解外太空。好的创意最终会引导出创新的结果。如果一个好的创意并没有付诸实施，只是停留于口头或纸面，那么只可能是创意，不会形成创新的结果。

（2）创造。创造从字面上理解，就是指“第一次提出、造出的东西”，也就是人首次产生崭新的精神成果或物质成果的思维与行为的总和，其特征表现为首创。比如，科学的发现、技术的发明、文学艺术上的创作等，都是创造性的活动。

（3）发现。发现是“第一次明确表述早已存在的客观事实、规律与现象”，属于认识世界性质，从而获得天然性的成果。比如，火就是发现，因为火本来就存在于自然界。又如，牛顿发现万有引力、法拉第发现电磁感应现象等。

（4）发明。发明“是通过思维或实验过程，首先为一项科学或技术难题找到或发现了解决方案、解决方法”，属于改造世界性质，能获得非天然性成果。比如，弓箭就是发明，因为弓箭不是天然存在的，而是人们创造出来的。又如，五笔字型输入法、电动自行车、手机等。

（5）创业。创业是指创新的实践性应用。

创新、创意、创造、发现、发明、创业六个概念既相互区别，又相互联系。而且这六个概念的界限并不是非常明确，有时会出现重合，比如，发明和发现都可以说是创造，创意、发明、发现往往是创新的前期阶段。

通过对比分析可以明确，创新不仅局限于研发阶段，也包括推广阶段。创新是一个全面的过程，涉及将发明和发现等成果转化成市场上可以交易的商品。换言之，创新意味着把在工作坊或实验室中产生的成果，成功引入市场并使其商业化。这一过程不仅需要创新性的想法和技术，还包括如何让这些创新成果被广泛接受和使用的策略。只有当新的东西出现在消费市场或以新的方式被生产出来时，才可以称为创新。

3. 创新能力

创新能力是在技术和各种实践活动领域中不断地提供具有经济价值、社会价值、生态价值的新思想、新理论、新方法和新发明的能力。要实现创新就必须有创新能力。创新能力是民族进步的灵魂、经济竞争的核心。当今社会的竞争，与其说是人才的竞争，不如说是人的创造力的竞争。如果这个世界没有创新能力，便不会有今日人类的文明；如果一个人不具备创新能力，那么可以说这个人是庸才；如果一个民族没有了创新人才，那么它便是一个落后的民族。

二、创新的作用和意义

1. 创新是历史飞跃的加速器

社会的发展与进步依赖于创新的力量。缺乏创新，社会将陷入停滞，无法向前发展。正是因为不断的创新活动，人类历史上才孕育出了无数宝贵的精神财富，推动了文明的进步和社会的繁荣。

2. 创新是事业成功的突破口

从古至今，创新都是事业成功的突破口。没有创新，事业将很难成功，这样的案例有很多。在当代，创新更是民族强盛的根本、社会发展的动力、个人成功的根本。创新让生活更美丽，认知创新是提高大学生创新能力的一个重要途径。

三、创新的一般过程

从心理学角度来说，创新过程一般可以分为准备阶段、酝酿阶段、顿悟阶段和验证阶段；从时间和空间角度来说，创新过程一般可以分为明确问题阶段、确定方案阶段、实行方案阶段、回顾总结阶段；从创造性解决问题的角度来说，创新过程包括六个阶段，分别为界定问题阶段、设定目标阶段、确定手段阶段、解法最优化阶段、制作和验证阶段、说服他人阶段。以上三个角度的分析从不同侧面说明了创新的过程，其中，心理角度的分析更侧重于思维领域的发展过程；时间和空间角度的分析更侧重于方案的选择和回顾阶段，即更多地考虑了确定方案之后创新过程会出现的一系列可能性发展；创造性解决问题的系统模型更加注重于创造力的培养和训练过程，相比之下，这一模型涉及的过程更为全面和完整，不仅关注创新的实现，还包括如何激发和提高个体或团队的创造潜能。

为此，结合各个角度的分析，创新过程可分为三个阶段：问题定义阶段、方案产生及评价阶段和营销推广阶段。

第一阶段：问题定义阶段。问题定义阶段就是界定问题阶段，即要弄清是什么样的问题或问题究竟是什么，问题的核心是什么，问题的要害是什么，问题的影响程度、重要程度有多大，等等。只有对问题的这些方面明确界定后才能把握问题。例如，明确问题是不是事关全局的根本性问题；是重点问题，还是一般问题；是表面性问题，还是潜在的深层次问题；是处于主导地位的主干性问题，还是处于受支配地位的次要问题；是普遍性的问题，还是特殊性的问题；是现实问题，还是将来问题；是长期性问题，还是短期性问题；是新问题，还是老问题等。总而言之，识别问题的核心和关键所在是至关重要的。这一过程需要运用对矛盾的深入分析方法，包括解剖矛盾、识别矛盾及分析矛盾的各个方面，从而在这个活动过程中找到有效的解决策略。需要注意的是，由于矛盾的不确定性和变动性，在界定问题时应充分注意问题的相对性、变化性。问题的相对性是指问题的重要程度、影响力都是相对的，同一问题在不同的场合和条件下其重要程度和影响力是不一样的，问题作用力度的大小也是不一样的。问题的变化性是指问题的性质和作用都在不断地变化，有些问题在一些场合是关键性的、主要的问题，但在另一些场合则有可能是次要的、一般性的问题；在一定场合下的次要问题，在另一些场合下很可能会成为根本性的、关键性的问题，因此要根据具体的时间、地点、条件来认识和分析问题，这样才能真正把握问题。

在这个基础上，选准创意问题，即选准作为创新对象的问题，以明确创意需要及能够解决什么问题。创意要做什么，必须是明白无误的，否则会导致创意失误。如选择的创新对象存在力所不能及，在现有条件、能力及主观努力下无法解决的问题，那么必然会碰壁，遭遇失败。但如果问题能轻而易举地解决，则又失去了创新的意义。因此，创新活动必须正确界定需要解决的问题，就是要在识别创意问题的基础上，合理地选择既有意义又有能力解决的问题。我们都知道，无论组织或个人，在一定的时间阶段总会面临一系列的问题，而且由于人们的资源和精力在一定的时间阶段总是有限度的，不可能同时解决面临的所有问题，只能集中力量一个个地解决。为此要选择关键性或有影响的重点问题，按轻重缓急、先后顺序加以解决。这就必然要求在对问题识别的同时，对创新问题做出合理的选择。一般来说，应把最具有现实意义和普遍意义，且是社会活动主体最感兴趣的又有能力解决的问题，作为努力的方向。如果把所有存在的问题都作为创新对象一锅煮、一把抓，那么必然会造成吃力不讨好、最终一事无成的后果。经过问题定义阶段，找到真正的问题，也就是创意问题。

第二阶段：方案产生及评价阶段。在找到创意问题的基础上，设定目标，然后根据设定的具体目标来确定方案。最初产生的方案并不一定是适合的方案，或者是优秀的方案，所以要将方案投入实践，在实践中检验方案的可行性。

第三阶段：营销推广阶段。产生最终的可行方案并不是创新的最终结果。创新是商业化的过程，应该通过合适的营销手段将停留在研究领域的创新方案和创新成果，转化为对社会有意义、能够产生经济效益的创新效果。

四、创新思维训练方法

创新思维的建立是一个长期的过程，需要经过大量的训练。只有在正确认识自己的前提下才能建立起创新理念，进而指导创新行为。据不完全统计，目前已提出的创新方法有300多种。这里主要介绍几种典型的创新方法，如“头脑风暴法”“5W2H法”“六顶思考帽法”等。

（一）头脑风暴法

头脑风暴法是以小组的形式，先进行无限制的自由联想和讨论，然后产生新观念或激发新的设想。

1. 头脑风暴法激发创新思维的原因

头脑风暴法何以能激发创新思维？根据头脑风暴法首创者奥斯本及其他研究者的看法，主要有以下四点：

（1）联想反应。联想是产生新观念的基本过程。在集体讨论问题的过程中，每提出一个新的观念，都能引发他人联想，相继产生一连串的新观念，而产生连锁反应，形成新的观念堆，为创造性解决问题提供更多的可能性。

（2）热情感染。在不受任何条件限制的情况下，集体讨论问题能激发人的热情。人人都自由发言，相互影响、相互感染，能形成热潮，突破固有观念的束缚，最大限度地发挥创造性的思维能力。

（3）竞争意识。在有竞争意识的情况下，人人争先恐后发言，不断地开动思维机器，力求有独到见解和新奇观念。心理学告诉人们，人类有争强好胜的心理，在有竞争意识的情况下，人的心理活动效率可增加50%或更多。

（4）个人欲望。在集体讨论解决问题过程中，个人的欲望自由不受任何干扰和控制，这点是非常重要的。头脑风暴法有一条原则，即不得批评仓促的发言，甚至不许有任何怀疑的表情、动作、神色，让每个人都能畅所欲言，提出大量的新观念。

2. 头脑风暴法必须遵守的原则

为使与会者畅所欲言，互相启发和激励，达到较高效率，头脑风暴法必须严格遵守下列原则：

（1）推迟判断，禁止批评。对别人提出的任何想法都不能批判、不得阻拦。只有这样，与会者才可能在充分放松的心境下，在别人设想的激励下，集中全部精力开阔自己的思路。力求做到让大家都提设想，越多越好。

（2）提倡自由发言、畅所欲言。任意思考、任意想象、尽量发挥，主意越新越好、越怪越好，这样能启发人们产生新的想法。

（3）综合改善。鼓励巧妙地利用和改善他人的设想，这是激励的关键所在。每个与会者都要从他人的设想中激励自己，从中得到启示，或补充他人的设想，或将他人的若干设想综合起来提出新的设想，等等。

头脑风暴法通常采用专家小组会议的形式进行，其流程分为两个阶段：会前准备阶段和会议执行阶段。在会前准备阶段，会议召集者要在会前明确会议的主题，创建引导问题的目录，并选定与会人员。在会议执行阶段，会议开始时，如果与会人员没有头脑风暴的经验，召集者可以带领大家先做一些适应性的练习，以敞开思路，然后阐明该次会议的目标议题，鼓励大家进行头脑风暴。接着由各与会人员提出自己的设想，并详细阐述设想。

如果与会者没有提出相关设想，召集者需做相应的引导，鼓励大家积极思考，最大限度地发挥每个人的创造力。与会人员的设想都发表完毕后，将获得的各种设想分类整理。在整个发表、阐述、整理设想的过程中，要做好相关的记录工作。如果时间还有剩余，可再次鼓励大家进行头脑风暴，以获得尽可能多的设想。

（二）“5W2H”法

“5W2H”法简单、方便，易于理解、使用，富有启发意义，广泛用于企业管理和技术活动，对于决策和执行性的活动措施非常有帮助，也有助于弥补被遗漏的问题。

1. Why

为什么？为什么要这么做？理由何在？原因是什么？

2. What

做什么？目的是什么？做什么工作？

3. Where

哪里？在哪里做？从哪里入手？

4. Who

谁？由谁来承担？谁来完成？谁负责？

5. When

何时？何时开始？何时完成？

6. How

怎样做？如何提高效率？如何实施？方法怎样？

7. How Much

多少？做到什么程度？数量如何？质量水平如何？费用情况如何？

创新者用 5 个以 W 开头的英语单词和 2 个以 H 开头的英语单词进行设问，发现解决问题的线索，寻找发明的思路，构思新的设计，实现新的发明创造，这就叫作“5W2H”法，也称为七何分析法。

（三）六顶思考帽法

六顶思考帽法，是一种思维训练模式，或者说是一个全面思考问题的模型，它提供了“平行思维”的工具，避免将时间浪费在互相争执上。强调的是“能够成为什么”，而非“本身是什么”，是寻求一条向前发展的路，而不是争论谁对谁错。运用德博诺的六顶思考帽法，将会使混乱的思考变得更清晰，使团体中无意义的争论变成集思广益的创造，使每个人变得富有创造性。

所谓六顶思考帽，是指使用六种不同颜色的帽子代表六种不同的思维模式，即任何人都有能力使用以下六种基本思维模式。白、绿、黄、黑、红、蓝六种颜色的帽子，将思考的过程分为与之相应的六个阶段：①戴上白色的中立帽子，在这个阶段，人们从陈述问题的角度出发，将问题现有的信息尽可能详尽地列举出来，全面地描述问题事实；②戴上绿色的活力帽子，从积极的角度出发，充分发挥主观创造性，尽可能多地提出解决问题的设想方案；③戴上黄色的正面帽子，从乐观的角度出发，将目标事物的优点列举出来；④戴上黑色的负面帽子，从批判的角度出发，将目标事物的缺点列举出来；⑤戴上红色的评判帽子，从评价的角度出发，对所提出的设想进行评价和判断；⑥戴上蓝色的指挥帽子，从整体的角度出发，对所提出的设想进行筛选，择定最适宜的方案。

六顶思考帽的应用步骤：①陈述问题事实（白帽）；②提出如何解决问题的建议（绿帽）；③评估建议的优缺点：列举优点（黄帽）、列举缺点（黑帽）；④对各项选择方案做出直觉判断（红帽）；⑤总结陈述，得出方案（蓝帽）。

（四）横向思维

横向思维又名水平思考法，顾名思义，是指人的思维有其横向、往宽处发展的特点。这种思维方式第一次把创造性思维的研究建立在科学的基础上。具有这种思维特点的人，思维面都不会太窄，善于举一反三。有一个形象的比喻，这种思维就像河流中的水，遇到宽广处，就会很自然地向周围漫延，但深度不够。

横向思维是针对纵向思维而言，最大的特点是打乱原有的明显的思维顺序，从另一个角度找到解决问题的办法，这对打破既有思维模式十分有用。纵向思维者会对事情进行仔细推敲，然后通过逻辑思维找到解决问题的方案。因此，纵向思维者关注事情的逻辑性，而横向思维者关注问题的解决。对于创业者而言，横向思维模式更为有用。在整个创业过程中，更多需要的是解决一个又一个问题。

第二节 激发创意构想

一、创意的概念

创意是人们在从事社会实践过程中产生的创造性的想法和构思，是在与自然、社会环境不断交换信息的过程中产生的。随着社会的飞速发展，科学技术水平日益提高，为了提高创意的效率，创意学作为一门新兴学科应运而生，并得以迅速发展，呈现生机勃勃的活力。

如今，创意在社会生活，尤其在市场经济中的地位显得更加突出，遍布经济领域里的每一个角落，成为一个人取得成功的重要因素。

一切创意皆来自人的思维活动。正是因为人的思维，这个世界才越来越成为一个奇迹不断出现的世界，也创造出越来越多的物质财富和精神财富。

以片石为刀，以木棒为器，人类自从能够使用简单的工具开始，就有了朴素的创意思维和简单的创意行为。可以说，创意思维和创意行为伴随着人类文明发展的整个过程。

真正形成一个明确清晰的创意概念，还是到近代才实现的。到了现代，则有了更加完善的创意理念和理论体系，人们的创意思维得到训练，创意能力得到提高，同时，这些理念和体系也指导了人们的创意实践。

1. 创意的词义

“创意”在汉语里既是一个静止的名词概念，又是一个动词的动态过程，还是一个形容词的赞誉概念。

名词概念上的“创意”是指创造性的意念、巧妙的构思、好点子、好主意等。

动词意义上的“创意”是指创造性的思维活动。

作为形容词可用作对于“创新性”的赞誉，例如，“他是很有创意的人”“这是一个很有创意的方案”。

2. 创意的内涵

创意的核心是运用有关的、可信的、品调高的方式，与以前无关的事物之间建立一种新的有意义的关系的艺术。

创意的内容包括以下两个方面：

（1）创意是能够产生创造性社会后果或成果的思维过程。

（2）创意思维是指思维本身和思维结果均具有创造性。

创意的关键在于创造。创造既是一个过程又是一种成果。创造可分为三种，即发现（有中出新）、发明（无中生有）、发展（创新完善）。

二、创意的过程

对于创意的产生，世界公认的创意大师詹姆斯·韦伯·扬（James Webb Young）有过详尽的论述。他认为创意是有规律可循的，产生创意的基本方针有两点：

（1）创意完全是把事物原来的许多要素组合。

（2）必须具有把事物的原来要素进行重新组合的能力。

他认为，创意思维经历的过程应该分为六个步骤，并且绝对要遵循这六个步骤的先后次序。

（1）收集原始资料（信息）。一般来说，收集的资料（信息）应该有两种类型。

特定资料：主要是指与特定策划创意对象相关的资料和与特定策划创意对象相关的公众的资料。这类资料，大多由专业调查得到。

一般资料：这些资料未必都与特定的策划创意对象相关，但一定会对特定的策划思维有帮助。

所以，一般策划者应该对各方面的资料有浓厚的兴趣，而且应善于了解各个学科的信息。创意思维犹如一个万花筒，万花筒内的材料越多，组成的图案就越多。与万花筒原理同理，掌握的原始资料越多，就越容易产生创意。

（2）仔细整理、理解所收集的资料。资料收集到一定的程度，要对所收集的资料进行认真的阅读、理解。

这时的阅读不是一般浏览，而是要认真阅读，而且要带着一个宏观的思路去认真阅读。对所收集到的全部资料，包括历史的、专业的资料，一般性的资料，实地调查获得的资料及脑海中过去积累的资料，都应逐一梳理，进而理解和掌握。

（3）认真研究所有的资料。研究（即商务策划思维步骤中的“判断”环节）是有一定技巧的。需要把一个事物用不同的方式去考虑，还要从不同的角度进行分析，然后尝试把相关的两个事物放在一起，研究它们的内在关系相互配合如何。

（4）放开题目，放松自己。选取自己最喜欢的娱乐方式，如打球、听音乐、唱歌、看电影等，总之，将精力转向任何能使自己身心轻松的方式，完全顺其自然地放松。不要以为这是一个毫无意义的过程，实质上，这个过程是转向刺激潜意识的创作过程。转向自己所喜欢的轻松方式，这些方式均是可以刺激想象力及情绪的极佳的方式。

（5）创意出现。假如上述四个阶段的工作确已尽职地实施，几乎可以肯定第五个阶段将会来临——创意出现。创意往往会在策划人费尽心思、苦苦思索，经过一段停止思索的休息与放松之后出现。

（6）对萌发的创意进行细致的修改、补充、锤炼、提高。这是创意的最后一个阶段的工作，也是必须做的工作。一个创意的初期萌发，肯定不会很完善，所以要充分运用商务策划的专业知识去予以完善。在这个阶段，关键在于将个人的创新想法提交给创意团队，让团队成员共同评估和讨论。这一过程强调群体智慧的重要性，旨在通过集思广益的方式来完善和细化方案。团队的多样性思维有助于发掘想法的潜力，增强方案的可行性和创新性。

总之，创意要遵从以上六个程序，同时，要把握五个要点：一是努力挣脱思维定式的束缚，二是紧紧抓住思维对象的特点，三是尽量从多种角度去思考问题，四是防止两个思考角度完全重合，五是努力克服思维受惰性的影响。

三、创意思维的四种表现形式

创意思维既然是综合性的思维，那么它的具体表现形式自然是复杂多样的。大体可以分为如下三种。

1. 联想思维：给思想插上翅膀

联想思维体现为思维的跳跃性，由此及彼地思考问题。

展开联想，可以激发人的思维的积极性和主动性，从多种研究角度寻求多方面的答案，从而把创意思维活动提高到新的水平。

（1）联想思维的概念。所谓联想思维，是一种由此及彼、由表及里的关联性的非逻辑想象思维，就是人们通过一件事情而触发联想，将思维转移到另一件事情的创意上。

（2）联想思维的三种类型。当人的思想受到某种刺激或在某种特定的环境下通过回忆可以产生三种类型的联想：相似联想、对比联想和桥接联想。

相似联想：思维主体把所有思考对象与储存在自己大脑中的相似经验、动作与事物进行比较的联想。

对比联想：思维主体将所考虑的问题与储存在大脑中的已知信息或经验进行对照的联想。

桥接联想：思维主体借助时间和空间上与外界刺激有关的事物、动作或经验进行搭桥，建立关联的联想。

2. 逆向思维：偏偏和你对着干

逆向思维是与一般思维方向相反的，与传统的、逻辑的或群体的思维方向相反的一种思维。

逆向思维是一种逆反方向和逆反顺序的思维方式。通常在正向思维无法解决问题时，多采用反向追溯、有意对立和异想天开的逆向思维去思考问题。

逆向思维具有反向追溯、有意对立和异想天开的特点。

反向追溯：逆向思维是从结果到原因反向追溯的思维形式。一切与原有的思路相反的思维都可以称为逆向思维。

有意对立：逆向思维是有意识地寻找对立面（故意“抬杠”），创造新的概念和思路。

异想天开：异想天开是从不切实际的梦幻般的超现实意境中去寻找冲出现实困境的突破口。

3. 发散思维：天马行空，无所不能

美国著名心理学家斯金纳说，发散思维又叫求异思维、分散思维、辐射思维。

发散思维可以使人的思路活跃、思维敏捷、办法多而新颖，能提出大量可供选择的方案、策划或建议。发散思维具有多样性、新生性、变通性和环境触发性等特点。

第三节　培养创新能力

一、创新思维含义

创新思维是创新能力的核心和基础。创新人才的发展，主要是创新思维的发展。培养创新能力，重要的是培养和树立创新思维方式，因为创新思维是实现创新的内在机制和深层动力。

创新思维是指发现、发明前人和同时代人所不曾创立的理论、知识、技术、方法、实物、模型等的思维活动和思维结果。创新思维是综合运用多种思维方式与思维过程的一种思维活动。这些思维方式包括直觉、灵感、类比、想象、联想、形象思维、逻辑思维和模糊思维等。

创新活动通常被认为是揭示客观事物之间的关系的活动。要求创造新的概念和新的分析工具及新的实验技术。人们通常把发现新的科学事实、新的科学理论，技术发明创新及新的文学艺术作品创作的思维活动称为创新思维。它主要是指对客观事物之间的关系进行新颖独特的探索，并能创造前所未有的思维成果（如新概念、新假设、新原理和理论等）来概括、反映这些关系的思维过程。

创造性思维是相对常规思维而言的。常规性思维是从已有的知识和经验中引申出解决问题的方案，或者重复运用已有的知识和经验去解决前人已经解决的问题。创造性思维则是根据实际情况，突破理论权威及现成的规律、方法和思维定式的束缚，以新颖的方式和从多维角度独立思考、首创性解决问题。创造性思维与常规性思维的区别主要有两点：一是思维过程是否有现成的规律、方法可以遵循。凡有现成的规律、方法可以遵循的思维都是常规性思维，没有现成的规律、方法可以遵循的思维才是创造性思维。二是思维结果是不是前所未有的。凡思维成果不是前所未有的，都不是创造性思维，只有思维成果是前所未有的，才是创造性思维。

综上所述，创新思维是人们在创新活动过程中所具有的思维方式。它是相对于以往固定的、惰性的、常规性思维而提出的，是一种高度灵活、新颖独特的思维方式。它通常是在创新动机和外在启示的激发下，充分利用人脑意识和潜意识活动能力，借助各种具体的思维方式（包括直觉和灵感），以渐进式或突发式的形式，对已有的知识经验进行不同方向、不同程序的再组合、再创造，从而获得新颖、独特、有价值的新观念、新知识、新方法、新产品等创造性成果。

二、创新思维的特征

创新思维主要有以下五个特征。

1. 敏感性

敏感性是指具有创新思维者，能吸收以常规思维方式考虑问题的人通常忽略的信息的能力。创新思维者能在空间和时间里捕捉住有价值、新颖的信息。这意味着具有创新思维的人，一般会很快注意到某一件事情中存在的问题。例如，当某种设备需要作一些改进时，这些人就有能力看出这种需要，他可能会想发明一种装置来改进这种设备。敏感性不仅表现在对需要和困难的特别关注，还表现在对所遇到的奇特的、不寻常的或令人困惑的事情的察觉上。

敏感性是创新思维的重要特征。这种敏感性不是因为视觉锐利或者视网膜构造特殊，而是思维起了决定性作用。正如爱因斯坦所说：“你能不能观察到眼前的现象，取决于你运用什么样的理论。理论决定着你到底能够观察到什么。”创新思维的目的性、专注性是敏感性的条件。

敏感性要求关注客观事物的差异性与特殊性，关注现象与本质、形式与内容的不一致性。人们往往对司空见惯的现象和已有的权威结论怀有盲从和迷信的心理，这种态度使人不能有所发现、有所创造。敏感性是创新思维的一部分，不拘泥于常规、不轻信权威，以怀疑和批判的态度对待一切事物和现象的结果。

2. 流畅性

常规思维往往是单向一维的思维，它的目的常在于寻找一个正确答案。而创新思维是多向、多维的，往往没有固定的思维方向。它总是先从多个角度去思考事物的功能及可能产生

的后果，然后预测所有可能导致的结果。这样就能在作出最终决策前，有更多的选择机会，以便作出理智的选择。因此，在进行创新思维时，并不是必须在时间的压力下工作，且必须迅速产生结果，而是在其他条件相等的情况下，人们在每一单位时间内能够形成大量的观念，更能产生有重要意义的观念。我们常用“思潮如涌”来形容思路的敏捷性，用“一气呵成”来描述在短时间内迅速地作出众多反应的能力，这实际上就是指创新思维的流畅性。流畅性能产生大量的观念，从而为创新准备了条件。

检验人流畅性的实验通常要求被测试者在规定的时间内尽可能多地说出各种物体的名称，这些物体都具有某种具体的特性。例如，圆的东西、红的东西或可以吃的东西。能说出的东西越多，说明流畅性越强。流畅性主要依赖于记忆中贮存的信息，只有信息量大，才能保证心智活动流利畅达、反应迅速。

3. 灵活性

创新思维只有流畅性是不够的。如果只是在同一种类型的问题上作出众多反应，那么就会形成思维定式。比如，说铅笔的用途时，只能说出写字、写信、写文章之类，说明思维僵化、呆板，不能变通。灵活性是指一个人改变思维定式的容易性，即信息从一种类型转换到另一种类型的能力。一般来说，在众多的反应中，反应的类型越多，灵活性越高。灵活性既反映思维的广度，又反映思维的维度、多样性。单一不能变通，多样才能灵活。

创新思维灵活性的主要表现：一是变通力，即能适应变化的各种情况。变通类型有性质变通、方向变通、时间变通、空间变通、形状变通、功能变通、蕴含变通等。变通的类型与思维的角度、维度、系统性有关。二是摆脱惯性，表现在思维方向的变化。意味着不要以僵化的方式去看问题。创新思维者能以不同的思维方式去应用不同的信息。

4. 独特性

独特性是创新思维的本质特征。有一种观点是：“要有创新性，就要有独特性。”它是指创新思维者具有不同寻常的新奇观念，或是任何从未有过的创造性观念。独特性主要表现为与他人不同、独具卓识。比如，在思路探索上、思维的方式方法上和思维的结论上，有创意，能提出新的见解，有新的发现，实现新的突破，具有开拓性、延展性和突变性。常规性思维往往是再现式的，也就是说，以过去遇到的问题为基础，从过去的经验和所学的知识中寻找方法。一般人的创新思维大体是流畅性第一，灵活性次之，独特性最低。对大学生的调查表明，独特性得分高者只是少数，只占总数的 1/50 左右。这表明，虽然独特性在创新思维中非常重要，但同时也是最难实现的方面。

5. 综合性

创新思维是许多因素结合在一起的综合性思维活动。日本著名创造学家高桥诚说：“创造性思维的过程是一种身心的综合性劳动，因而单是掌握方法是不能解决问题的，这里既需要具备发现问题的自觉性，又不能缺少信息的积累，而更重要的则是身心健康且斗志旺盛。”在创新思维中，有许多因素参与，包括知识信息、智力、实际能力、个性及身体等。

许多创新思维要求把事物各个侧面、部分和属性的认识综合为一个整体来认识。有这样一种观点：研究一个东西的各个组成部分，结果很难理解，只有把它作为一个整体来研究才容易理解。通过知识、技术和设备结构等的重新组合，可以发现在某些方面存在某些重要的关系，从而做出重大的创造发明。许多发明创造都具有转化的性质，即把一个现存的客体，通过综合的重新组合，转化成另一种具有不同因素、功能或用法的新客体。因此，有人说，综合就是创造。高度综合是现代科学发展的重要趋势，并在现代科学技术中发挥日益重要的作用。

创新思维者在思考问题时，常常需要记住一系列变量、条件或关系。只有综合这些因素，弄清它们之间的关系，才不会混淆。同时，要综合运用多种思维方法和逻辑模式。创新思维过程包含直觉的洞察与灵感的迸发、想象的发挥与模型的构想、类比的跨接与思路的外推、归纳的概括与假设的试探、演绎的联结与溯因的沟通、分析的还原与综合的归纳、反馈的利用与控制的运筹，通过不断的顿悟和重组，形成新的概念框架和理论体系。

三、创新思维训练

创新思维是多种思维方式的综合运用，既有逻辑思维又有非逻辑思维，既有抽象思维又有形象思维，既有发散思维又有收敛思维。其中，发散思维和收敛思维对创新思维十分重要，尤其是发散思维。发散思维是开展创新活动不可缺少的一种有效思维方式。可以说，没有发散思维就没有创新，这是心理学家、思维专家长期研究得出的结论。

发散思维也叫扩散思维、辐射思维，其特点是考虑问题时思路开阔，向四面八方扩展，从不同的方位、角度、层次、途径去联想、想象、设想，通过思考得到创造性解决问题的方法。实践证明，发散程度越高，创新思维的成效就越大。

发散思维的方法多种多样，如逆向思维、横向思维、换位思维等。下面分别介绍以下三种发散思维的训练方法。

1. 逆向思维训练

逆向思维也叫反向思维、反转思维，其特点是改变惯常的思维方向，从相反方面来认识事物、思考问题。由于这种思维方式突破了人们考虑问题的思维定式，因此往往能够获得惯常思维所不能取得的成效。

春秋战国时，田忌与齐威王赛马，按照惯常思维应是良马对良马，次马对次马。田忌却运用逆向思维方法，以次马对齐威王的良马，以良马对中马，以中马对次马。结果，田忌取得两胜一负的战绩。

古代司马光砸缸救人的故事也说明了逆向思维的作用。通常从大水缸里取物、救人，只可由缸口打捞，或者将水缸放倒，而不宜损坏水缸。当时司马光年纪小，不可能采取以上两种办法，他便急中生智，运用逆向思维想出砸缸救出小伙伴的办法。

青岛牌啤酒在进入美国市场时主要做了两件事情：一是出资请美国广告商通过报纸、电视、电台等新闻媒体进行宣传；二是让美国大饭店接受这种啤酒，以扩大影响。但后一件事做起来并不容易，美国大饭店不会轻易购进这种啤酒。啤酒推销商看到了这一点，因此不上门推销，而是采取相反的做法，变卖为买。他们出资在纽约多家大饭店举办宴会，宴请社会名流。每到一家大饭店，便指名要青岛牌啤酒，如果没有，就以缺少这种啤酒宴会不够档次为由，取消宴会。这样，青岛牌啤酒不仅受到纽约许多大饭店的重视，登上了高档宴席，而且逐渐在美国啤酒市场站稳了脚跟。这种以买促卖的做法，无疑是逆向思维的创新成果。

2. 横向思维训练

横向思维也叫侧向思维。横向思维向思考的事物及问题的侧面伸展思维触角，以求获得新的思维成果，这是发散思维中最常使用的一种方法。

例如，中国传统的端午节食品粽子，从外形来看，大致有长方（扁方）形和四角（六棱）形两种，是否能再变换几种形状？从米料来看，主要有糯米、黄米两种，是否可以改用别的米料？从馅料来看，常见有红枣、豆沙（甜馅）和肉（咸馅），能否增加馅料的品种？解决上述问题便离不开横向思维。

3. 换位思维训练

人们在考虑问题、处理事情时，常常受所处地位、所持立场的影响，想不出解决问题的办法。但如果变换一下立场，转变一下地位，就可能产生新思路，想出有效的方法。

换位思维就是指“设身处地”地思考问题。有些矛盾和问题，只要当事人能够站在对方的立场设身处地进行思考，便不难解决。这种换位思考的方法现在已被广泛使用。例如，医院急病人所急，为病人提供方便；商店从顾客需要出发，变换商品种类；厂家按照用户的要求进行产品改造。这种换位思维，有益于开阔思路，发现一些原先体悟不到、认识不清、理解不透的东西，产生新的思维成果。

复习与思考

一、选择题

1. 创业者拥有的三种自由不包括（　　）。

A. 决策自由　　B. 时间自由

C. 政策自由　　D. 资金自由

2. （　　）会驱动创业行为的产生。

A. 创业者的动机　　　　B. 市场行情

C. 社会环境　　　　D. 资金链

二、填空题

1. 创新是开发一种新事物的过程，是指从______到________，是新观点的________。

2. 创新能力是在技术和各种实践活动领域中不断提供具有________价值、________价值、________价值的新思想、新理论、新方法和新发明的能力。

三、分析题

1. 尝试描述一下自己的思维模式。

2. 尝试做一次小组头脑风暴，并描述自己的感受。

3. 你在生活中产生过创意吗？请描述一下创意产生的过程。

第三章

敢为人先，务实进取
——认识创业规律

学习目标

（1）认识创业环境及要素。

（2）了解大学生创新创业大赛。

（3）熟悉大学生创新创业法律法规。

思政目标

培养学生敢为人先，务实进取的创业精神，以及知法守法、依法保护企业和员工的法律意识。

案例导入

上海创业孵化器

在当今大众创业的浪潮中，初创团队若资金有限，找到一个合适的创业孵化器是通往成功的最快捷方式。孵化器不仅为企业规划出实现梦想的路径，还能够帮助企业寻找项目资金并提供专业指导。因此，选择孵化器时，创业者需要根据实际情况进行慎重抉择。

作为科技企业孵化器体系建设试点城市，上海已建立众多科技企业孵化器。从运营主体角度来看，主要分为三类：一是政府机构扶持和出资建立的，由下属机构运营；二是龙头企业出资并运营；三是完全由民营企业运营。知名的上海创业孵化器有很多，比如：

1. 上海××接力投资管理有限公司

2010 年 10 月，上海××接力投资管理有限公司被上海市科委认定为上海市科技孵化器，位于中国（上海）大学生创业实训基地内，拥有浓厚的创业氛围和环境。

2. 浦×孵化器

浦×孵化器位于上海自贸试验区和张江示范区核心区，成立于 2008 年 7 月，由上海浦东软件园创业投资管理有限公司运营。它是专门服务于软件与信息服务行业的国家级科技企业孵化器。目前，该孵化器已形成阶梯式孵化服务体系，为创业团队提供专业指导和资金支持。

选择合适的孵化器并不容易，需考虑孵化器提供的指导和资金是否符合创业需求，同时，需满足孵化器的入驻要求。目前，上海的孵化器已经转向新兴产业项目，提供的服务日益专业化，包括技术指导、风险评估等。

上海作为对外开放窗口，应借鉴国外成功经验，同时，分享国内成功经验，推动全国大众创业的热潮。

思考与讨论：

（1）什么是科技企业孵化器？它对创业者的重要性体现在哪些方面？

（2）在鼓励大众创业的时代，我国科技企业孵化器应如何发展？

第一节　认识创业环境及要素

一、创业环境的重要作用

创业企业应与外部环境建立和谐关系，并对外部环境有很强依赖性。由于企业资源有限，需从外部获取资源。外部环境对企业生存和发展及融入能力都有影响。

技术、资金和人才是创业企业的初始资源需求。企业融资问题涉及资金需求量和来源，而技术需求会影响资金和人才需求。例如，自主研发技术会导致对资金和研发人才的需求增加。

二、创业环境的构成要素

技术、资金和人才直接满足创业企业的资源需求，而政策法规、中介服务体系、文化、市场和信息化等要素则间接保障资源的获取。

技术环境要素包括研发和技术转移环境。研究开发主体影响创新活动，而科技成果转化依赖于市场环境，影响转化速度和效率。

融资环境要素主要通过金融机构和非金融机构提供资金供给，成为金融企业与创业企业的结合途径。

人才环境要素体现在大专院校、科研院所和企业的人才储备。不同区域有不同的人才结构和需求。

文化环境要素是指社会对创业的认同和推崇态度，形成鼓励和容忍失败的氛围，是创业的灵魂和资源获取的保障。

政策法规环境包括与创业相关的政策法规及其执行，扶持政策保障企业资源获取，促进企业创建和成长。

三、创业环境承载主体

创业环境承载主体包括大学及科研机构、关联企业、融资机构、中介机构和政府。它们发挥各自功能。大学及科研机构培养人才和创造技术机会；关联企业创造和扩散技术机会；融资机构提供初始资金；中介机构便于人才、技术和资金的获取；政府制定政策法规，扶持和保障企业创业和发展。

四、创业要素

企业创业是一个复杂的过程，涉及许多问题。根据管理的“二八原则”，创业者只需抓住创业过程中的核心要素，无须对所有问题同等对待，即可达到预期效果。那么，创业中的核心要素有哪些呢？

1. 蒂蒙斯的创业核心要素组合模型

蒂蒙斯认为，创业过程是一个高度的动态过程。如图 3-1 所示，其中机会、资源、创业团队是创业过程的核心要素和重要的驱动因素，它们的存在和成长，决定了创业过程的发展方向。

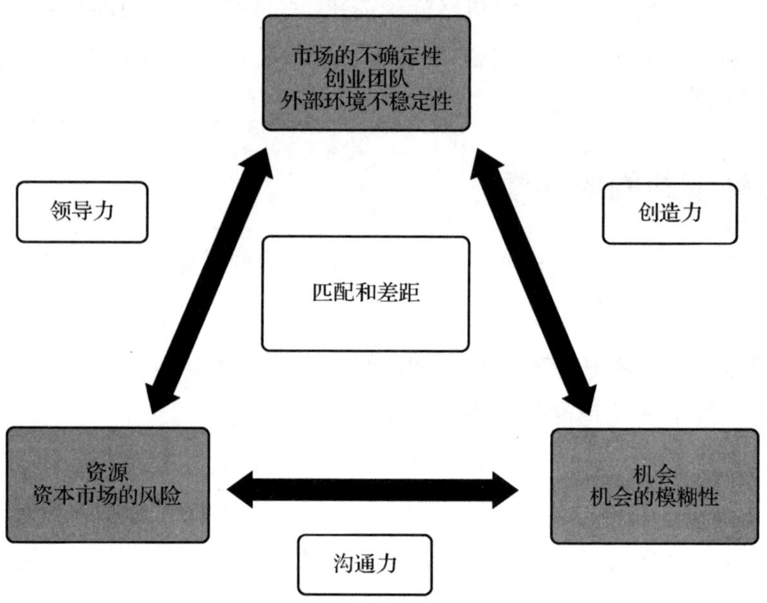

图 3-1 蒂蒙斯的创业核心要素组合模型

在创业过程中，由于机会的模糊性、市场的不确定性、资本市场的风险和环境变化等因素，创业活动经常面临冲击，充满了风险。因此，创业者必须依靠领导能力、创造能力和沟通能力来发现问题，掌握关键要素。他们需要灵活调整机会、资源和团队之间的组合，使其达到最佳搭配状态，从而使企业得以生存和发展。蒂蒙斯提出的创业行动逻辑是：机会激活创业，获得必要的资源和团队后，创业计划才能顺利实施。在创业过程中，领导者和团队的任务是不断探索更大机会和资源的合理运用，保持三角平衡。领导者的作用至关重要，其核心任务是有效处理机会、资源和组织之间的关系。

2. 维克汉姆的创业核心要素组合模型

维克汉姆以创业者为核心，提出了创业过程模型，如图 3-2 所示。维克汉姆认为，创业核心要素包括创业者、机会、组织和资源四个核心要素。创业者处于创业活动过程的中

心。创业者在创业中的职能体现在与其他三个要素之间的关系上：发现和确认有利的创业机会；管理创业资源，包括人员、资金和社会网络等；建立创业组织。创业者任务的本质在于有效处理机会、资源和组织之间的关系。机会、资源和组织三者之间的关系为资本、人力、技术等资源要集中用于机会的利用上，且要注意资源的成本和风险；资源的集合形成组织，包括组织的资本结构、组织结构、程序和制度以及组织文化；组织的资产、结构、程序和文化等作为一个有机的整体，应适应所开发的机会，为此组织需要根据机会的变化而不断地做出调整。因此，创业活动包括以下三个方面：组织应适合于所开发的机会，集合资源以形成组织，将资源集中用于适宜的机会。在这三种关系中，创业者起关键性作用。

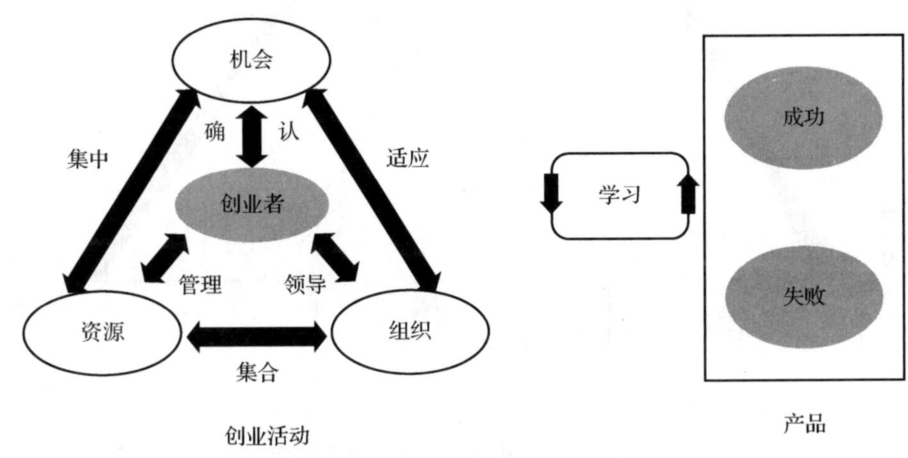

图 3-2 维克汉姆的创业核心要素组合模型

3. 萨尔曼的创业核心要素模型

萨尔曼认为，在企业创业过程中，为了更好地开发商业机会，提高企业价值，创业者需要把握四个关键要素：人和资源、机会、外部环境及创业者的交易行为，如图 3-3 所示。

人和资源：是指为创业提供服务或资源的人员，包括经理、员工、律师、会计师、资金提供者、零件供应商等与新创企业直接或间接相关的人员。他们所提供的资源包括工作经验或非工作经验、经营管理及技术技能等相关的知识。这些资源和人员对于创业企业的发展至关重要，因为其企业提供了必要的支持和帮助，有助于企业实现其目标。

机会：是指任何需要投入资源的活动，不仅包括企业亟待开发的技术、市场，也包括创业过程中所有需要创业者投入资源的事物。当然，投入资源的根本目的是企业将来获得盈利。

外部环境：包括宏观环境和微观环境两部分，是管理者直接控制之外的因素，诸如银行利率水平、相关政策法规、宏观经济形势，以及一些行业因素如替代品的威胁等。萨尔曼分析模型的核心思想是要素之间的适应性，也就是人、机会、交易行为及外部环境能否协调整合，共同促进创业的成功。

招聘良好的人才资源，使管理团队拥有所需要的知识和技能，拥有盈利前景良好的商业模式，容易获取高额利润又能防止潜在竞争者进入市场；市场环境良好，能够给所有的利益相关者以充分的激励等，使得新创企业能够紧密结合，朝着同一个目标前进。

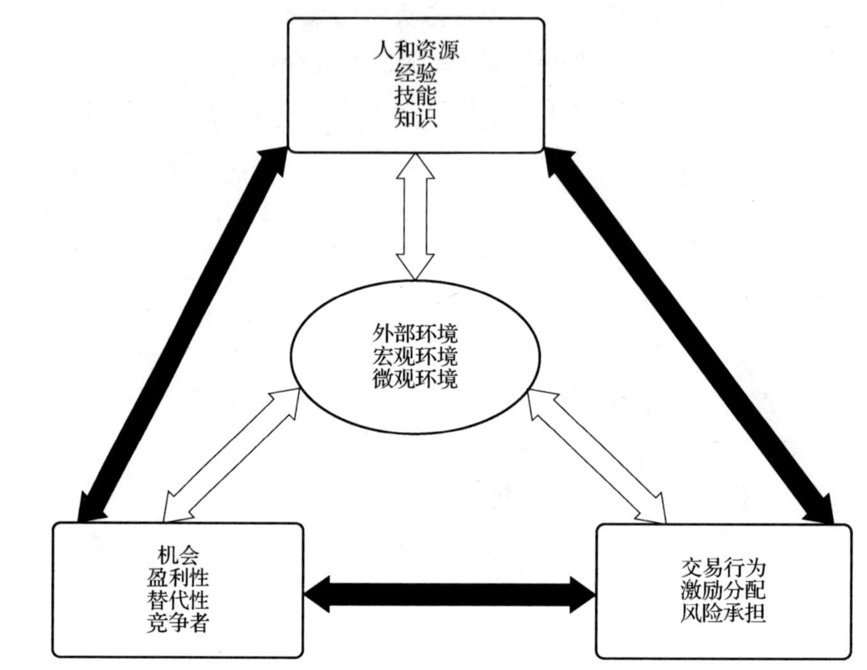

图 3-3　萨尔曼的创业核心要素模型

4. 冈亚瓦利的创业核心要素组合模型

冈亚瓦利在综合前人有关创业核心要素研究的基础上提出创业机会、创业倾向、创业能力是新创事业的三个核心要素，如图 3-4 所示。

（1）创业机会。创业机会是指新企业创建的可能性和创业者成功的可能性。在不规则的、进入门槛比较低的自由市场经济环境中，创业机会比较多。因此，政府的政策和条例对创业机会有很大的影响。创业机会将在一定程度上影响创业者的创业倾向和创业能力。

（2）创业能力。创业能力是指创建新企业所需要的技术和经营能力的总和。技术能力是指技术技巧，经营能力是指经营方面的知识和技术，如产品开发、市场营销、人力资源管理、会计等。创业者面临顾客、投资者和其他利益相关者的抵触时，他们还需要良好的沟通能力和战略规划能力，以消除抵触，获得支持。如果创业者没有创业能力，就抓不住机会，无法克服创建企业过程中困难和经营、管理企业运行中的业务；如果创业者具备必需的创业能力，那么一旦增强其创业倾向，将会提高创业成功的可能性；如果该创业者已经在经营企业，那么很有可能成为竞争中的优胜者。

（3）创业倾向。创业者的共同特征是具有较高的成就需求、创新能力、内控能力和冒险的倾向。他们能够识别环境中的机会，并及时抓住机会，利用机会创造价值。

创业过程中的一个关键前提是创业机会、创业倾向和创业能力之间相互的匹配。创业能力高的人比创业能力低的人更能确定有利的创业机会。一个人的创业倾向越强，创业能力越强，那么他的创业能力与创业机会就越匹配，创业成功的可能性就越大。

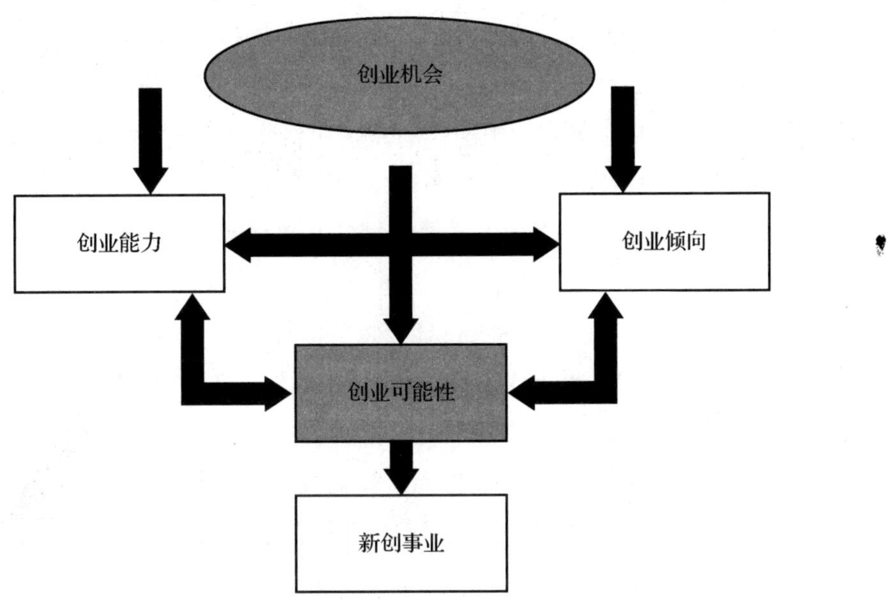

图 3-4　冈亚瓦利的创业核心要素模型

第二节　了解大学生创新创业大赛

一、中国国际大学生创新大赛（原互联网+大学生创新创业大赛）介绍

中国国际大学生创新大赛是由中华人民共和国教育部、政府和各高校共同主办的赛事。大赛的主要目的是深化高等教育综合改革，激发大学生的创造力，培养“大众创业、万众创新”的主力军。通过推动赛事成果的转化，促进“互联网+”新业态的形成，服务经济提质增效升级。同时，以创新引领创业，创业带动就业，推动高校毕业生更高质量地创业和就业。

大赛的目标是探索形成各学段有机衔接的创新创业教育链条，实现区域、学校、学生类型的全覆盖，培养和壮大创新创业生力军，更好地服务于国家战略，如创新驱动发展、乡村振兴、脱贫攻坚等。大赛分为高教主赛道、“青年红色筑梦之旅”赛道、职教赛道和萌芽赛道四条赛道。

二、中国国际大学生创新大赛参赛项目类型及要求

参赛项目能够将新一代信息技术，如移动互联网、云计算、大数据、人工智能、物联网、下一代通信技术、区块链等，与经济社会各领域紧密结合。这些项目致力于服务于新型基础设施建设，并培育出新产品、新服务、新业态、新模式。同时，它们发挥互联网在促进产业升级和信息化与工业化深度融合中的作用，推动制造业、农业、能源、环保等产业的转型升级。此外，这些项目还注重发挥互联网在社会服务中的作用，创新网络化服务模式，促进与教育、医疗、交通、金融、消费生活等领域的深度融合。参赛项目主要包括以下几种类型：

（1）“互联网+”现代农业，包括农、林、牧、渔等。

（2）“互联网+”制造业，包括先进制造、智能硬件、工业自动化、生物医药、节能环保、新材料、军工等。

（3）“互联网+”信息技术服务，包括人工智能技术、物联网技术、网络空间安全技术、大数据、云计算、工具软件、社交网络、媒体门户、企业服务、下一代通信技术、区块链等。

（4）“互联网+”文化创意服务，包括广播影视、设计服务、文化艺术、旅游休闲、艺术品交易、广告会展、动漫娱乐、体育竞技等。

（5）“互联网+”社会服务，包括电子商务、消费生活、金融、财经法务、房产家居、高效物流、教育培训、医疗健康、交通、人力资源服务等。

参赛项目不仅限于“互联网+”项目，还鼓励各类创新创业项目参赛，根据行业背景选择相应类型。参赛项目必须真实、健康、合法，不包含任何不良信息。项目立意应弘扬正能量，践行社会主义核心价值观。参赛项目不得侵犯他人的知识产权，所涉及的发明创造、专利技术、资源等必须拥有清晰、合法的知识产权或物权。抄袭、盗用、提供虚假材料或违反相关法律法规的，一经发现即刻丧失参赛相关权利并自负一切法律责任。

如果参赛项目涉及他人知识产权，报名时须提交完整的具有法律效力的权利所有人的书面授权许可书、专利证书等证明文件。已完成工商登记注册的创业项目，报名时须提交营业执照及统一社会信用代码等相关复印件，单位概况、法定代表人情况、股权结构等证明材料。

参赛项目以团队为单位报名，允许跨校组建团队。每个团队的参赛成员须为项目的实际成员人数不少于3人，原则上不多于15人（含团队负责人）。参赛团队所报参赛创业项目，须为本团队策划或经营的项目，不可借用他人项目参赛。

参赛项目根据赛道相应的要求，只能选择一个符合要求的赛道参赛。已获得往届中国国

际大学生创新大赛参赛全国总决赛各赛道金奖和银奖的项目，不可报名参加当年的大赛。

三、“挑战杯”中国大学生创业计划竞赛介绍

“挑战杯”中国大学生创业计划竞赛是由共青团中央、中国科学技术协会、中华人民共和国教育部、中华全国学生联合会主办的大学生课外科技文化活动中一项具有导向性、示范性和群众性的创新创业竞赛活动，每两年举办一届。大赛根据参赛对象分为普通高校和职业院校两类，设科技创新和未来产业、乡村振兴和脱贫攻坚、城市治理和社会服务、生态环保和可持续发展、文化创意和区域合作五个组别。竞赛宗旨是培养创新意识，启迪创意思维，提升创造能力，造就创业人才。

1. “挑战杯”大学生创业计划竞赛目的

“挑战杯”大学生创业计划竞赛的目的是深入学习贯彻习近平新时代中国特色社会主义思想，聚焦为党育人功能，引导和激励高校学生弘扬时代精神，把握时代脉搏，将所学知识与经济社会发展紧密结合，培养和提高创新、创造、创业的意识和能力。在此基础上，促进高校学生就业创业教育的蓬勃开展，发现和培养一批具有创新思维和创业潜力的优秀人才。

2. “挑战杯”大学生创业计划竞赛方式

大赛分校级初赛、省级复赛、全国决赛三个阶段。校级初赛由各校组织，广泛发动学生参与，遴选参加省级复赛项目。省级复赛由各省（自治区、直辖市）组织，遴选参加全国决赛项目。全国决赛由全国组委会聘请专家根据项目的社会价值、实践过程、创新意义、发展前景和团队协作等综合评定金奖、银奖、铜奖等奖项。大赛期间，组织参赛项目参与交流展示活动。

3. “挑战杯”大学生创业计划竞赛奖项介绍

全国评审委员会对各省（自治区、直辖市）报送的参赛作品进行复审，评出参赛作品总数的90%进入决赛。竞赛决赛设金奖、银奖、铜奖，各等次奖分别约占进入决赛作品总数的10%、20%和70%；各组参赛作品获奖比例原则上相同。全国评审委员会将在复赛、决赛阶段，针对已创业与未创业两类作品实行相同的评审规则；计算总分时，将视已创业作品的实际运营情况，在实得总分基础上给予1%~5%的加分。

4. “挑战杯”大学生创业计划竞赛专项赛事单独设置奖项

参加全国终审决赛的作品，确认资格有效的，由全国组织委员会向作者颁发证书，并视情况给予奖励。参加各省（自治区、直辖市）预赛的作品，确认资格有效而又未进入全国竞赛的，由各省（自治区、直辖市）组织协调委员会向作者颁发证书。竞赛设20个左右的省级优秀组织奖和进入决赛高校数30%左右的高校优秀组织奖，奖励在竞赛组织工作中表现突出的省份和高校。优秀组织奖的评选主要依据为网络报备作品的数量和进入决赛作品的质量。省级优秀组织奖由主办单位评定，报全国组织委员会确认。高校优秀组织奖由各省（自治区、直辖市）组织委员会提名，主办单位评定后报全国组织委员会确认。在符合“挑战杯”中国大学生创业计划竞赛章程有关规定的前提下，全国组织委员会可联合社会有关方面设立、评选专项奖。

第三节　熟悉大学生创新创业法律法规

一、创业者学习法律的意义

大学生在创业过程中必须具备法律意识和法律理性，深入了解和掌握与创业相关的法律法规，这是依法创业的关键。因此，大学生创业的法律教育至关重要。创业法律教育不仅能指导大学生规避风险，还能为毕业后独立创业提供有益指导。

在市场经济规则日益完善的背景下，创业者必须明白法律对企业既有约束作用，也提供了相应的保护。只有遵纪守法、诚信经营的企业才能立足社会、持续发展，赢得客户的信任、供应商的合作、职工的信赖、政府的支持，甚至竞争对手的尊重。从创业之初，创业者就必须知法懂法，树立守法经营观念，为企业创造良好的生存发展空间。

国家为确保公民和企业在公平、和谐的环境中竞争和发展，制定了各类法律法规。这些法律法规是规范公民和企业经济行为的准则，具有权威性、强制性和公平性。依法办事是公民和企业的责任。

二、创业者需要了解的相关法律概述

1. 创业初始阶段的资金、设备场地及办公场所等相关法律问题

由于学生普遍缺乏财产抵押和银行个人信用记录，导致贷款困难。因此，应指导学生寻求行政干预和支持，并充分利用各地针对高校自主创业学生出台的优惠政策，如工商注册、小额担保贷款和税费减免等。这些优惠政策在法律教育培训中应被详细介绍，以帮助学生全面了解并加以利用。

在创业基地中通过项目申报，创业所需的设备和场地问题一般都能在校内解决。然而，对于校外租用店面和办公场所的需求，需提醒学生了解《中华人民共和国民法典》（以下简称民法典）中关于房屋租赁的法律规定。这些规定对创业者来说非常重要，能帮助他们合法、合规地处理租赁事务，避免因不了解法律而导致的纠纷或损失。

2. 创业拓展阶段关于设立经营实体，与行政审批相关的法律问题

大学生创业在选择企业组织形式时，需要考虑具体的责任形式。我国的《中华人民共和国个人独资企业法》《中华人民共和国公司法》《中外合资经营企业法》和《中外合作经营企业法》等法规为企业组织形式提供了多种选择。值得一提的是，2005 年《中华人民共和国公司法》增设了一人有限责任公司形式，2006 年《中华人民共和国合伙企业法》新增了有限合伙企业的法律规定，这些都有助于解决大学生创业资金规模较小、筹措资金困难等问题，为大学生创业提供了有力的法律支持。

在创业过程中，学生还需要遵循《中华人民共和国企业法人登记管理条例》《中华人民共和国公司登记管理条例》，以及其他如消防、卫生等行政审批程序的具体规定，以确保合法经营。这些行政程序是创业者必须了解和遵守的，以避免因不了解法律而导致的纠纷或损失。

3. 创业经营阶段涉及的市场交易及管理的相关法律问题

创业经营必然涉及市场主体间的各种交易行为，无论从合同的订立到合同的履行，还是违约责任的承担，都与民法典关系密切，因此，应了解《中华人民共和国产品质量法》《中华人民共和国劳动法》《中华人民共和国票据法》《中华人民共和国保险法》《中华人民共和国反不正当竞争法》等法律中与自身创业有关的法律规定。

4. 创业经营阶段涉及知识产权的相关法律问题

在创业经营阶段，创业者应当在法律允许的范围内合理使用他人的知识产权。我国已建立了一个相对完备的知识产权法律保护体系，主要包括《中华人民共和国商标法》《中华人民共和国著作权法》和《中华人民共和国专利法》等法律法规。这些法律为创业者的知识产权使用提供了明确的指导和规范。

大学生创业之初，可以利用专利先行公开的特点，合理借鉴现有专利，为自己的创业提供技术开发的思路和可行性支持。但同时，创业者必须确保不侵犯任何他人的专利权，遵守相关法律法规，避免因知识产权侵权问题而给创业带来不必要的法律风险。

因此，创业法律教育在知识产权方面应当进行深入细致的讲解，使创业者充分了解如何合法使用商标、专利等知识产权，并提醒创业者尊重他人的知识产权，维护市场的公平竞争。

5. 创业过程中纠纷解决的相关法律问题

学生要了解《中华人民共和国民事诉讼法》《中华人民共和国行政诉讼法》《中华人民共和国仲裁法》中规定的具体诉讼程序。要具有积极收集证据的法律意识。面对交易金额较大、商品较多的经济往来，应该采用书面合同文本形式。

三、工商行政登记的意义

新办企业需要先获得明确的法律地位，就像办理户口一样。根据我国法律规定，新办企业必须经过工商行政管理部门的核准登记，并获得营业执照和相关经营许可证（如卫生、环保、特种行业许可证等）。营业执照是企业主按照法定程序申请的书面凭证，规定了企业的经营范围等内容。只有领取了营业执照，企业才能拥有合法的身份，才可以开展各项法定的经营业务。因此，确保企业拥有合法的营业执照和相关许可证是开展经营的前提和基础。

复习与思考

一、选择题（多选）

1. 创业初期必须具备哪些资源？（　　）

A. 技术　　B. 资金

C. 人才　　D. 办公室

2. 创业环境承载主题包括（　　）。

A. 大学　　B. 科研机构

C. 融资机构　　D. 政府

二、填空题

1. 蒂蒙斯创业核心要素包括________、________和________三大要素。

2. 我国最权威的创新创业竞赛是________和________。

三、分析题

1. 你具备哪些创业的资源？

2. 你参加过创业竞赛吗？成绩如何？

3. 解释一下企业遵纪守法的意义。

第四章

敢于冒险，善于创新
——从创业者角度分析自己

学习目标

（1）自我创业分析。

（2）制订增强创业能力的计划。

（3）评估财务状况。

思政目标

培养学生敢于冒险、不惧艰苦的创业精神，树立正确的创业动机。

案例导入

创业作为经济发展的重要推动力，在全球范围内有着广泛的案例。以中国的“双创”（大众创业、万众创新）为例，这一国家战略自2014年提出以来，已经成为推动经济转型升级的关键力量。根据中国社会科学院的研究，新创企业虽然面临资产规模小、融资难等问题，但它们在资源整合和创新能力上展现出巨大潜力。特别是在数字经济的推动下，新创企业通过技术创新和商业模式创新，有效地降低了交易成本，提高了市场效率。

例如，中国的电子商务巨头阿里巴巴，就是创业精神推动经济发展的典型案例。马云和他的团队从一个小规模的在线市场起步，通过不断的创新和扩展，发展成为全球最大的电子商务平台之一，极大地推动了中国乃至全球的电子商务发展，创造了数以百万计的就业机会，并促进了相关产业链的繁荣。

另一个案例是深圳的高科技产业集群，这里孕育了华为、腾讯等一批世界级的科技企业。这些企业通过不断的技术研发和市场拓展，不仅推动了本地经济的快速发展，也在全球范围内展示了中国创新的力量。

这些案例表明，创业活动能够激发市场活力，促进技术进步和产业升级，增加就业机会，提高居民收入，从而成为推动经济发展的重要动力。政府的政策支持、市场的开放竞争以及社会的创新文化，都是创业成功的关键因素。

思考与讨论：为什么说创业是助推经济发展的动力？

第一节　自我创业分析

一、创业前的思想准备

1. 参与观念

创业不仅是自主创立公司，参与创业也是一种创业方式。虽然不是每个人都能或都愿意自主创业，但即使不能自主创业，也可以参与创业。

今天的创业需要团队合作，而不是单打独斗。因为知识型创业需要各种才能的互补，每

个人可能具备不同的才能，如管理、研究、市场开拓等。因此，知识的互补和人才的互补成了创业成功的关键。虽然只有少数人能成为老板，但参与创业的人数将更多。

此外，产品和服务往往需要不同企业的合作，个人也可以成为某项设计、产品或服务的提供商。这意味着即使不是公司的老板，也可以成为某个商品或服务的合伙人。

在一个大型组织中，即使不是管理者，但具备一定条件的人也可以成为内部创业者，提出或参与组织中的新项目开发。因此，创业之路不局限于成为老板之路。

2. 平衡观念

自主创业更需要投入时间和精力来保障。

3. 积累观念

自主创业需要知识的积累、能力的积累、资源的积累和经验的积累，积累是成功创业的基础，丰富的积累构成创业者判断和决策的思维前提。

二、自我创业认知

大学生自主创业是指他们通过个人和组织的努力，利用所学的知识、才能、技术和各种能力，通过自筹资金、技术入股、寻求合作等方式，在有限的环境中，努力创新、寻找机会，实现个人和组织的成长和价值创造。

随着社会对大学生就业问题的关注，国家出台了各种优惠政策，鼓励和支持大学生自主创业。各地政府部门也纷纷推出创业园区、创业教育培训中心等，为大学生提供创业支持。部分高校也创建了自己的创业园，为大学生创业提供必要的帮助。

选择创业是一个重要的决定，每个人的创业初衷可能有所不同。一旦开始创业，就应当用心经营，充分挖掘自己的潜力和创造力，为未来的发展打下坚实的基础。

1. 自主创业可以获得的好处与可能会遇到的困难

可以获得的好处有以下五点：

（1）自主性强，自己就是老板，可以掌握自己的命运。

（2）可按自己的节奏工作和生活。

（3）具有极强的挑战性，能够充分发挥自身的潜能。

（4）培养系统性的思维能力。

（5）获得创业成功的成就感。

可能会遇到的困难有以下五点：

（1）身心疲惫。

（2）财物投入较大。

（3）风险高，收入不稳定。

(4) 私人时间减少，无暇与家人亲友团聚。

(5) 没有固定的工作时间，可能会不分昼夜地长时间工作。

2. 大学生创业的优势与劣势

大学生创业个人方面的优势有以下五点：

(1) 思维敏捷，有灵感。

(2) 条条框框少，敢想敢干。

(3) 知识面宽，接受新事物快。

(4) 继续学习能力强。

(5) 有专业背景，行业开拓潜力大。

大学生创业环境方面的优势有以下三点：

(1) 国家和地方政府扶持政策多，有贷款、有孵化。

(2) 企业高度关注，愿意赞助或合作。

(3) 学校提供免费场地和一定数额的项目资金。

大学生创业资源方面的优势有以下三点：

(1) 有学校和老师方面的资源。

(2) 有同学资源，容易形成团队。

(3) 信息资源多，获取信息手段多。

大学生创业资源方面的劣势有以下六点：

(1) 社会阅历浅，实践经验少。

(2) 个人没积累，可用资金少。

(3) 客观限制多，商界资源少。

(4) 校园打转转，人际关系少。

(5) 学习课程多，经营时间少。

(6) 除了创新大赛外，可选项目少。

从大学生自主创业的优势和劣势来看，优势比较明显，劣势随着时间的推移，会逐渐得到解决。

三、自主创业失败的原因

1. 管理问题

(1) 管理不善，不能及时发现问题或发现问题后纠正不力。

(2) 盗窃和欺诈，缺乏对员工的管理经验，使企业财物被盗。

(3) 缺乏专门的企业管理知识与技能。

（4）赊销和现金控制不当。

（5）费用控制不当，支出过高，某些资产购置过多。

（6）库存控制不当，库存商品管理不善。

2. 经验问题

缺乏企业管理经验，没有打工经历或亲自创办企业的经历。

3. 营销问题

（1）市场营销手段滞后，销售不畅。

（2）营业地段差，人气不旺。

4. 自然灾害

各种自然灾害和难以预料的事件。

例如，在未投保的情况下，遇到火灾、水灾、盗窃、地震等。

5. 其他经营失败原因

（1）没有进行市场调查就盲目投资。

（2）贪大求新，超过自己的经济、管理承受能力。

（3）选择自己不熟、不精、不懂的创业项目。

（4）盲目打价格战，以致微利经营或赔本经营。

（5）缺乏依法经营观念。

（6）注重硬件投资，而忽视了软件管理。

（7）企业无计划，不会预测启动资金，缺乏对现金流量的控制，致使财务出现资金危机。

（8）用传统的方式在低水平层次上经营，经营理念差，不适应现代的市场竞争。

四、自我创业分析

企业经营的成败主要取决于创业者自身。在决定创业之前，创业者应对自己进行深入分析，判断是否具备创业所需的素质、能力和物质条件。成功的创业者之所以能够成功，并非仅仅因为运气，而是源于他们的努力和具备经营企业的必要条件。

1. 承诺

要想创业成功，创业者需要对企业有深厚的承诺。这不仅意味着愿意承担创业风险并全身心地投入，还意味着有长期经营企业的打算。

2. 动机

真心希望创办企业并成为成功的企业主，这样的创业者更有可能取得成功。相比之下，那些只是抱着试一试的心态的创业者，其成功的可能性较小。

3. 诚信

创业者必须注重诚信，对员工、供应商和顾客都要保持诚信。缺乏信誉的企业将对其经营产生负面影响。

4. 健康

经营企业是一项艰巨的工作，要求创业者具备良好的身体素质。没有健康的身体，创业者将无法履行其对企业的承诺。

5. 风险

创业总是伴随着风险，没有只赚不赔的生意。创业者需要具备冒险精神，并敢于承担企业经营中合理的、难以避免的风险。

6. 决策

在创办和经营企业的过程中，创业者需要作出许多重大决策。在面临重大决策时，创业者需要有果断决策的魄力和勇气。

7. 专项技能

创业者需要具备生产产品或提供服务所需的专门技能。这些技能的类型将决定创业者可能选择的企业类型和企业构思。

8. 企业经营能力

除了市场营销外，企业的生产、成本核算、记账、人员管理等其他经营企业的能力也非常重要。

9. 相关行业知识

对创办的企业及其所属行业有足够的认识和了解，并拥有丰富的知识和经验，将有助于避免失误，提高创业成功的可能性。

10. 家庭状况

创办和经营企业需要投入大量的时间和精力，因此获得家庭的理解与支持对于创业者来说至关重要。如果家庭成员支持创业计划，那么创业者就有了坚实的后盾。

11. 财务状况

创业和经营企业需要一定的资金投入，如果创业者有能力负担这样的投入且不影响日常生活，那么其创业之路将更为平稳。

第二节　制订增强创业能力的计划

一、创业能力认知

“短板理论”认为，一个由多块木板构成的水桶，决定水桶盛水量多少的关键因素不是其中最长的板块，而是最短的板块。若要增加水桶的盛水量，唯一的办法是换掉短板。

在创办企业的过程中，许多人并不具备所有必需的素质或技能。然而，技术可以学习，素质可以培养，条件可以改善。作为创业者，应当坚定信念，避免将错误的心态带入创业事业中。

要成为一名成功的创业者，必须具备多方面的素质和能力，包括机会捕捉能力、判断决策能力、人际交往能力、经营管理能力、执行和领导能力及创新能力等。

仅仅拥有创业梦想、激情和一笔创业启动资金的人并不一定能成功。创业者需要具备全面、过硬的创业素质和能力。同时，了解创业者的人格特征也是必要的。成功的创业者通常具备远见卓识、冒险精神、奇思异想、批判精神、独辟蹊径、追求完美、关注细节等特点。

二、创业能力培养的原则

1. 实践原则

实践是学习的一种重要方式。通过实践可以获得真知。创业学习不能仅仅停留在理论层面，必须付诸实践。这种实践可以是多种多样的，如市场调查、考察经营场所、设计网络功能平台、进行创业人物访谈、撰写商业计划书等。通过实践，创业者可以更好地形成商业头脑、培养商业精神、建立商业关系。同时，实践也有助于了解自己、认识自己、调整自己、挑战自己。

2. 理性原则

理性是创业者的关键品质。在创业过程中，避免过于理想化或急躁是至关重要的。一些常见的非理性表现包括因为一次激发热情的演讲、培训或免费的支持就仓促决定创业。创业需要激情和冲动，但只有激情和冲动是不够的。创业者需要用理性和智慧来驾驭和规避风险，化解风险。

3. 优势原则

利用自身的优势进行创业可以增加成功的概率。大学生在互联网和信息技术方面具有较强的优势，接受新事物的能力强。例如，利用移动互联网的商业模式创新，很多大学生成了互联网创业英雄。他们充分利用网络的特点和优势，创造了众多的创业神话。

4. 分享原则

分享是学习创业的一种重要方法。创业者要有开放心态和合作精神，并积极参与群体活动。分享创业成功的喜悦和失败的教训，有助于从中学习和进步。通过交流、沟通和分享，创业者可以增进了解、加强团结、促进合作，加快成长速度。

三、增强创业能力的方法

创业者可以通过自我分析，明确自身在创业技能和素质上的不足之处。针对这些欠缺的创业能力，可以制订有针对性的提升计划，并通过不同方法强化自身的能力。

如果技能是弱项，需要思考并决定如何获得这些技能。可以考虑参加技能培训、雇用有技术的员工或寻找一位拥有适当技术的合作伙伴。如果企业管理能力是弱项，可以通过阅读企业管理方面的书籍来获取更多知识，也可以参加相关主题的短期培训。如果行业知识是弱项，可以寻找有经验的合作伙伴或寻求行业中资深人士的帮助。

创业能力的培养方法可以总结为以下五种。

1. 典型学习法

向成功创业者学习，从他们的经验中吸取教训和启示。特别是要注意向身边的成功者学习，因为他们的经历和背景可能与自己相似，可以提供有价值的参考。

2. 经验学习法

通过实践来积累经验并提升能力。关键在于综合平衡的水平、运筹帷幄的能力，以及在不同环境和条件下作出正确决策的能力。

3. 知识学习法

创业知识是无穷无尽的，主要有以下几种学习方法：利用学校开设的创业课程进行系统、全面的学习；积极参与大学生创业活动，如创业报告会、沙龙、峰会等，通过参与活动和讨论来提高创业能力；利用网络平台学习创业知识，但要注意辨别信息的真实性和可靠性。

4. 实践学习法

通过实践来检验所学的知识和技能。实践不仅可以检验已学知识的有效性，还能积累社会经验、资源和人脉。常规的实践学习方法包括实训学习法、实习学习法和实验学习法。

以下内容仅供参考，建议根据实际情况选择适合自己的创业能力培养方法。

利用学校资源进行创业实践：创业者可以利用学校提供的创业孵化基地和项目资金投入，创立创业项目或公司。这种方法可以获得全面的支持，包括资金、场地和辅导等，同

时，通过实际的项目或公司运作来积累创业经验。这种实践学习法的成本较低，收益较大。

利用社会资源进行创业实践：创业者可以积极利用地方政策资源、行业商会资源和企业资源进行学习。例如，参加创业沙龙活动，争取成为行业或地方的创业会员，成为商品经销商或代理商。有能力的创业者还可以提供创意和点子，利用这些资源来支持自己的创业实践或共同进行创业项目的研究与实践。

利用家族资源进行创业实践：有条件的创业者可以直接进入家族企业进行实践。通过全程参与企业的各个环节，包括需求调研、产品研发、市场开发、生产工艺、产品价格、物流运输、销售渠道、客户反馈等，将创业知识的学习与企业实践相结合，为今后创办企业打下坚实的基础。

利用团队资源进行创业实践：在团队中学习创业、实践创业也是一个不错的选择。可以参加同学组织的创业团队，在团队建设和发展中积累经验，学习如何与人合作并发挥团队的力量。

利用互联网资源进行创业实践：通过互联网和移动互联网进行无抵押代销商品或参与组织各类商业活动，了解市场需求情况，学习、掌握网络营销方式，积累人脉，发现自己的不足。这种实践方式可以帮助创业者了解互联网商业模式和网络营销策略，为未来的创业道路打下坚实的基础。

5. 项目学习法

项目学习法是指学习者自立项目或参与项目研究，提高自己创业能力中的项目意识和项目管理水平的一种方法。严格地说，在没有找到适合自己的创业项目之前，是绝对不能因为有了其他条件就创办企业的。项目学习要落实到以下三个方面：

（1）学习项目管理知识。

（2）参与项目管理活动。

（3）选择创业项目进行模拟训练。

第三节　评估财务状况

一、大学生创业资金来源

当计划开办一家新企业时，创业者需要仔细测算所需的启动资金总额，用于企业的原始投资和流动资金周转。这是防范企业财务风险的重要步骤。具体如何测算启动资金及如何规划融资方式和份额，主要取决于创业项目的种类、规模大小、经营地点等因素。启动资金的多少也会影响创业计划的实施程度。因此，在制订创业计划时，必须对启动资金进行合理规划和预算，以确保企业的顺利运营和持续发展。

创业资金来源一般有两种：一是自筹资金，二是向社会筹资。

（1）自筹资金：包括自己的储蓄或者向亲属朋友借贷所得的资金。

（2）社会筹资：通过提供高价值的固定抵押物，向银行等金融机构贷款，或者通过熟人或网络向非正式金融机构借贷，后者比前者利率高，风险更大。

另外，中华人民共和国财政部、国家税务总局发出《关于支持和促进就业有关税收政策的通知》，明确自主创业的毕业生从毕业年度起可享受 3 年税收减免的优惠政策。其中，高校毕业生在校期间创业的，可向所在高校申领《高校毕业生自主创业证》；离校后创业的，可凭毕业证书直接向创业地县以上人社部门申请核发《就业失业登记证》，作为享受政策的凭证。

二、如何评估财务状况

创业需要足够的资金支持，开办企业并使其正常运转需要相应的启动资金。启动资金主要用于支付场地、办公设备、机器、原材料和商品库存、营业执照和许可证、开业前宣传及促销、工资以及日常开支等费用。启动资金按用途可分为投资资金和流动资金两大类。

投资资金是指为开办企业而用于购买固定资产和无形资产，以及支付一次性开办企业费用和其他相关投入的资金总和。固定资产是指价值较高、使用期限较长的资产，如房屋、设备等。企业在这些方面需要投入大量资金。因此，弄清楚要办的企业具体需要什么样的场地和建筑，并选择正确的设备类型，谨慎规划、细致做好预算非常重要。无形资产是指企业长期使用的、不具有实物形态的相关资产，如特许经营权、商标权、专利权、土地使用权、大型软件等。企业在对无形资产做预算之前，要考虑所购买的无形资产的合法性，以及这些无形资产的法定有效期和评估、计价的法律依据。一次性开办企业费用是指在筹建期间发生的各项费用，如注册登记费、印刷费等。预测投资时不可盲目求全、求大，应量力而行，把必要的投资降到最低限度，预留资金兼顾企业今后的发展。

流动资金是指保证企业日常运转所需要支出的资金，也称为运营资金。企业开业后需要一段时间才能获得销售收入，其间需要足够的流动资金来支付企业的运转费用。预测流动资金时，需要考虑原材料和商品的存货、促销、工资、租金、保险等方面的支出。不同的企业运转周期不同，所需的流动资金也不同。一般来说，运行一个项目至少需要准备能支付三四个月的经营周转资金。在企业运行初期，往往需要经过至少 3 个月的市场培育期，因此，事先必须准备足够的周转资金。

在创业初期，预测和规划企业的流动资金需求是至关重要的。

首先，创业者需要预测企业的销售收入。这需要根据产品或服务的成本来决定销售价格，并预测销售量。在预测销售收入时，要列出企业推出的所有产品或服务项目，根据市场调查结果预测每个月的销售量，然后计算出每项产品的月销售额。预测销售收入是准备创业计划中尤其重要和困难的部分，大多数创业者容易忽略销售淡旺季信息或竞争对手信息，从而过高估计自己的销售业绩。因此，在预测销售收入时要尽量严谨、切合实际。

其次，创业者需要预测企业的成本，包括固定成本和变动成本。固定成本是指在一定时期内不会发生变化的成本，如租金、设备折旧等。变动成本是指在一定时期内随着产量的变化而变化的成本，如原材料、人工等。通过预测企业的成本，可以更好地规划和控制企业的运营成本。

最后，创业者需要预测企业的现金流量。现金流量是指企业在一定时期内现金的流入和流出情况。现金流量计划显示企业每个月预计会有多少现金流入和流出。通过制订现金流量计划，企业主可以更清楚地了解并确定自己企业的流动资金需求，预备风险预案，避免企业陷入无现金经营的窘境。如果现金流量计划显示某个月企业现金短缺，可以尝试采取减少赊销额、加快现金回流等措施来应对。

综上所述，在创业初期，预测和规划企业的流动资金需求非常重要。创业者需要通过预测销售收入、成本和现金流量来规划企业的流动资金需求，以确保企业能够正常运营并实现盈利。

复习与思考

一、判断题

1. 今天的创业更多的是靠团队合作而非单打独斗。（　）
2. 创业需要知识、能力、资源和经验的积累，这些积累是创业的基础。（　）

二、填空题

1. 创业失败的原因包括________、________、________、________和________五大类。
2. 创业能力培养的原则包括________、________、________和________。

三、分析题

1. 你觉得创业失败最大的原因是什么？
2. 你觉得如何管理好一家公司？
3. 你有多大的可能去创业？

第五章

艰苦奋斗，团结合作
——创业团队的组建、管理与股权分配

学习目标

（1）了解创业团队的含义及类型。

（2）了解创业团队组建的条件、模式及方法。

思政目标

培养学生艰苦奋斗的精神与团队合作意识。

案例导入

京东集团的股权结构

京东集团的股权结构案例是一个典型的现代企业治理和股权分配的例子，展示了公司如何在保持创始人控制权的同时，适应资本市场和公司发展的需要。

截至 2023 年 2 月 28 日，京东集团（NASDAQ：JD）的创始人刘强东实益拥有公司已发行普通股总数的 12.7%，但占据了公司总投票权的 73.9%。这种股权结构的设计，使得刘强东即使不是最大股东，也能在公司决策中发挥决定性作用。这种股权分配方式通常涉及双重股权类别的设计，即 A 类股票和 B 类股票。A 类股票通常赋予持有者更多的投票权，而 B 类股票则在投票权上有所限制。在京东的案例中，刘强东持有的可能是具有超级投票权的 A 类股票。

此外，京东集团的另一个重要股东沃尔玛公司，截至 2023 年 2 月 28 日，实益拥有京东公司已发行普通股总数的 9.2%，占公司总投票权的 2.8%。这表明京东集团的股权结构中，除了创始人外，还有其他重要的战略投资者。

京东科技作为京东集团的一个重要分支，其股权结构也颇具特色。2020 年 6 月，京东集团与京东科技达成协议，通过一家合并的中国境内公司，根据双方之间的框架转换京东科技的利润分享权，并向京东科技额外投资 17. 8 亿元人民币现金，收购了京东科技总计 36. 8%的股权。此后，京东科技股东一致通过决议，将京东科技重组为股份有限公司，并采用双重投票结构。刘强东和他控制的宿迁领航方圆股权投资中心（有限合伙）持有的股份每股有权获得十票投票权，而刘强东和宿谦凌航方圆必须在与京东科技的任何关联交易中弃权。由于这种双重投票结构，截至 2023 年 2 月 28 日，京东持有京东科技约 22. 1%的投票权，刘强东和宿迁领航方圆合计持有京东科技 52. 4%的总投票权。

值得注意的是，腾讯公司曾经是京东的重要股东，但在 2021 年 12 月底，腾讯通过 Huang River Investment Limited 完成了腾讯持有的约 4. 6 亿股京东公司 A 类普通股向股东的分配。这次分配后，腾讯对京东的持股比例降至 2. 3%，不再是京东的主要股东。这一变化标志着刘强东真正意义上成为京东最大股东，并且进一步加强了他对公司的控制权。

综上所述，京东集团的股权结构体现了创始人在公司治理中的重要作用，也展示了公司如何在保持创始人控制权的同时，吸引战略投资者和适应市场变化。通过特殊的股权设计和合理的股权分配，京东集团确保了公司的长期稳定发展和战略目标的实现。

思考与讨论：如何既分享利益，又不失去控制权？

第一节 创业团队

一、创业团队概述

1. 创业团队的概念

今天，政府与国家都在大力提倡推广创新创业，越来越多的人也正在积极主动地投入到自主创业中去。但是由于个人的经验、能力、财力等都存在不同程度的瓶颈，这些瓶颈限制了创业企业的发展，所以有越来越多的创业者选择加入团队的形式进行创业活动。因此，创业团队孕育而生。要想创业成功，必须有一支杰出的创业团队。被称为创业团队的实际上是一个由两个或更多的创业者组成的机构，他们拥有共同的创业信念和价值观，并愿意承担创业的风险，共享利润。这是一个由正式或非正式的组织为了达成创业目标而形成的，也被称为利益共享体。

2. 创业团队的四要素

一个完整的创业团队应具备以下四要素：

（1）人。创业团队中的核心组成是人，创业目标具体是由人来完成的，所以团队中的人员组成是重中之重，要谨慎选择。通常，创业团队一般是由有着共同创业理念与目标的一群人构成的，所以团队中每个成员最好能够具备一些共同点。最重要的共同点是创业观念相同、价值观相同、财富观相同。当然，仅仅有共同点对一支创业团队来说是远远不够的，还要具备互补点。一个公司在运作的过程中需要人来作出决策，需要人来进行管理，要有人能在宏观上进行控制与制订计划，这些计划也需要有人来具体实施。所以，创业团队尽量要由多元化的成员构成，成员与成员的优势互补优于优势叠加，尽量不要出现短板。这里所说的优势互补包括性格方面的互补、技能方面的互补、专业特长方面的互补和人脉资源上的互补。个人的社会资源是有限的，但一个团队的社会资源由于经过了整合，所得到的结果将会倍增。因此，创业团队的成员构成可以遵循三个相同和三个互补原则，即创业理念和目标相同、价值观相同、财富观相同，以及性格互补、能力互补和资源互补。

（2）目标。创业团队成立的前提是拥有明确的目标。一个团队需要有明确的前进方向，这个方向就是创业目标。只有具备明确的创业目标，创业团队才能够知道奋斗的方向，并明确具体需要付出哪些努力，需要寻找什么样的机会并准确把握机会。另外，具备明确的目标，团队就会知道需要招纳什么样的人才，寻找合适的合作伙伴和雇用适合的员工，以此来

有效提高团队的实力。

（3）职能分配。创业团队若想成功，要能够合理地进行职能分配。所谓团队的职能分配，就是要明确团队中各个成员在创业活动过程中所承担的责任与拥有的权力。首先，要保证每个成员都能最大限度地发挥个人的能力，即按照团队成员的专长优势来进行职能分配。在创业过程中一定会遇到各种各样的问题，这些问题都能够有相对专业的人员来进行有效解决，以此来提高整个的办事效率。通过正确的职能分配，能让创业团队的成员们紧密地团结在一起，并且步调一致地合作。同时，我们也需要明确创业团队中每一位成员的权利。现在有许多团队倾向于集体决策，让所有团队成员都有决策权。每一个需要决策的项目都需要经过全体成员的共同商议和讨论才能决定。然而，在实际执行过程中，仍需要适当的分权，在不损害团队利益的前提下，团队成员需要拥有一定的决策权利，这些权利应该与他们的职责相匹配。

（4）计划。准确、详细的计划是一个创业团队能够取得成功的一个重要的前提，也是一个创业团队能够完成创业计划的重要保障。团队成员在制订创业计划的时候，需要全面关注创业企业的内部环境与外部环境、企业自身具备的优势与劣势等因素，制订的计划不仅要能够满足创业团队的短期目标，还要对创业团队的长期战略目标有利。同时，该计划要有一定的前瞻性并具备一定的可行性。优秀的创业计划能够在企业的管理过程中提供适当的依据，帮助团队的发展与最终的目标保持高度一致性，始终让创业企业前进在正确的轨道上。

3. 创业团队的优势

一个完整的创业团队一般具备以下五个优势：

（1）优势互补。我们知道，个人具备的能力、拥有的性格和品质都会有一定的局限性和不足，这就需要找到其他能够取长补短的人，来补齐短板，通过适当磨合，继而发挥团队的优势。

（2）只有团队才能够具备足够的力量生存，在巨大的、高度整合的、复杂多变的市场环境中生存下来。

（3）团队拥有更大的抗风险和抗压力的能力。

（4）因为具备了众多优势，一个团队相比较更加能够获得成功。

（5）单打独斗无法在现在的市场环境中成事，创业团队更加符合现代企业发展之路。

二、创业团队的特性

1. 创业者们要有共同的创业理念

一个创业团队的目标、性质和行为准则是由该团队的创业理念决定的，同时，创业理念也成为团队凝聚在一起合作的精神基础。创业团队要想提高整体的效率，需要团队的各个成员相互紧密配合、合作。个人能力对于团队来说是必不可少的，但只有通过团队的协同努力才能发挥整体的功能，从而让每个人都能获得最大的成就和收益。具备一致的商业观点与目标，可以协助团队的成员塑造出良好的协议意识与协作环境，从而提高全体团队的工作效率，增强集体凝聚力。

2. 创业团队的构成要有异质性

所谓异质性，即要求团队的成员所拥有的技能、经验和人文因素上具备异质性。在宏观视角下，技能涵盖三个层面，即理论技能、人际交往技能及技术技能。在微观层面上，技能涵盖创业者的学历、所涉及的专业领域，以及他们所拥有的技术和能力等。经验包括团队成员的工作经历、具备的专业特长、产业相关背景知识等，人文因素主要指的是团队成员的性别、年龄、民族等。

如果创业团队能够保持合理的差异性，那么他们的科学性就会得到有效提高。创业者可以从各自的视角去分析问题，通过各种不同的思维方式和理解方式来分析问题，为创业活动提供更多的决策选择和解决方案。团队成员具备更多的异质性能够发挥互补和平衡的作用，在创业活动过程中，无论遇到什么问题都能够找到相应的专业人员来解决，以此提高团队效率和成功概率。同时，由于团队成员具备的技能和经验各不相同，每个人都具备不同的社会资源，进而为创业团队提供了互补的社会资源网络，而不是简单地叠加。所以，在组成创业团队的时候，需要成员具备相同或相近的价值观和创业观，具备互补的专业技能、管理技能和战略思考能力。

3. 团队成员要有合理的报酬和激励

只有把合理的利益分配关系作为团队建立的基础，这个团队才能够具备相当的稳定性和发展性。因为不同的团队成员所具备的差异性使得每个人创造出不同的价值，所以在创业团队组建之初，就要根据成员的情况制订相对合理的收益分配方案，力求创造一个相对公平的合作环境。

一个创业团队要想不断地发展壮大，需要给予适当的激励，这种针对每个成员的激励能够有效激发团队成员发挥最大潜能、取得最大的收益，也能够让创业团队的稳定性显著提高，这是因为每个创业者都期望通过更加努力的工作获得更大的收益。当然激励的方式是多种多样的，在创业企业的不同阶段，企业所追求的目标也不同，所以要根据不同的目标来调整激励的方式，从而激发创业者在不同的时期都能发挥出自己最大的潜能，为创业团队和创业企业发展壮大作出贡献。

三、创业团队的组成要素

有很多学者分别从不同的角度对团队作出了定义。我们坚信：一个团队的组建需要少数

拥有相似技术的个体，他们的理想和追求都一致，乐于承担职责，愿意一起努力，以实现优秀的成绩。团队就是一个共同体，这个共同体能够合理利用不同成员的知识和技能，并使其协同工作，解决遇到的各种问题。而创业团队是由创业者构成，这些创业者具备互补的技能，这群创业者为了实现共同的创业目标、为实现高品质的结果而努力。

创业团队组成要素包括目标（Purpose）、人（People）、定位（Place）、权限（Power）和计划（Plan），称为5P。

1. 目标

团队目标是企业的愿景和战略形势的体现。创业团队必须建立一个共同的目标来为团队导航，告知团队成员要何去何从。如果缺少了这个目标就会使创业团队失去存在的意义。

2. 人

创业团队中最核心的力量是人。当两个或更多的个体组合在一起，并且他们都有一个共享的目标时，就形成了一个团队。在一个创业团队中最活跃、最重要的资源就是人力资源，所以要全面调动创业者的能力与资源，力求使人力资源变为人力资本。

目标是人来完成的，所以创业团队格外重视人员的选择。团队中要有人出创意、制订计划、具体实施、协调他人协同工作，还需要人来监督整个团队的工作情况，评价团队的工作结果，这些人通过分工最终实现创业团队的目标。前面说过，在选择人员的时候需要关注人员所具备的能力、人员的经验以及是否互补等情况。

3. 定位

定位有两个方面的含义：

（1）创业团队的定位。具体包括该创业团队在企业中所处的位置、谁来选择和决定团队的成员、创业团队应对谁负责、创业团队所采用的激励方式。

（2）个体的定位。具体包括每个成员在团队中的角色，是参与计划的制订还是参与计划的实施或评估；是大家来出资并委派其中一人来管理，还是大家出资共同管理，或是出资聘请第三方（职业经理人）进行管理。这在创业实体的组织形式上体现为是合伙企业还是公司制企业。

4. 权限

创业团队中，团队领导人所拥有的权力的大小与其团队所处的发展阶段和所从事的行业相关。通常情况下，一个成熟的创业团队，领导者的权力相对较小，即创业团队越成熟，领导者的权力越小。一般在创业团队组建的初期，领导权力更加集中，而高科技类型的企业大多采用民主的管理方式。

5. 计划

计划包含两层含义：①为了实现最终目标，创业团队需要具体的可执行方案，计划就是完成目标的具体工作程序。②创业团队要有计划地、一步一步地完成工作，最终实现目标。

四、创业团队的类型

创业团队可以从不同的角度、层次和结构分为不同的类型。按照团队的组成，可以分为星状创业团队、网状创业团队和在网状创业团队基础上进化的虚拟形状创业团队。

1. 星状创业团队

一般来说，星状创业团队中都会有一位领导者。这个核心人物会在团队形成之前就有了创业的想法，并就团队的组成进行过仔细思考，按照自己的想法开展创业团队的组建。这些团队成员可能是该核心人物所熟悉的人，也可能是不熟悉的人。这些人在企业中往往充当支持者的角色。星状团队的特点有以下四点：

（1）结构组织紧密，具有很强的向心力，主导人物对组织中的其他成员有巨大的影响力。

（2）组织进行决策的效率较高，决策过程相对简单。

（3）因为权力过于集中，可能会增加决策失误的风险。

（4）团体中的每个成员都有自己的观点，但是由于领头者的独特权力，一般的团体成员往往只能接受其观点。如果观点出现了明显的分歧，那么这些成员可能会选择退出团体。这将对整个团体造成巨大的影响。

2. 网状创业团队

通常情况下，网状创业团队是由一群在创业团队产生前关系就很密切的同学、亲友、同事、朋友等所组成的，这些人在交往的过程中产生了某个一致认同的创业想法，并在达成共识的基础上开始创业。在该创业团队组建时没有人扮演核心的角色，而是根据自身的特点进行组织角色定位。所以，在企业初创阶段，团队成员通常是协作者或伙伴角色。网状创业团队的特点是：

（1）团队没有主要核心人物，团队组织结构松散。

（2）在作出决策的过程中，组织通常会选择集体决策的方式，经过大量的交流和讨论，以达成共识。因此，组织的决策效率相对较低。

（3）因为成员在团队中的地位相近，可能会在组织中形成多头领导的局面。

（4）如果成员之间产生了冲突，一般会通过平等协商积极解决的态度来消除冲突，成员不会轻易离开团队。可是一旦冲突升级，导致成员退出团队，就有可能导致整个团队的涣散。

3. 虚拟形状创业团队

网状创业团队的演变产生了虚拟形状创业团队，这是两种创业团队的中间状态。在这种

组织中，通常会有一个由团队成员共同决定的核心成员，也就是说，这个核心成员是整个团队的代表，而不是主导者。他在团队中的地位并不像星状创业团队的核心成员那样权威，他的所有行为都需要充分考虑其他团队成员的意见。

五、创业团队的维持发展

1. 维护团队的共同意识

现实生活中人们都忙于工作，很少有时间与他人交流沟通，导致很难去培养团队意识。如果团队成员中有很多是兼职、灵活工作时间或存在交接班制度的情况下，就更加难以培养团队意识了。即使团队成员能够在同一时间一起工作，由于某些工作的特殊性，如某个岗位不能离开人，使得在正常的工作时间内即使是召开一场会议也不是一件十分容易的事情。

调查显示，超过 75% 的被调查者表示他们的团队没有召开过会议。其原因不是说他们不需要开会，而是很多单位是一周 7 天工作制度，大部分员工是兼职工作或交接班制度，很难召集全员召开会议。

虽然团队都很重视领导与组员之间的交流沟通，但在实际操作中充满了困难，所以很多会议经常只能召集到那些正在工作的成员。今天，团队意识的维护因为工作的多样性和复杂性而变得更加困难，这也对管理者提出了更高的要求。

（1）团队会议。团队会议并不一定需要非常正式地召开，也不是非要占用很长时间，即使仅仅召开十几分钟的非正式会议也好于从不召开团队会议。

（2）确保会议的有效性。为了保证好不容易召开的会议的效果，需要注意以下几点问题：

①集中注意力于正确的事情。对事项合理安排顺序，重要的事情可以在会议上处理，非重要的事情可以另找时间解决。

②坚持观点。如果顺序已经定下来，尽量不要作无谓的改变。

③准时开始会议并不拖延会议时间。会议很容易浪费大量时间，尽量避免在会议上聊天、浪费时间，领导更要遵守会议流程。

④围绕重要议题。为了避免在细节上陷入僵局，应该围绕重要议题进行讨论，包括团队目标和解决方案。

⑤按照计划做事。一旦没有按照计划行事，就会失去团队的支持。

（3）会议不代表一切。会议固然重要，但却并不是营造团队意识的唯一方法。身为团队的核心人物，可以通过多种方式让团队协调一致。

①清晰地向团队传达目的。明确告知成员团队的目标及其重要意义。

②营造责任感。让成员清楚要想实现目标，每个人所要承担的责任。

③确定行动准则。确定好行动准则并行动一致，在相互尊重与信任的原则下开展工作。

④采用统一一致的办事流程。一旦敲定好每个人的工作事项，最好能够采用统一的办事流程。只有统一步调才能更好地维护团队意识。

⑤通过现代的工具维护团队秩序。现代的工具能够有效提高维护团队秩序和效率。常用的包括 E-mail、QQ、微信、钉钉、互联网和企业内部互联网，通过这些工具能够让不同地区的团队成员通过音视频进行团队会议。

2. 团队决策

为了能够有效解决团队未来可能会遇到的问题，顺利达成团队任务，需要团队通过科学有效的方法作出决策。团队决策需要遵循的原则包括以下四点：

（1）有必要的时候立即行动。

（2）尽量让团队成员能够参与决策的过程。

（3）使用有用的信息谨慎作出决策。

（4）通过集体成员共同作出决策。

决策分为以下六个步骤：

（1）阐明问题。明确决策的原因和决策的必要性。

（2）获得信息。在作决策前要保证所获得的信息对决策有用。

（3）提出多个解决方案。只有一个解决方案是不够的，一定要提出多个选项。

（4）建立标准。通过事先建立好的标准，客观地检测出这些解决方案哪个是最佳选项。

（5）作出决定。通过建立的标准作出决策。

（6）实施并时刻监督实施过程。坚决执行作出的决定，并时刻跟踪监督完成的情况与效果。

3. 团队发展的阶段及方法

创业团队必须经历过一系列的阶段才有可能走向成功。具体包括形成阶段、波动阶段、稳定阶段和成熟阶段。

为了保证团队在发展过程中更加顺利，应该清楚团队在不同的阶段可能会遇到的问题，统一发展目标。

另外，也可以以团队领导行为理论作为基础，在团队发展的不同阶段采用不同的领导行为，即个人需要、团队需要与任务需要这三方占的比例在团队的不同阶段各不相同，在不同阶段团队领导需要扮演不同的角色，侧重于不同的任务。

（1）形成阶段。在这个阶段，团队中的每个成员都希望清楚自己的任务，希望知道自己要做什么、如何做、面对问题该如何解决。然而，此时的成员彼此间缺乏信任（彼此相

互认识除外），所以在该阶段，大家应该多进行思想交流和信息收集。

本阶段，个人的需要很高，需要确定每个人的工作任务，需要知道别人对自己的评价，所以，团队的领导要了解每个成员，与成员沟通，并告知未来将可能发生的问题。

此时，团队正在探索发展的方式，团队领导要通过各种方法让团队成员能够彼此熟悉对方。

该阶段的任务需要很低，因为该阶段，团队还没有真正地形成。只有形成了真正的团队，才能开始解决工作的问题。本阶段的主要任务不是完成任务，而是慢慢推动工作的发展。

（2）波动阶段。在这个阶段，团队的成员逐渐形成了共享的目标。他们可能会有不同的观点，也可能会发生矛盾。在这个阶段，竞争是无处不在的。如果能妥善应对，这个阶段将会变成一个充满活力和进步的时期，并且会带来巨大的创新。

在波动阶段，个人需要仍然有较高的水平。要尽力满足成员的个人需要来使团队成员安心。当成员有不同观点的时候，团队需要就开始提高，所以要留意在这个过程中产生的问题，尽量减少让少数人在群体占据优势的可能。

而任务需要此时仍然很少，因为团队正处于发展阶段，团队领导应把任务作为推动团队发展和解决波动问题的工具。

（3）稳定阶段。在该阶段，团队里的成员彼此已经理解了各自的工作任务，并开始互相信任，成员已经成为团队的一部分，团队进入和谐发展阶段。为了更好地完成任务，成员能够接受他人的观点。

在此阶段，成员已经能够顺利地处理各种问题，成员的个人需要在降低，而团队需要仍然很高，因为团队正在努力达成行动准则和工作程序上的一致性。团队领导在该阶段应努力激励成员不断产生新的想法，督促成员要全力以赴，帮助成员达成共识。

在稳定阶段任务需要开始占据更重要的地位。团队领导要关注目标的制定，时刻关注并保持对成员的激励，让成员为任务目标努力，加强团队成员的合作。

（4）成熟阶段。在该阶段，团队成员会在公开的、充满信任的环境中工作。成员之间相互理解，并能够理解工作任务的实质，期望自己能够达成目标。此时的团队最大的目标就是完成工作任务。

此阶段，个人需要和团队需要处于中等程度，领导主要把精力放在满足任务的需要上面，帮助团员采用科学方法制订计划，并监督计划的实施。

此阶段，一定要避免团队退回到上一阶段。比如团队又进来了一个新的成员，可能导致团队又开始了波动阶段。这时，一定要尽快对现状进行调整，尽快让团队重新返回成熟阶段。

第二节　创业团队的组建

创业团队可以遵循一定的规律和章法来组建。本节会介绍创业团队组建的基本原则、基本条件、影响因素、模式、步骤、风险成因和风险控制等。

一、创业团队组建的基本原则

1. 合伙人原则

通常情况下，企业招的是员工，员工完成工作；而创业团队招的是合伙人，做的是事业。如果一个人想在特定的行业中获得成功，那么他必须将自己的职责视为一项事业。如果一个公司希望快速发展壮大，那么他们必须将其员工视为合作伙伴。所以，创业团队首先要解决的问题是如何合理地进行价值分配，然后才是寻找自己的合伙人。

2. 激情原则

衡量一个人是否能够成功的基本标准就是看这个人是否对事业有激情。那些对创业团队的项目有高度热情的人更适合加入。不管这些人是否有专业的业务能力，只有那些对事业充满信心的人才更能适应创业的需求，而那些没有信心的人所传递的负面信息和消极因素会对团队产生致命的影响。在创业初期，很多团队都会长时间地满负荷工作，并要求团队成员即使在非常大的压力下仍能长时间保持创业的激情。

3. 团队原则

团队意识能够让企业充满凝聚力，让团队的成员同甘共苦。如果把企业的收益合理地公开并分享，就能够在团队中形成一股强劲的凝聚力。

团队中不鼓励个人英雄主义，而是要每个成员都对团队有所贡献。团队成员需要具备将集体利益凌驾于个人利益之上的认识，因为个人的利益是以集体利益为根基的。在初创阶段，团队成员不应过度追求短期的报酬和福利，而应愿意放弃短期的利益以换取未来的长期回报。

4. 互补原则

团队成功的关键之一是能够让自己的团队做到优势互补。有的人才适合内部管理，有的人才适合拓展市场，技术与市场缺一不可。在寻找创业人才的时候，要按需寻找成员。一支合格的创业团队，内部的成员之间能够很好地进行优势互补，这种互补同时对成员之间的合作带来很大的帮助。

此外，在队员的选择上还要关注人员的性格和对待问题的角度，团队中要有能够不断发现问题并对问题提出建设性意见的成员，因为团队不能依靠那些只会说好话的成员取得成功。

二、创业团队组建的基本条件

1. 树立正确的团队理念

（1）凝聚力。创业团队的成员如果拥有一个正确的团队理念，就会相信他们共存于一个命运共同体，收益共享，风险共担。团队，就要靠每个成员相互依赖和支持，依靠事业的成功激励每个人。

（2）诚实正直。好的品质有利于客户服务、企业发展和价值创造。

（3）着眼未来。团队成员要相信自己正在为未来长远的利益而努力工作，要成就一番事业，而不是仅仅把企业看作一个致富的工具；追求的应该是最终资本回报带来的成就感，而不是眼前的收入水平、地位与待遇。

（4）承诺价值创造。所谓承诺价值创造，就是成员承诺为了让每个人获益而使“蛋糕”做得更大，比如，增加客户的价值，让供应商与团队共同受益，让支持团队的利益相关者受益，等等。

2. 确立明确的团队发展目标

在构建团队的时候，目标具备了独一无二的重要性。首先，目标是一个极其有效的刺激因素。如果团队的成员理解并认识到达成目标所带来的好处，知道这将使他们获利，那么他们会将这个目标视为自身的追求，并坚持不懈地努力。目标是推动团队战胜挑战并获得最后成功的驱动力。此外，目标也是一个极其有力的调和元素。由于团队成员各具特色和才华，因此，我们必须保持团队的节奏统一。只有让团队的目标一致，团队才有可能取得最终的成功。

3. 建立责、权、利统一的团队管理机制

（1）创业团队内部需要妥善处理权利与利益关系。

首先，合理地分配团队内部的权利关系。团队领导要清楚自己的成员谁更适合什么样的任务并承担什么样的责任。

其次，分配好团队内部的利益关系，这与新创企业的报酬体系相关。这个体系包括股权、工资、奖金、个人的成长机会、技能的提高等。当然，每个人关注的点不一样，看重的内容也不一样，这与个人的价值观、奋斗目标和个人追求相关。有的人不想考虑得太远，只看重眼前的利益，而有的人追求长远利益。

最后，因为报酬体系对新创企业具备非常重要的意义，特别是新创企业的财力通常有限，所以团队领导要格外关注整个企业生命周期的薪酬体系的制定，让它具备吸引力，并保证不同贡献度的人能够得到应有的回报，并不受人员增加的影响。

（2）制定创业团队的管理规则。创业团队应制定合理的管理规则，以此来解决团队成员的权利和利益关系。相关规则的制定必须具备一定的前瞻性和可操作性，原则为先粗后细、由远及近、逐步细化、逐步到位。这样制定出来的规则有利于保证管理规则的稳定性，有利于团队的稳定性。管理规则包括以下三个方面：

第一，治理层面，要解决的问题是剩余索取权和剩余控制权。该规则主要包括合伙关系和雇佣关系两个方面。在合作关系里，每个成员都是公司的领导者，拥有一些决策权；而在雇佣关系里，领导者仅存在一个。在利益分配和争议解决的基础上，需要设立进入和退出的机制，以便妥善处理退出的条件和限制，以及涉及股权转让、增股等相关问题。

第二，文化层面，要关注的是企业价值的认同问题。公司必须有公司章程和合同，但这还远远不够，因为公司章程和合同主要解决的是经济契约的问题，而经济契约无法解决的问题需要通过文化契约来进行补充。“公理”与“天条”是文化契约的核心，这些公理，也就是那些无须证明就能被认定的事实，是所有成员的行动准则。所谓的天条，也就是说，它对每个人都具有一定的限制作用。

第三，管理层面，解决指挥管理权。具体包括：平等原则，即制度面前人人平等；服从原则，即下级对上级的服从；等级原则，即不要越级指挥和请示。

4. 要有脚踏实地，一步一个脚印的心态

心急吃不了热豆腐。团队拥有了共同的价值观和目标，实现目标则是需要通过很长时间才能够完成。要想实现目标，团队成员就要团结在一起，一步一个脚印踏踏实实地走过去。

5. 要有好的带头人

好企业、好团队要有个好的带头人。这个带头人要有广阔的知识面，敢想敢为，为企业的前进掌握方向。同时，在做事的过程中不能掺杂个人的感情，时刻关注团队的利益与追求，贡献出自己最大的力量。

6. 痛苦、幸福共同分担与分享

企业团队在共同成长的过程中要风雨与共，同甘共苦，相互支持。企业在成长的过程中不会一帆风顺，会遇到很多困难。团队成员要有坚强的心理素质，客观分析问题，积极配合，团结一心共同面对。

7. 团队利益至上，按规则办事

团队利益高于一切，一切事务的出发点均以团队的利益为准。如果有人触犯了团队的共同规则，就要受到相应的惩罚。

8. 要有不断进取的学习心态，让团队成为学习型组织

人的一生要不断学习，不断充电，工作时间以外，要多学习。

9. 大家能认可共有的规则

所有人都认可的规则就是团队合作的标准和规范，要无条件地执行。

10. 互相信任

团队成员要相信团队领导。团队的建立是为了实现团队的价值，作为领导不能为了个别人的个别想法滥用信任为所欲为，每件事都要以团队利益和团队的统一价值观为出发点。当团队中出现分歧时就要按照规章制度办事，当然，也要理解尊重少数人的不同意见，因为有时真理会在少数人手中。同时，团队领导也要相信自己的成员。

【案例分析 5-1】

在今天的商业世界中，创业已经成为许多人追逐自由和成功的梦想，然而，创业并非易事，创业者面临诸多挑战和压力。针对这些挑战，一个高效的创业团队管理策略是必不可少的。

有一个叫作“无限创意”的创业团队，在创立初期就以开创性的产品和创新的市场策略获得了高度关注。这支团队由五名成员组成，每个成员在不同领域有着丰富的经验。他们的目标是打造出一个能够改变世界的新产品。

成功的创业团队管理建立在共同的文化与价值观上。无限创意团队的价值观是追求卓越、创新和团队合作。每个成员都被赋予了充分的自由和责任来展示他们的创意和技能。因为各个成员意识到团队的成功与每个人的努力息息相关，他们在成功中分享荣誉，并在失败中共同承担责任。

团队管理的成功与领导者的风格密切相关。在无限创意团队中，领导者采取的是人本主义的领导风格。团队领导者通过倾听和赋能团队成员来激发他们的潜力，并在需要时提供指导和支持。领导者强调成员之间的平等和尊重，并鼓励成员在创新中敢于冒险，从失败中吸取教训。

团队内部的有效沟通是创业团队管理的关键要素。在无限创意团队中，每个成员都被鼓励积极参与到团队的讨论和决策过程中。团队会定期召开例会，讨论项目进展和解决可能出现的问题。此外，团队还通过在线协作工具和实时通信应用程序保持倾听和回应成员的意见和反馈。

团队协作能够加强创业团队的合作力量和生产力。在无限创意团队中，每个成员都被赋予了特定的责任和角色。每个成员通过充分利用自己的优势和专长来实现团队目标。此外，他们还以团队为中心，通过分享知识和经验来相互支持和帮助。

一个成功的创业团队管理案例需要持续的学习与成长。无限创意团队始终保持学习的态度，鼓励成员参加行业研讨会、参观企业和学习新的技能。他们也通过回顾项目中的成功和失败来吸取经验教训，并将这些教训应用到未来的项目。

创业团队管理中的一个重要实践是团队的反思与持续改进。无限创意团队定期进行项目回顾，并讨论项目中发生的不可预见事件和挑战，他们评估团队的绩效和团队成员的表现，并制定措施来解决团队中出现的问题，并改进团队的效率和绩效。

成功的创业团队管理案例展示了如何通过共同的文化与价值观、有效的领导力风格、有效的沟通、团队协作、学习与成长、反思与持续改进等关键要素来实现创业团队的成功。这个案例向我们传达了一个重要的信息：一个高效的创业团队管理策略是创业成功的关键所在。

思考与讨论：

（1）创业初期，“无限创意”通过什么方式聚集人才？团队领导者在团队中扮演什么角色？

（2）通过“无限创意”的创业过程，我们能得到什么启示？

三、创业团队组建的影响因素

团队的组建会受到很多因素的影响，这些因素相互影响，并作用于团队的组建，也影响着团队未来的运行效率。具体影响因素包括如下几点：

1. 创业者

是否要组建创业团队，主要由创业者的能力和思想意识来决定，同时，还影响了团队组建的时间表和具体成员的组成。因为只有创业者意识到自身的能力不足，为了弥补这个不足，才会考虑组建团队，以及何时引进什么样的人员。

2. 商机

不同的创业团队擅长不同类型的商机，所以创业者应尽可能地让自己的团队与商机相匹配。

3. 团队目标与价值观

相同价值观和统一的目标是组建创业团队的前提。如果不认可团队目标，成员就不能全力服务于团队，并导致成员在创业过程中脱离出来。没有统一的目标和价值观，即使组建起团队也不能有效地发挥团队的优势。

4. 团队成员

团队成员的能力之和决定了团队的整体实力与潜力。组建团队的必要条件是团队内部的

成员之间的才能能够互补，而相互的信任是团队的基础，没有信任则会导致成员间的协作出现问题。

5. 外部环境

外部环境对企业的生存和发展会产生直接影响，具体包括制度性环境、基础设施服务环境、经济环境、社会环境、市场环境、资源环境等，并从宏观上间接影响创业团队组建的类型。

四、创业团队组建的模式

创业团队投资是一种创业性投资活动。不同的投资时机、投资对象、投资金额、对投资收益的期望值等原因导致创业团队投资的风险性较高，所以对不同类型的投资活动采用相对应的组织形式，对投资和投资的成效具有重要的影响。一般创业投资主要采用公司制和合伙制两种组织形式。

1. 公司制

创业投资采用公司制的组织形式，即设立有限责任公司或股份有限公司，通过公司的运作机制及形式进行创业投资。采用公司制的优势有以下四点：

（1）有效地集中资金进行投资活动。

（2）公司通过自有资本投资更加有利于风险控制。

（3）公司可以根据自身的发展，对投资收益进行必要的扣除后再进一步分配。

（4）如果公司能够快速发展，就可申请对公司改制上市，让投资者的股份能够公开转让，得到的资金用于再投资。一般非家族成员的创业者更倾向于采用公司制的形式。

2. 合伙制

采用合伙制的方式，能够更好地融入创业投资的激励和预约机制中。合伙制主要包括全体合伙人共同执行合伙企业事务、委托一名或数名合伙人执行合伙企业事务这两种形式。前者是指按合伙协议的规定，每个合伙人都直接参与经营并对企业事务进行处置，对外代表合伙企业；后者是指某个或某数个合伙人受协议约束，处理合伙企业事务，对外代表合伙企业。

目前，我们国家主要有四种合伙形式：亲戚间合伙、家族内合伙、朋友间合伙、同事间合伙。一般情况下，资讯类、律师事务所和会计事务所会采用合伙制形式。农村农民办的很多企业采用合伙制。全世界的小企业中超过 80% 是家族企业，甚至《财富》杂志排名前 500 名的大企业中也有三成是由家族控制的。不同的合伙形式有不同的特点，优点、缺点各不相同。创业时期，家族合伙制凭借血缘关系，能够低成本地获得人才，不计回报地奋斗，让企业短时间内获得竞争优势，团队成员的沟通更加容易，在获得市场反馈时，总代理成本低于其他类型的企业。当然，这种类型的企业的缺点是不容易获得特别优秀的人才，并且在一定程度上企业的快速发展会受到制约。

五、创业团队组建的步骤

当创业者有了创业的创意，可以遵循以下步骤对团队展开建设。

1. 撰写创业计划书

通过创业计划书的撰写，捋清自我发展的思路，为创建团队奠定基础。

2. 优劣势分析

通过对自我的分析，清楚自己所擅长的和不擅长的事情。可以用 SWOT 分析工具来分析自己具备的创业条件：优缺点、性格能力特点、具备的知识、人际关系和资金等。

3. 确定合作形式

根据创业者情况，寻找与自身类型互补的合作伙伴，选择适合自己创业计划的合作方式。

4. 寻求创业合作伙伴

创业者可以通过各种渠道（广告、朋友介绍、招商会、互联网络）来寻找适合自己的创业合作伙伴。

5. 沟通交流，达成创业协议

找到适合的有创业意愿的人后，双方要深度沟通关于创业计划、股权分配等方面的事情。如果不进行充分的沟通，就有可能在创业后出现因缺乏沟通导致团队解体的后果。

6. 落实谈判，确定责权利

创业团队需要对相关的合伙条款谈判。

六、创业团队组建的风险成因

创业团队的组建会存在一定的风险，并有可能导致创业活动失败。

1. 盲目照搬成功的组建模式

创业团队的组建一般有三种模式：关系驱动、要素驱动和价值驱动。

关系驱动：由创业领导者人际关系圈内成员构成的以及创业领导者为核心的团队。这种团队内部的成员由于自身的经验、兴趣、友谊等因素成为伙伴，彼此发现商业机会后共同开展创业活动。

要素驱动：创业团队成员通过对创业的创意、资源、技能等分别作出互补的贡献，各个成员彼此间处于一个相对平等的地位。

价值驱动：创业成员具备很强的使命感和成功的欲望，将创业看作一种自我实现价值的方式。

这些模式的适用条件并非一致，如果盲目复制，可能会给创业团队带来潜在的风险。目前，关系驱动模式是最常见的，团队具有更高的稳定性，更符合我国的文化特性。然而，这种模式中存在的亲疏关系，可能会成为限制团队发展的瓶颈。由要素驱动的模式更符合西方的文化特性，因此，互联网创业团队更偏爱这样的模式。只要团队成员能够顺利地进行配合，就可以显著减少企业达到成功的时间。然而，如果磨合过程不顺利，团队就极易被解散。在价值驱动模式下，虽然团队的建立是为了实现个人价值，但一旦出现观点冲突，团队就会轻易瓦解。

2. 团队成员选择具有随意性和偶然性

团队的职责是将个体融合，使团队更具竞争力，并且能够持续保持。英国学者贝尔宾曾考察了上千支创业团队，并对其进行大量的研究，得出了九种角色论：成功的创业团队不能缺少九种不同角色的成员，分别是提出创新观点并作决策的创新者、思想转化为行动的实干者、将目标分类并对角色职位与义务分配的协调者、推进决策进行的推进者、从外界谈判并引进信息的信息者、对问题进行分析并对他人贡献进行评估的监督者、对他人给予支持和帮助的凝聚者、时刻关注任务的时效性并完成任务的完美主义者、具备很强专业技术和知识的专家。

可是在创业团队刚刚开始组建的时候，因为团队规模和人物的限制，没有足够全面地考虑人员的配置，总是充满随意性和偶然性，有时只是因为机缘巧合结合在一起，因此，初创团队很难具备这九种类型的人才。之后，由于成员补充的滞后，或某种类型人员较多，导致角色与优势重叠，最终导致矛盾的发生，影响创业团队，甚至导致其解散。

3. 缺乏明确一致的团队目标

马斯洛曾说过，优秀的团队往往具备共同的愿景与目标。愿景能够让人凝聚在一起，目标则是愿景在客观环境中的具体表象，为团队指明方向，成为团队的原动力。

但真实情况是，创业初期，团队没有明确的目标，发展方向模糊不清。即使团队的领导清楚自己的目标，也不能保证团队中的成员都明确该目标。随着创业活动的进行，团队成员渐渐认识到目标和现实之间的差距，要对其进行调整，如果成员之间的矛盾很难去调解，或者个人目标与团队目标的差距过大，就会导致团队的解散。

4. 激励机制尤其是利润分配方式不完善

能够长期保证团队士气的方式是有效激励。只有通过长期有效的激励才能让团队的生命保持长久。有效激励要重点关注团队成员的合理的“利益补偿”。影响现阶段创业团队并导致其散伙的主要原因有两个，分别为团队矛盾（占比 26%）与利益分配（占比 15%）。团队矛盾中也总会存在利益的因素，所以，利益分配会对创业团队的长期发展带来很大的影响。

现实生活中，由于团队刚刚组建，团队的未来还无从得知，也无法准确衡量每个成员在团队中的贡献，所以也就没有办法准确制订出合理的利润分配方案，只能暂时采用平均主义的做法。随着企业的成长，企业利润的增加，在分配利益的时候团队成员之间就会产生争议并有可能导致团队解散。比如，无锡某太阳能电力有限公司的起步阶段是亏损的，然而当公司开始赚钱时，因为利润分配计划的失误，5 名最初的创业团队成员中有 4 人离职。后来，他们转向了光伏电池领域，变成了公司的竞争者。

七、创业团队组建的风险控制

1. 选择合理的团队成员

优势互补的创业团队能够保证创业团队的稳定，同时也可以降低团队组建模式风险。在初始阶段，我们并不需要大量的成员，只要人手充足就行。成员选择上，重点关注成员在能力与技能上的互补因素，能够基本实现理想团队的九种角色需要，同时，尽量让成员的能力与技术处于同级，不要有太大的差异。如果团队中成员的理解能力、表达能力、执行能力、社会资源能力、思维创新能力等与他人存在较大差距，就会产生沟通障碍和执行障碍，影响团队的发展。

此外，还要考虑创业激情对成员的影响。创业初期的工作经常是超负荷的，如果缺乏创业激情和对事业的信心，即使专业水平很高，也会对团队成员产生消极的影响因素。

例如，携程网之所以能够成功，不仅是抓住了互联网飞速发展的契机，自身拥有一个优秀的创业团队也非常重要。

2. 确定清晰的创业目标

创业团队通过实践中不断归纳总结经验教训，形成明确的创业思路，制定共同的创业目标，作为团队努力的方向。

目标要清晰明确，要代表团队成员的利益，并要所有成员都能够正确理解。只有这样，才能有效鼓励和激励团队的成员。另外，目标应该是切实可操作的，应该根据周围的情况及组织的需求作出相应的调整。

例如，1998 年成立的北京交大铭泰公司，主要研究、开发与销售翻译软件。创业初期就确定了 3 年成为我国最大的应用软件和服务提供商这一目标，目标的明确性保证了团队成员的稳定，主要成员至今基本没有太大变化。

3. 制定有效的激励机制

要想制定有效的激励机制，就要明确团队成员的利益需求。人与人的利益需求是不同的，有人看重物质利益，有人看重荣誉、发展机会、能力提高等。这就要求创业团队的领导

多与团队成员进行交流沟通，有针对性地进行激励。

利益的分配要根据不同人的贡献价值来制定，并依据成员在整个创业活动中的表现来制定，而不是仅仅依据某一段时间的贡献。利益分配方案要有一定的灵活性，股权、工资、奖金、个人成长机会、技能培训等都可以作为有效激励手段，并根据实际情况随时调整。

例如，腾讯公司的创业团队长期以来保持了很高的稳定性，合理有效的利润分配机制在这里起到了很重要的作用。虽然腾讯公司后续经历了多次股权交易，但5位初创者仍然维系着公司的主要股份。

第三节　创业团队的管理

创业团队组建成功后的首要任务就是要有效管理创业团队，以及让创业团队取得最终的成功。本节从团队的管理方法、管理技巧和策略两个方面来介绍。

一、创业团队的管理方法

1. 分权管理

所谓分权，就是把某些权利和责任转交他人，而不是所有决策都由自己来做。将确定的工作交给下级，让他人保持适当工作范围内的权利并承担一定的责任，能有效提高下级的工作意愿和效率。下级因此提高了工作积极性，上级从具体工作中得以解放，更多地投入自身的领导工作中。

2. 漫步管理

漫步管理的含义是，最高级别的领导并非只专注于工作，反而希望员工能够频繁地接触到他，使得他们感觉就像在企业里“漫步”。这样领导就可以随时获得一手信息，清楚下属的烦恼，企业中存在什么问题。

3. 结果管理

结果管理指的是上级要把得到的结果作为管理工作的重点，但在结果控制的时候可以不评价每个下属，而是评价部门或他所属的一个岗位。这里也要注意提高下属的工作意愿和参与责任。

4. 目标管理

上级要给下属一个目标，比如市场占有率提高10%。各个部门共同确定实现目标的方法并全力执行，上级负责对占有率变化的情况进行检查。

5. 例外管理

只有在特殊情况下，领导才会亲自作出决策，这就是所谓的例外管理。比如，一个消费者在买东西的时候想要 15% 的折扣，而销售人员只有给予 10% 折扣的权限，这时候就必须由上级来做决定，这就叫例外管理。这里存在的困难是对正常业务和例外情况的界定，要经常检验决策范围。

6. 参与管理

参与管理是指让下级能够对某些问题拥有一定的决策权，特别是这些决策与他本人有关的时候。如让某位员工调职到另外的部门或地方任职。员工有发言权，会感受到尊重，感受到领导对他的信任。

7. 系统管理

系统管理是指对确定的企业流程进行管理。这种管理适合工业企业。

二、创业团队的管理技巧和策略

团队创业的成功率不一定高于个人创业的成功率的原因一般有两点：决策分歧和利益冲突。要想解决这两个问题，就需要团队能够找到适合自身的结构模式。

1. 创业团队的特殊之处

创业团队的管理与一般的工作团队管理不一样。对于工作团队，如研发团队、销售团队和项目团队，其人员稳定性一般比较高，所以通常对这类团队的管理主要集中在过程管理上，强调通过建设沟通机制、决策机制、互动机制和激励机制等有效发挥集体智慧，实现优势互补，提高绩效。然而对于创业团队，关注点在结构管理，而非过程管理。

首先，创业团队管理是缺乏组织规范条件下的团队管理。在创业初期，创业团队还没有一个规范性的管理制度，一般只能通过“人治”来管理，导致一些分歧处理起来比较困难。同时，格外重要的信任又很难在成员之间迅速建立，所以，这就需要创业团队在创业初期建立一个合理的初始结构。

其次，创业团队的管理是缺乏短期激励手段的管理。成熟企业的工作团队依靠其资源优势，借助工作考核等方式，在短期实现成员投入和回报的动态平衡。而创业团队在创业初期会把大量的时间、精力、资金等投入到创业活动中去，却无法迅速得到回报。除了自身资源的限制，主要是创业团队的回报是以创业成功为前提的。所以，当成功不能一蹴而就时，一个合适的合伙人就显得格外重要了。

最后，创业团队管理是以协同学习为核心的团队管理。成熟企业的工作团队的学习以组织知识和记忆为依托，成员之间共享相似的知识基础。而创业活动充满了不确定性，通过不断地试错和验证来创造与存储知识。创业团队的协同学习是建立在创业前所形成的共同知识

与观念的基础上，这仍旧取决于团队的初始结构。团队创始人对成员的选择决定了团队管理的基础结构，这是实现高效的创业团队管理的重要前提。

2. 创业团队的三维结构

创业团队的结构管理可以从三个方面入手：知识结构、情感结构和动机结构。知识结构反映了创业团队可能成功创业所具备的能力素质，情感结构决定了创业团队能否凝聚在一起，动机结构则是创业团队实现理念和价值观认同的关键因素。

（1）知识结构管理。知识结构管理最关键的是要建立以创业任务为核心的知识技能互补性，关注团队是否具备足够的能力以完成创业活动的相关任务。

有意思的是，《西游记》里唐僧所率领的团队就是一支典型的创业团队。四个角色性格不同，又具备无法替代的优势。唐僧慈悲为怀，有很强的使命感，有优秀的组织设计能力，能够注重行为规范和工作标准，并作为团队核心担任团队主管。孙悟空具备高强的武力，作为取经路上的先驱者，理解、完成任务的能力非常优秀，是团队的业务主干。猪八戒，没有太强的能力，好吃懒做，但性格好，能够活跃工作气氛，使得取经之路不会太沉闷。沙僧，勤恳踏实，平时不显山不漏水，关键时刻能够站出来稳定大局。

（2）情感结构管理。对于情感结构管理，我们需要重视的是年龄、教育程度等无法完全掌控的因素之间的适度差距。如果创业团队里的成员年龄与学历的差距太大，就有可能发生各种冲突与争辩，导致团队会浪费大量时间去解决沟通和内部矛盾的问题，使得内耗大于建设，影响创业活动的有序进行。

（3）动机结构管理。动机结构管理要关注创业团队的成员的理念和价值观是否具备异质性。如果一个团队拥有相同的信念和价值观，那么他们更有可能维持一个共同的目标，保持一致的努力方向，共同克服挑战并走向成功。

3. 结构与过程互动

建立促进合作和学习的决策机制是发挥创业团队结构优势并实现成功创业的重要途径。团队核心成员是否能够发现其他人的优势并互相学习，这决定了创业是否能够顺利进行。团队的建设原则如下：

（1）建设合作式冲突的氛围和文化。创业团队中不可能不产生冲突，关键是团队要能够长期保持一致的目标，在合作的前提下解决冲突。合作式冲突的氛围能够有效调动团队成员的潜力，有利于形成有效的决策方案和机制。

（2）在创业团队中，避免因观点差异而产生的竞争性冲突至关重要。这种冲突往往源于成员们对自己想法的坚持，难以接纳他人的意见。然而，创业的精髓在于汇聚多元视角，同时迅速作出明智决策。团队需要建立一种机制，既能确保每个成员的观点得到充分表达，又能在观点整合后迅速集中决策。这样的机制促进了开放的讨论氛围，保障了决策的效率和质量，帮助团队在保持多样性的同时，又能迅速行动。

第四节　创业团队的股权分配

几个好朋友一起创业，本是一件好事。但如果在创业过程中没有解决好矛盾和冲突，最后一拍两散，一个很常见的原因是公司不合理的股权分配。股权一般分为两大类：资金股权和经营股权。

资金股权的确定要区分投资者的类型。通常情况，个人投资要看投资人的个人特性，而机构投资会有一套价值评估的系统。先说一下个人投资者的股权分配方法：投资者投资创业团队，最关注的是这个团队的人，然后才是项目本身，所以我们要从人的角度来分析投资资金占的股份比例问题。如果投资者有很强的控制欲，创业团队很难和投资者去谈股权，更好的选择是通过把项目做大让团队获得更大的收益；如果投资者属于很豪爽的性格，创业团队就有可能获得控股权。

经营股权，在定好比例后，按照每个人在团队中承担的职责和能力来定夺。如果存在争议，可以通过一些绩效评价系统，让股权随着个人绩效变化进行调整。具体分配比例一般是按照岗位职责而不是人来分配，特殊情况还可以根据创意的角度来分配股份。

所以如果不想在创业过程中出现问题，就要做好股权的分配。尽量不要按照人，而是按照客观的资金、职责、岗位、创意等来进行分配。

一、创业团队股权分配概述

1. 创业团队股权分配的对象

合理的股权架构要由创始人、合伙人、投资人、核心员工四类人来掌握大部分股份。因为这四类人无论是对公司未来的发展方向、资金、管理，还是具体的执行，都扮演着重要的角色，所以创始人一定要关注这些人的利益。

（1）创始人：掌控公司的发展方向，所以要保证创始人的控股权。

（2）合伙人：要想把合伙人凝聚在一起，就要保证合伙人的经营权和话语权。

（3）投资人：要吸引投资者的加入，就要保证投资人的优先权。

（4）核心员工：保证核心员工的分利权，能有效激发员工的创造力。

2. 创业团队股权分配的核心和关键

之所以要做好股权的分配，就是希望团队的成员真正感受到合理与公平，把精力投入工

作当中。

这里面有两个关键点：一个是要保证创业者对公司的控制权，另一个是能够实现股权的最大化（吸引合伙人、融资和人才）。

（1）保证创业者拥有对公司的控制权。创始人最好能够拥有绝对的控股权，尽量高于67%，至少不低于50%。这样公司的创始人就拥有绝对的话语权，能够更好地掌控公司的发展方向。

（2）实现股权价值的最大化。股权代表着未来的财产，送出去一部分股权，能够吸引优秀的合伙人和人才。同固定工资相比，股权的远期投资价值更高，一旦公司发展壮大起来，手中的股权就可能翻倍，因此创业者可以通过这种方式来吸引人才。

3. 创业团队股权分配的管理

具体的管理包括管理好创始合伙人的得权期、退出机制、回购权，对以上内容提前做好约定，避免日后带来纠纷。

（1）得权期。得权期一般定为4年，意味着员工要在公司干满4年才能拿到自己的股权，以此吸引、留住并激励优秀的员工。

（2）退出机制。合伙机制不能只进不出。创业公司的股权价值是所有合伙人持续、长期的服务赚取的，当合伙人离开公司，其所持的股权就要通过一定的方式退还。

（3）回购权。如果股东在中途退出、转让或出售部分股份的时候，公司可以根据公司估值的百分比，原始股购价的几倍溢价等回购他的股份。

二、创业团队股权分配的原则和方法

1. 最大责任者一股独大

在美国，即使几个创始人平均分享股权，公司也可以做起来。在中国要想做好公司，一般都是一股独大。因为在中国，最常见的是大家都信服一个大股东，由这个人作为公司的决策者，再搭配1~2个占股权的10%~20%，能够和股东形成互补优势的合伙股东，能发出和大股东不一样的声音，并对公司有一定的影响力。这种有人决策、有人担责，又能够保持不同意见的模式更容易成功。

股权分配最核心、最容易被忽略的就是要让人感受到合理、公平，然后才能够专心做事。创始人还要和成员开诚布公地表达自己的想法，获得创始成员的认可，建立相互的信任。

当投资者对早期项目进行投资时，他们通常会选择的股权架构是，创始人的股份比例为50%~60%，而联合创始人的比例则为20%~30%，期权池的比例则为10%~20%。不少创业者觉得因为自己是创意的提出者，应该占最大的股份。但创业是一个长期而艰苦的过程，不能仅靠一个创意就能成功，而是通过不断试错和调整，一步一步走向成功。而且最后的成品和早期的创意相比也相去甚远。如果创意的提出者除了提出过创意，无法在创业过程中提供更多的贡献，就有可能导致其他创始人因为分配不公而退出团队另起炉灶。

2. 杜绝平庸和拖延

创业团队的股权绝对不能平均分配。一般创始人不喜欢谈论股权分配的问题，总喜欢回避问题，或者模棱两可地表达“我们是平等的”或“先做事，其他好商量”，甚至拖延这个问题。如果创始人多于 3 人，这种讨论就更困难了。

创始人应该在第一天就把股权分配的问题讲清楚，因为股权分配拖得越久就越难以启齿，而随着创业活动的进行，很多人会觉得项目的成功离不开自己的贡献，那么股权分配的问题就越来越难以讨论，所以股权分配问题要尽早解决并达成共识。最佳的讨论时机是几个人在决定做事之后、正式开始做事之前。

3. 股权绑定、分期兑现

仅仅达成了股份的比例还不够，如果团队中一个人拿了很多股份，但在创业活动的过程中却没有作出足够的贡献怎么办？或者有人中途离开了团队，他的股份该怎么处理？

通常情况下，美国的公司都有关于创始股东股票的绑定制度。公司股权会根据创始人在公司工作的时间来逐步兑现，任何创始人都要在公司 1 年以上才可以持有股份，而好的股份绑定计划都会超过 4 年。4 年期股份绑定，就是在第一年兑现一部分，第二年兑现一部分，4 年全部兑现。中国的大多数公司都没有执行股权绑定，这会对公司带来不好的影响。

股权绑定还能够对合伙人之间的股份分配的不平衡起到调节的作用。例如，最初制定的股权分配存在不合理的情况，或者后期一些股权持有者的贡献与其股份的占比明显不成比例，董事会就可以通过协商，对股份进行重新分配，这么做更容易被接受，因为已经兑现的股份没有变。即使有人因此离开公司，也有一个明确、公平、已经兑现的股份。

这种制度不被一些没有经历过股权纠纷的创业者所接受，因为他们害怕自己在项目中不能带来价值并因此失去股份。真正经历过股权纠纷的创业者则会更容易接受这种制度。

4. 遵守契约精神

股权分配的核心就是契约精神。对于创业团队成员来说，股权的确定就是利益分配机制的确定。撇开后期调整机制，在创业活动过程中，成员的努力和贡献与比例没有关系，对成员最基本的要求就是努力工作。我们要明白，创业成功，1% 的股份也不少；创业失败，100% 的股份也没用。

复习与思考

一、选择题

1. 创业团队在组建时应考虑的因素有（　　）。

A. 团队成员的技能和经验　　B. 团队成员的性格和价值观

C. 市场需求和竞争环境　　D. 以上都是

2. 创业团队的管理应关注（　　）。

A. 团队沟通　　B. 目标设定

C. 激励机制　　D. 以上都是

3. 关于股权分配，以下哪种说法是正确的？（　　）

A. 股权应平均分配给所有团队成员

B. 股权应主要分配给对公司有实质性贡献的人

C. 股权分配应完全透明，所有信息应向全体成员公开

D. 以上都是

二、填空题

1. 在创业团队中，一个良好的股权分配应该________、________，并且________。

2. 为了确保团队管理的有效性，团队领导者应该________、________，并关注团队成员的成长和发展。

三、分析题

1. 你觉得创业团队的基本原则和基本条件是什么？

2. 团队类型的模式有哪些？

3. 股权分配的原则和方法是什么？

第六章

诚信务实，乐于担当——创业融资

学习目标

（1）掌握创业融资的渠道及特点。

（2）掌握创业融资成本的构成、评估及控制。

（3）了解创业融资决策的基本原则。

思政目标

提高学子们诚信务实的职业态度及克服困难、乐于助人的付出意识，引导学生树立正确的价值观念，培养他们的社会责任感和职业道德。

案例导入

资金对创业企业的重要性

普雷斯波·艾克特与约翰·莫奇，这两位宾夕法尼亚大学的学者，在第二次世界大战时期，率领一个团队进行了电脑的开发。1946 年，×××公司首次研制出一款能够执行任务的电脑，随后该公司进一步实现电脑的商业应用，最终于 1948 年把其投放到市场。相较于 IBM 公司的首台商业电脑提前 6 年。然而，由于×××公司无法承受大量的研究开发成本，财务资源匮乏，最后被其他公司收购。

这是一个特殊的创新公司由于财务困难而遭遇了创新失利的实例。

创新并非一次随意的决策，它是一个涵盖创新驱动、发现创新机遇、建立创新团队、公司发展及创新回报的漫长且逐步的流程，而这个流程必须依赖于财务的支撑。相关数据统计显示，每一家高科技公司在创立的前 5 年中，都需要 200 万至 1000 万美元的初始投入，而 10 年后，这个数额将翻一番。显然，资本是初创公司建设、扩张和成长的关键策略要素之一。所有的创业者都需要从战略的高度去理解资金对于创业的重要性，并且稳健地进行创业融资，这样才能推动创业活动的顺利进行。

思考与讨论：你对创业融资有怎样的认识？作为创业者，你能想到的创业资金来源有哪些？创业融资过程中需要考虑的问题有哪些？

第一节　创业融资概述

实际上，融资就是资金流动的缩写，它代表了公司根据自己的生产运营、对外投资及调整资金配置的需求，通过特定的途径选择合适的手段来获得所需的资金的行动。在更宽泛的视野下，筹集资本不仅涉及投入，还涵盖了投放。在新兴的商业公司中，所谓的融资，实际上只是将资本投入到某个领域，这个领域的具体操作包括依照公司的日常运作、财务管理及未来的商业扩张，选择合适的途径或策略来募集资本，如采购公司的设施、吸收先进的科学技术、实施科研与产品的研发等。

对于大多数创业者来说，资金仍是其最稀缺的资源。在商业社会的背景下，创建一个公司必须拥有足够的注册资金，支付合适的注册费，采购必要的设备，雇用对应岗位的人才等，所有的这些都依赖于公司的财务保障，公司的日常运作也依赖于财务“血液”

的供给。财务资源构成了公司的“推动力”，同时，资金也是公司运作的基础元素之一。我国大部分创业型企业的融资都存在很大困难，大多表现为融资渠道过少、融资的成本相对较高、对应的融资风险也较大等方面。与此同时，融资之所以难，也是由于自身错综复杂的因素与金融制度和政策方面的诸多原因，如资本市场体系的多元化、商业银行的专业化分工存在问题、信用体系尚待全面健全、保障金融债权的挑战重重、抵押担保体系的实施存在困难、商业银行的信贷管理体系并不适应创新型公司等。创业公司的存在可能受到一些因素的影响，如信息不对称、资产信誉度低、财务和公司体系的完善程度不够、财务报表的真实性、竞争力的弱化及缺乏融资的专业经验和知识等。

创业者的主要任务就是寻找创业运营资金，因此，创业者需要掌握获取资金的相关知识与技能，包括创业资金的来源、资金的收益使用与管理、财务计划等。

第二节　创业融资渠道

创业企业的资金问题可以通过创业融资渠道来进行解决。融资途径对于初创公司来说，主要有债权融资与股权融资、内部融资与外部融资、直接融资与间接融资六种。

一、债权融资与股权融资

1. 债权融资

债权融资的定义为，一个公司可以通过各种方式获取资金，这些方法包括向政府、银行、亲戚和他人借款，或者通过发行债券来筹集资金。这种方法的特点在于，这个公司有责任在规定时间内偿还所有的资金，同时，也需要支付适当的利率。债权融资的初始阶段是创业者向亲友借款，而债券发行则是债权融资的最后阶段。

债权融资的主要特性在于，融资方必须依据借款合同完成偿还本金和支付利息的责任，一般而言，这并不会对公司的股东和股权构成产生影响。

2. 股权融资

股权融资就是企业通过公开发行公司股票或者以私募的方式增加创业企业的资本，无须归还本金与支付相应利息，但需要分配企业红利。其主要包括创业者自身对企业的出资、国家财政投资、与其他企业进行合资、吸引投资基金的投资、公开向社会发行股票等形式。创业者自身能够出资是股权融资的最初阶段，而公开向社会发行股票则是最高阶段。

股权投资的优势在于，可以吸纳资本并且不必付款，然而，公司必须吸纳新的投资者，

从而使公司的投资者组合及股本架构产生重大改变。所以，无须支付额外的利息，也无须根据偿还期限来偿还本金，但是必须根据公司的真实运营情况来支付公司的红利。

产权关系在股权融资和债权融资中得到了体现。股权融资揭示了拥有和掌握两个方面的联系，公司的股东即为投资人，拥有公司的最后掌握和剩余收益的权利。债权融资揭示了债券和债务的联系，而作为信贷媒介的银行掌握着对公司的决策权。一旦公司无法遵守协议，那么这个决策权将被转交给银行。

【案例分析 6-1】

京东集团作为中国领先的电子商务企业，在其发展历程中，采用了多种融资方式以支持其业务扩展和战略发展。其中，债券融资和股权融资是京东融资结构中的两个重要组成部分。

京东集团的股权融资历史可以追溯至其早期发展阶段。2006 年，京东创始人刘强东通过与今日资本的徐新会面，成功获得了投资，这笔资金帮助京东解决了现金流问题，并为后续的发展奠定了基础。此后，京东于 2014 年在美国上市，通过公开募股（IPO）进一步扩大了其股权融资规模，成为全球知名的电子商务企业。

在股权结构方面，刘强东通过持有京东集团的股份，保持了对公司的控制权。截至 2023 年 2 月 28 日，刘强东实益拥有京东公司已发行和已发行普通股总数的 12.7%，但由于双重投票结构，他控制了公司总投票权的 73.9%。此外，京东集团通过与京东科技的一系列股权交易和投资，增强了其在科技领域的布局和实力。

京东集团也通过债券融资来筹集资金。2016 年，京东在三个月内两次发行债券，这表明债券融资在其资本结构中占据了重要位置。2019 年，京东签订了 20 亿美元的绿色银团贷款，这是中资企业境外发行金额最大的绿色银团贷款，显示了京东在绿色金融领域的积极探索和承诺。

2020 年，京东再次发行了 10 亿美元的企业债券，其中包括 10 年期债券，这一举措为其提供了稳定的长期资金来源，同时也反映了国际资本市场对京东信用评级的认可。京东通过这些债券融资活动，不仅满足了其资金需求，还通过绿色债券等创新金融工具，展示了其对可持续发展和社会责任的承诺。

京东集团通过股权融资与债券融资的结合，有效地支持了其业务的快速增长和市场扩张。股权融资为京东提供了长期的资金支持和战略投资者的资源，而债券融资则为其提供了稳定的债务资金，并增强了其财务灵活性。这两种融资方式的结合使用，为京东的持续发展和行业领导地位的巩固提供了坚实的财务基础。

二、内部融资与外部融资

1. 内部融资

公司的内部融资就是通过自身的储备来实现的筹款活动，这主要涉及将原始的资产、折旧基金变更成再次投入的资产，以及将现有的利润变更成新的投入。

内部融资具有独立的资金构建、较低的费用、抵御风险的属性等特点。与外部融资相比，内部融资不仅能够避免由企业信息不对称引发的各种问题，也能够降低和节省交易过程中的相关开销，从而减轻公司的融资负担，提高公司的剩余控制力。然而，创业企业的内部融资能力也受到净资产规模、未来收益预测、企业盈利能力等因素的限制。

2. 外部融资

所谓的外部融资，就是利用特定的途径向公司的外部获取资本，这其中涵盖发行债券、向银行申请贷款、融资租赁和商业信誉等的负债融资手段，还有如发行股票和吸引直接投资的各种融资途径。外部融资不只是灵活，也具有集中、大规模及高效率等优点。观察创业公司的真实情况，外部融资对于公司的发展来说，是一个相当关键的筹资途径。

三、直接融资与间接融资

1. 直接融资

直接融资指的是公司筹集的资金必须经由两个主体之间的直接交易，例如，债券、股票、商业期货和商业承兑汇票，政府的援助，使用其他公司的财务、公司的内部筹措及民众的借款。

直接融资的特点是持久、无法逆转、直观及流动。这里的“不可逆性”意味着公司的股权投资并没有必要偿还投入的资金。所谓的流通性，就是股票和债券能够在一级或者更高一级的证券交易平台中运作。

如果公司想要占据主导地位，就必须通过直接融资的方式来实现其目标，并在融资的费用、数量、时间等方面作出主动选择，在总体上不受资金来源的限制。直接筹资也有其限制，主要体现在它可能会被双方的信誉所影响，同时，它的筹资费用也比间接筹资的费用更高。

2. 间接融资

间接融资即公司利用金融服务提供者将资金转移到需求者的途径，一般而言，这个过程需要借助于金融机构作为信誉的传递者，以便让公司的盈利部分和不足部分能够进行有效的资本交换。具体的交易工具有银行债券、现金、银行承兑汇票等，而且票据贴现和融资租赁都是企业间接融资的形式。

间接融资与直接融资的特征是完全相反的，如间接性、周转性、安全性与集中性。在企业实施间接融资的过程中，资金供应方和资金需求方并未直接进行资金流动，而是由中介机构将大量供应方的资金汇集并借款给资金需求方。由于非银行金融组织的财务实力强大，内控措施严谨，它们可以有效地降低并控制筹集的风险，所以它们的筹集风险比较低，稳健且具备更好的声誉。

第三节　创业融资成本

常言道，“没有什么是永久的”。对于初创企业的人来说，他们的创业投入也会产生一些费用，而且因为他们的投入资金来源各异，所以他们的投入成本也会有一定的差异。若创业者对公司的创业融资成本视而不见，或者盲目地进行融资操作，那么公司可能会成为“资本的免费劳动力”。

实际上，筹资的费用就是资金使用的成本，包括筹资成本和使用成本。企业在募集资本的全流程中，会产生一系列的成本。例如，从银行获取贷款的评估成本、公证成本、保险成本、注册成本、贴现成本、流程成本等，以及当企业进行股票和债券的发布时，必须支付的注册成本、代理成本、审查成本、推广成本，还有企业在筹款阶段的出差成本、社交成本等。企业因资金使用而产生的费用，包括向股东支付的红利和股息，向债权人支付的债息和利息，以及向租赁者支付的租金等。

一、融资成本的表现形式与估算

融资成本是公司财富的拥有和运营权的独立结果，也意味着公司在筹集到财富之后必须支付的费用，因此，也被叫作筹集财富的费用。

两个主要的组成元素构成了筹集资金的花销：首先，这些花销来自筹集资金的流程，也就是我们通常说的筹集资金的花销。其次，公司的财务支出，即对投资者的回馈，也就是我们常说的融资利息。所有这些数值的平均值被定义为融资总额，也就是公司真正可以运用的财务资源。在财务管理理论中，融资成本通常又可以用融资成本率来表示，融资成本率的计算公式为：

融资成本率=融资使用费÷融资净额

先按照财务管理理论来分析股权融资、债权融资与内部融资三类的融资成本。

1. 股权融资成本

在股权融资的情况下，财务管理的观点是，这种融资存在可能的机会成本。而且，企业在使用这种融资的过程中，必须确保满足投资者的最低报酬率，这一观点的理论解释如下：

最低报酬率是指投资者需要的，其计算公式为每股净收益除以每股价格。

尽管投资者期望的最低收益率并未足以反映出股票筹集的花销，但它仍然可以体现出股票筹集的筹集开支。就债权融资与内部融资而言，股权融资还需要包括较多的融资费用，整体来说股权融资成本率的计算公式为：

投资者期望的最低回报率÷股权融资成本率，即（1–发行费用率）

因为公司的发行成本比较高，所以通常情况下，股权融资的成本比例也是比较高的。

2. 债权融资成本

通常情况下，债务融资的开销就是公司在向公众发布债务的花销，也就是公司在从银行和其他金融机构获取贷款的过程中，直接产生的利率。根据财务管理的原则，由债权融资引发的所有利息支出均被归类为费用类别，并能从税前盈余中减去。这种做法对公司具有税收冲突效应，因此，关于债权融资的成本计算步骤如下：

首先，计算向银行借款所需要的成本：

$$KI = \frac{1(1 - T)}{L(L - f)}$$

其中，KI 代表了公司的贷款费用，而 I 则是指银行贷款的利率。L 代表了银行的贷款和融资总量。T 代表所得税率的数值。这是一个描述银行贷款和融资成本的数值。

其次，计算企业所发行的债权成本，债权融资成本中利息费用就是其公司的融资使用费。

债权融资的费用是较高的，但是由于企业可以在税前进行支付，所以同样也具有减税效应。债权融资成本率的计算公式为：

债权融资成本率=［（1–所得税税率）×债务利息］÷融资总额×（1–融资费用率）

债权融资是具有较高融资费用的，如发行费等，因此企业的债权融资成本一般都会高于向银行借款的成本。

3. 内部融资成本

在分配利润的过程中，公司通常不会把所有的盈利都用于股息分发，而是会保留一部分盈利，作为公司的保留收益，这部分的保留收益可以用于公司的内部筹资。内部筹资构成了保留利润的一部分，同时，这部分利润也归股东所有。因此，内部筹资的开销和股权筹资的开销的计算方式极其相似。然而，由于公司的内部筹资并未产生任何融资费用，因此，它的开销会比公司的股权筹资的开销低。具体的计算公式如下：

公式中的内部筹款费用=股票筹款费用×（1–筹款费用率）

由此可见，企业的内部融资是成本中最低的融资方式。

二、融资成本的比较

通过对企业融资成本的评估，我们可以了解到，股权融资的成本是最高的，次之是企业的债权融资成本，最低的是企业内部融资成本。在进行股票投资时，上市企业的投入费用通常会超过其直接投入的费用。在进行债权融资时，公司通过发行债券的融资费用相对于直接从银行获取的融资费用更高。项目融资和贸易融资等大部分都采用了债权融资的形式，融资费用应该处于债权融资和从银行获取的费用范围内，而从银行获取的融资费用则相对较低。因为公司通过使用其内部的储备盈余，所以它们的内部筹款费用也相对较低。一般来说，公司的债务融资费用比股权融资费用更低，这主要是因为：首先，股权投资者需要得到的激励是一种税后回报，而债务人得到的利息可以用来计入公司的营业收入。其次，由于股东的利润存在巨大的不确定性，而且他们是公司倒闭的最终赔偿者，因此，风险越大，他们需要的回报率也就越高。通常来说，短期的债务融资费用比长期的要少。因为财富的持久性差异，长久的债务关系会让债务人承受更大的经济周期性的震荡和信誉问题甚至违约的危险。最后，政策性的企业外部融资也是一种成本相对较低的融资途径，其中涵盖政策性贷款、财政补贴、担保、专项支援基金等多种方式。

投入的费用直接决定了投入的真正资金量及公司的运营开销和盈利，这些因素最后将对公司的财务状况产生影响。通常来说，企业的各种融资方式的成本排序为内部融资<政策性融资<银行贷款融资<债权融资<股权融资（上市融资）。

三、融资成本的控制

减少融资费用是减轻公司创业困难和增强公司创业成功的重要方法之一。在初始筹集资金的过程里，创新公司必须确立关注筹款费用的观点，同时，主动实行多种筹款方式以减少筹款费用。

一旦创业公司确定了筹资途径和手段，他们的筹资费用便是固定的，因此，筹资费用的管理应主要关注以下三个领域：首先，提高公司的筹资效率，尽快筹集到公司所需的资金，从而尽快实现利润，并补偿筹资费用；其次，降低公司的无意识投资，增强判断力，防止被欺诈；最后，当公司申请贷款时，必须对多个贷款机构进行比较，挑选出适当的贷款期限，并尽快获得银行和政府提供的优惠利率。

第四节　创业融资决策

创业融资决策就是创业者在面临多种资金来源与融资方式的时候，选择哪种的问题。各种融资方式都有其独特的特性，创业者在挑选融资方式时，不仅要考虑其特性，还需要结合公司的自身特性，主要需要考虑融资方式的特性、融资成本、融资风险、融资的灵活性、融资的便利性，以及创业公司的类型、创业公司的发展阶段、创业公司的资金需求等多个因素。

一、融资决策的基本原则

融资决策的基本原则有以下八点。

1. 融资总收益大于融资总成本

当创业公司在评估并确定筹集资金带来的预期总收益超过了融资的总成本时，才会融资。

2. 融资规模需要量力而行

如果企业融资过多就会造成资金闲置与浪费，也会导致企业的负债过多，增加企业的运营风险。企业的融资不足，会影响企业的投资计划与企业其他业务的正常开展。因此，应根据资金的实际需求、企业的自身实力、融资的难易程度与融资成本等情况，来确定企业恰当的融资数量。

3. 竭力减少公司的筹资费用

企业的融资效率主要取决于融资成本，同时，选择哪种融资方式也是至关重要的。

4. 设置合理的筹款周期

公司在选择筹款时间时，其主导因素是公司的筹款目标和筹款者对风险的喜爱。在基本原则上，我们需要挑选出最适宜的各类短期筹资策略来处理公司的流动资产。针对持久性的投资或公司所采用的固定资产，公司必须挑选出最适宜的长期筹款策略。

5. 挑选出最优的筹款方式

企业在进行融资决策时，需要具备前瞻性的思维，需要全面了解信息，科学地预测政策、环境和市场等各个方面的变化，并积极抓住对企业有益的信息和时机。

6. 努力维护公司的主导地位

公司的主导权和所有权对公司的战略方向、生产运营、股东利益和盈利有着决定性的影

响。在放弃主导权的过程中，公司需要谨慎行事。同时，也不能过于坚定地持有主导权。

7. 选择最有利于提高企业竞争力的融资方式

各种融资策略对公司的声誉、产品市场份额甚至盈利能力的影响也各不相同。所以，我们应该挑选那些能够最大限度地增强公司竞争力的筹款途径。

8. 探索最优的财务架构

各种企业融资方式所塑造的不同资本构成，能够直接对企业的资本成本产生影响，从而对企业的市场价值产生影响。一般而言，只有将公司的普通股盈余提高到超越财务危机提升的程度，公司的筹款才会变得更为优越。

二、融资决策应考虑的因素

1. 融资渠道自身的特点

（1）股权融资与债权融资的选择。选择股权融资对公司的控制权分散甚至转移有着重要影响。对于公司的运作，其控制权的转移将会对其独立运作、自治及现有股东的收益产生直观的冲击。而且，一旦公司丧失了这种控制力，它的盈利状况和未来的扩张规划也将受到影响。所以，如果条件允许或需要，我们可以适度地考虑使用债权融资的策略。

对于一些特定的场景，公司进行股票投资或许并非一个聪明的决策。首先，公司难以达到债权融资的标准，包括信誉、资产和抵押等因素。其次，当公司的运营风险和预期收益都较高时，原有股东希望能够分散风险并共享收益，债权人的要求收益率超过了公司的承受范围。最后，新增的股东投资者有助于提升公司的竞争力。比如，与一些具备强大技术或市场推广能力的公司进行商业协作，可以帮助公司快速地发展壮大，这对公司的预期发展是有利的。

（2）内部融资与外部融资的选择。公司的融资过程是一个随着公司自身进步而不断变化的过程，包括内部和外部的融资。在企业的创业初期，主要依靠的是企业的内部融资来壮大企业的力量。在公司不断壮大和完善的过程中，其抵御风险的实力也在不断提高，这使得公司的内部筹款无法达到预期的效果，因此，向外界筹款便是公司发展的首选途径。随着公司规模的扩大，公司内部也积累了大量资金，这将逐渐减少公司的外部融资总额，转而依赖其强大的资金储备来推动公司的发展。

（3）直接融资与间接融资的选择。在进行直接融资的时候，由于存在诸多的信息不平衡和不透明的情况，投资方希望资本所有者的商务行为能够保持相当的透明。无论公司的规模如何，为了实现更高的透明度，所需承担的信息发布、社会公平等成本的差异并不显著。换个角度来看，信息的不透明性越强，资金提供者所需的风险赔偿也会相应增加。在高科技领域的初创公司之外，许多依赖于人力的初创公司也很难满足所有投资人的利润需求。

在间接筹集资金的流程里，金融工具有可能以较少的费用，识别出公司的财务参与者。还必须依赖于协议来限制公司财务参与者的行动，并且未来需持续追踪和管理财务参与者，而此类筹集方法对财务参与者的信息公开性的期望值则比较低。所以，银行贷款将是创业公司获取外部资金的首选途径。

大部分情况下，企业可以依据国内外企业融资的优先顺序理论来决定融资方式。基于企业不对称信息理论，考虑到交易成本，企业的权益融资可能会带来对企业运营的负面影响，同时，企业的外部融资还需要承担各种费用。所以，公司的筹资通常也会按照内部筹资、债权筹资、股权筹资的次序进行。

2. 融资成本

企业的融资成本对于企业融资决策的影响主要体现在三个方面：第一，融资成本是企业投资决策的重要依据，融资成本是一项投资是否可行的取舍标准；第二，企业融资成本会影响企业对融资渠道与方式的选择；第三，企业的资本结构直接取决于企业的融资成本，而企业也只有通过改变自身的主权资本与债务资本的比重，才能找到企业最低加权平均融资成本，从而确定企业的最佳资本结构。

3. 融资风险

当企业尝试进行外部融资时，会遭遇一些风险，特别是在收益无法支付企业债务的情况下，企业就可能陷入危机。如果其他因素保持不变，那么公司的贷款和债务比例越高，公司所承受的风险也就越大。各种融资方式的风险从大到小排序为银行贷款、发行债券、票据贴现、商业信用、股权出让等。

4. 融资机动性

公司的筹资灵活性意味着，当公司需要流动资金时，可以立即通过筹资方式获得，因此，当无须资金时，可以立即归还筹集的资金。同时，公司提前归还资金可能会对公司造成一定的损害。毫无疑问，按照其灵活度由高至低的顺序，我们可以得知是这样的：内部筹集、票据贴现、商业信誉、银行借款、债务及股票转让。

5. 融资的方便程度

衡量企业融资便利性的一个标准，就是它能否独立地采用特定的融资手段获取资金，以及这种独立性的强弱。从另一个角度来看，这涉及公司的贷款者是否愿意提供资金，以及提供资金的条件是否严格，所需的流程是否繁复等问题。按照便利性从简单到复杂的顺序，各类融资方式依次为内部融资、商业信用、票据贴现、股权、银行贷款、债券等。

按照国际公司的融资架构理论，公司的融资通常遵循以下模式：首先，内部融资；其次，向银行借款或发行债券；最后，发行股票进行融资。

6. 创业企业的类型

（1）制造型企业。在许多传统的领域，工作需求相对较大，同时，这些领域的工作人数众多，然而，它们的产出价值并不高，投入的资金相对较少，因此，其技术水平并不理想。一般来说，这类企业的投资回报率不高，但是它们的资金需求却相对较少。许多生产型公司的筹资过程都需要借助贷款，因此，直接筹集资金的挑战总的来说相当大。

（2）高科技型企业。通常情况下，这种类型的公司具备高增长、高收益、高投入和高风险等特性。天使投资和各类风险投资基金是高科技公司的主要资本，其特点是大部分为权益资本。

（3）服务公司。这种公司的资金需求主要集中在存货流动资金的使用及促销活动的运营成本上，资金需求的数额较少、周期较短、频次较高且具有很大的不确定性。然而，这种公司的风险相对较低。它们的主要资金来源是商业银行的贷款。

（4）社区性公司。这种类别的公司拥有某种程度的社会责任感，例如，街头的手艺制造商，这种公司相对更能够从政府那里获取支援。另外，社区的集资也是这种类型公司的主要资金来源。

7. 创业企业的不同发展阶段

（1）播种期。一些初创公司可能仅拥有一个想法，或者仅有一个还处于试验阶段的项目。这个阶段的公司所需的经费并不丰富，它们主要依赖于公司的自有财力和从家人、朋友那里筹集的资金，来吸引天使投资人。同样，它们还可以向政府申请一些相应的援助。

（2）初创期。通常情况下，公司必须拥有足够的“初始投入”，即初始投入资本。这些资本主要被用于购置必需的设备、工作环境、工作空间、制造物品、接下来的研发和初期的市场推广等，这些投入通常非常庞大。鉴于公司缺乏必要的商业实践及对应的信誉，获得银行贷款的概率极低，所以在这一阶段，筹集资金的主要方向通常是寻求股权型的风险投资。

（3）生存期。当产品刚刚进入市场，市场推广需要大量的启动资金。在这种情况下，企业需要充分运用债权融资或通过融资组合来筹集运营资金。

（4）膨胀期。当公司有稳定的供应商、顾客和优秀的信用记录时，它们可以向银行申请贷款或进行信用融资，这样就会变得更加便利。然而，公司的快速成长需要大量资金来推动产品的进一步研发和市场推广，因此，公司在债务融资的过程中应该增加资本并扩大股份，以便为公司的上市作好充足的准备。

（5）成熟期。企业这个时期已经有了较稳定的资金流，对于外部资金所需不多也并不迫切。同时，企业的重点是完成股票的公开发行，以及为上市作准备。

创业企业在不同阶段对资金的需求特点并不相同。创业企业的启动资金既可以是创业者自身所拥有的资金，还可以来源于自由投资者或者非正式风险投资机构的天使资金，也可以来自职业金融家或者专业投资机构的风险资本。在企业的创业初期，企业维持运营的资金可以来自合作伙伴的商业融资，也可以来自创业投资即风险资金、抵押贷款即银行融资、融资租赁等；在企业的创业成长期，企业不断地扩张与发展，资金可以来自企业自身的利润留存、成本费用控制、存货及应收账款的周转，也可以继续引入其他风险资本。企业在发展到一定程度的时候，可以采用资本运营融资的方式，也就是引入战略投资、上市融资、股权结构优化、资产债务重组等。另外，政府的资助也被视为一种极其有益的筹资途径和手段，包含政府的贷款、保证、财政补贴、特别支援基金、政府的投资等，这些都是成本较低、风险较小的筹资途径。

创业企业不同发展阶段的主要融资渠道，如表 6-1 所示。

表 6-1　创业企业不同发展阶段的主要融资渠道

融资渠道	种子期	创建期	生存期	扩张期	成熟期
创业者	√				
朋友及家庭	√				
天使投资	√	√			
战略伙伴	√	√	√	√	
创业投资		√	√	√	
资产抵押贷款		√	√	√	
设备租赁		√	√	√	
贸易信贷					
IPO					√
公募债券					√
管理层收购					√

【案例分析 6-2】

随着经济的发展和社会的进步，创业公司越来越受到人们的关注和追捧。然而，创业公司在发展的过程中总是面临资金困难的问题。某致力于开发智能家居领域的产品与服务的创业公司，创始人通过自己对市场的深入研究和对消费者需求的理解，发现智能家居在未来有着巨大的发展潜力。然而，由于资金问题，公司无法顺利推进产品研发与市场推广，急需融资来支持业务的发展。

1. 融资策略

为了解决资金问题，该创业公司采取了多种融资策略。首先，他们通过自筹资金来支持日常运营和最基本的研发工作。创始人将自己的个人储蓄作为公司的初始资金，并通过自己的全职工作收入来维持公司的正常运转。此外，创业者还借助亲友和天使投资者的力量，筹集了一部分融资资金。

其次，为了进一步扩大规模和加速产品的研发进程，该公司积极寻找风险投资机构的支持。他们参加了各种创业大赛和投资路演，向投资者展示了自己的产品和商业模式。最终，他们成功引起了一家风险投资公司的关注，并获得了数百万元的融资。

2. 融资过程

融资过程可以分为项目筛选、尽职调查、谈判和签约四个阶段。对于创业公司而言，项目筛选是至关重要的一步。在面对众多投资机构时，公司需要找到与自己业务和发展方向适配的投资方。同时，投资方也会在这一阶段根据项目的可行性和潜在回报进行初步评估。

通过项目筛选后，公司需要提供相关的资料供投资方进行尽职调查。投资机构会对公司的财务状况、市场前景、竞争环境等进行详细了解，以确保投资的风险可控。

在尽职调查通过后，公司和投资方开始进行谈判。谈判的内容涵盖投资金额、股权比例、退出机制等方面。由于双方的利益不同，谈判过程通常会存在一定的摩擦和博弈。

最终，在谈判阶段达成一致后，公司与投资方正式签署融资合同。融资合同是双方权益和义务的法律约束，包括资金到账时间、投资方的监管权力、公司未来的退出机制等。签约后，融资资金会按照合同约定的时间和金额到位。

3. 融资效果

该创业公司通过融资成功解决了资金问题，为公司的发展提供了稳定的支持。融资的资金被用于产品研发、市场推广和团队建设等方面。公司能够加速产品的开发进度，提高产品的质量和竞争力。同时，融资资金也为公司招募了一批优秀的人才，为企业的可持续发展奠定了基础。

然而，融资也存在一定的风险和挑战。公司需要负担融资的利息和股权分配给投资方的成本。此融资带来的资金压力和外部监管也需要公司做好应对和规避的准备。

4. 结语

创业公司融资是一项复杂而艰巨的任务，但对于公司的发展至关重要。通过合理的融资策略和有效的融资过程，创业公司可以解决资金问题，实现可持续发展。然而，公司在融资过程中需要充分考虑资金成本和投资方的利益，以确保融资的效果最大化。同时，公司也需要不断提升自身的核心竞争力，以吸引更多的投资者关注和支持。

8. 创业企业的资金需求特点

(1) 如果公司的财务压力不大，那么就能够通过员工筹款、抵押贷款、商业信誉贷款等方式来筹措资金。相对地，当公司的资金需求量很大的话，它能够吸引到股权投资和银行借款。

(2) 在短时间内的资金需求，可以考虑使用商业信誉、个人贷款或者短期的融资方式。相对地，如果资金的需要时间比较久，可以考虑使用银行借款、进行融资租赁或股份转让。

当公司的财务负担不足时，可以考虑进行股权转让或者从银行获取贷款。相对地，如果公司的资金负担能力较强，那么就可以考虑短期贷款、抵押贷款、商业信贷等方式。

在选择融资路径时，我们不仅要关注资金提供者的特性，还需要收集和掌握可能的资金提供者的基础信息，这样才能更高效、更精确地进行所有的融资预备工作。通常可以通过以下内容进行全方面了解：

①潜在的财政支持者数量是多少？

②可能的财政来源是什么？

③潜在的财政提供者数量是多少？

④可能的财政来源是什么？

⑤存在的财政来源数量是多少？

⑥各类型的财务提供者的财务来源各具何种特性？

它的商业方向有哪些？

⑦每一类资金供给方对待项目或者融资的企业有什么要求？

⑧每一类资金供给方进行风险控制的措施有哪些？

⑨每一类资金供给方的工作程序都有什么？

⑩如何与资金供给方打交道？

根据上述问题，我们将各种资金提供者按照可能的融资方式进行分类：最有可能提供资金的、经过努力可能获得资金的，以及无法为本公司提供资金的。

在选择金融机构时，应优先考虑那些对公司发展有热情和意愿的投资机构，能够提供相关运营建议的运营机构。金融机构中，有许多分支机构，交易方便。金融机构如果资金充裕且花费较少，那么就是好的金融机构，员工的素质和职业道德都很高。

创新型公司应该依赖其业绩和声誉来获得金融机构的信赖和援助，而不是通过各种违法或不适当的方式获取资金。我们应该积极与金融机构建立紧密的合作关系，主动与他们交流企业的运营策略、财务状况和发展规划，解释遇到的问题，减少信息的不对称性，从而提高企业的吸引力。

第五节 创业融资理念

创业企业在融资的时候，应该凭借正确、科学的融资理论来指导融资活动，具体包含以下四个方面。

1. 资本经营理念

公司需要把资金视为商品，并以获取利润为其经营目标，要求融资的回报超过融资的开销。财务开销涵盖了实际的筹款花销，如分红、利润、贷款开销等，还有在个人层面的投入开销。税前利润即为经营活动的成果。

2. 高度关注对现金流的管理

现金流动就是企业资产流动性与变现性的基础和具体的外在表现。公司的经营活动实际上就是现金流的流动过程。若公司的现金流出现问题，就有可能引发公司的财务困境，甚至可能导致公司倒闭。一般而言，现金流动的管理是通过制订现金流动方案和现金流量表来实施的。

3. 注重资金的时间效益

时间因素导致了资金的内在价值的变化。在不同的时间点上，价值并不具备相对的可比性，只有通过现值计算或终值计算来调整并转化到同一时间点上，才能进行比较。

4. 注重风险与收益的平衡

在商业社会里，利润和风险总是一起出现，而获取大利润的行为也必定伴随着大风险的存在。所以，公司需要在获取利润与承担风险中作出权衡，同时也需对风险给予足够的关注。

【案例分析 6-3】

魔筷科技是一家致力于链接、赋能和服务网红与供应商群体的电商服务企业，专注于为消费者带来创新、优质的社交购物体验。自 2015 年成立以来，魔筷科技通过不断的技术创新和商业模式探索，成功地在直播电商领域占据了一席之地。

在融资方面，魔筷科技展现出了强大的吸引力。公司已经完成了多轮融资，包括来自快手、腾讯、唯品会的战略投资，以及众源资本、高榕资本、钟鼎资本、五源资本（原晨兴资本）、米仓资本等机构的投资。据悉，魔筷科技近期完成了数亿元 C+轮融资，由钟鼎资本、五源资本联合领投，众源资本、高榕资本、米仓资本等持续跟投。

魔筷科技的商业模式是其融资成功的重要因素之一。公司以 SaaS 工具服务为核心，发展出了 S2B2C 的商业模式。网红可以通过魔筷星选商家版 App 寻找合适的供应链，同时将商品销售给 C 端消费者，而魔筷则负责一件代发、售后管理等运营服务。

魔筷科技的发展不仅局限于融资，公司还在技术和产品上不断打磨和升级。魔筷的系统能力和技术水平已处于行业领先水平，能够支持高流量开发，如每秒百万级的用户同时进入、每秒十万级用户同时下单，以及十万级的消息推送。此外，魔筷还建立了专门的人工智能团队，通过大数据和 AI 算法提升主播和货的匹配效率。

魔筷科技的供应链服务也得到了显著的提升。公司已上架的 SKU 达 50 万个，品类覆盖度达到 85%，直播热销款的覆盖度超过 90%，覆盖的类目主要有食品、美妆、百货和服饰，并仍在持续快速迭代。魔筷科技还形成了品牌孵化和爆款打造的能力，例如月销 150 万支的蜂毒牙膏和月销超千万元的合味芳螺蛳粉等。

在运营服务方面，魔筷科技打造了一套针对不同层级网红的运营服务体系，提供了技能培训、直播策划和涨粉指导等服务。同时，魔筷在客户服务方面也表现出色，提供 7×24 小时的商品审核服务，服务满意度超过 95%。

总体来看，魔筷科技的创业融资案例是一个典型的通过技术创新、商业模式优化和战略融资相结合的成功案例。公司不仅在直播电商领域取得了显著的成绩，还在供应链管理和运营服务上展现出强大的实力，为整个行业的发展提供了新的思路和方向。随着直播电商市场的不断扩大，魔筷科技的未来发展前景值得期待。

复习与思考

一、选择题

1. 以下哪项不是创业融资难的原因？（　　）

A. 创业项目风险高　　B. 创业者经验不足

C. 银行利率低　　D. 投资者对创业者不信任

2. 债券融资与股权融资的主要区别在于（　　）。

A. 利息支付与否　　B. 公司控制权

C. 融资期限　　D. 融资额度

二、填空题

1. 创业融资的主要渠道包括________、________、________和________等。

2. 在创业融资过程中，创业者需要向投资者展示其________和________，以获得投资者的信任和支持。

三、案例解析题

1. 假设你是一位初创企业的创始人，你正在寻找融资。请描述你会采取哪些步骤来确保你的创业项目能够吸引投资者。

2. 阅读以下案例并分析。

一家初创科技公司正在寻求融资以扩大生产规模。该公司已经通过天使投资获得了一定的资金支持，但现在需要更多的资金来支持其下一阶段的发展。请分析该公司可能会采取哪些融资方式，并讨论每种方式的优缺点。如果你是该公司的创始人，你会选择哪种融资方式？为什么？

第二部分

实践篇

第七章

开拓进取，与时俱进
——创业企业的设立与注册

学习目标

（1）了解企业组织形式及特点。

（2）了解创业企业注册、登记的基本流程及注意事项。

（3）掌握关于创建新企业的法律法规。

思政目标

培养学生开拓进取的创新精神，包括解放思想、与时俱进、锐意革新、坚持不懈等精神。培养学生创新创业的法治意识，成为具有责任感和使命感的创新创业人才。

案例导入

N公司由大学生肖恩·芬尼和肖恩·帕克于1999年5月共同创立，迅速崛起为互联网的热门站点。其软件允许互联网用户访问并获取存储在其他用户计算机中的MP3音乐文件。N公司自身并不提供音乐库，而是作为搜索引擎，列出用户计算机中的歌曲和地址，实现音乐文件的共享，使用户能免费获取版权歌曲。在其鼎盛时期，每月有高达5000万的用户通过N公司软件共享超过30亿首歌曲。

然而，这一时期，唱片行业开始注意到在线版权音乐的交换问题。N公司的出现，将音乐交换提高到了新的专业水平，引发了唱片行业的关注。尽管每天有数百万首歌曲被共享，但唱片行业并未从中获利。为了改变这一状况，1999年12月，几家全球最大的唱片公司在美国唱片行业联合会的引领下，对N公司提起了诉讼。包括重金属乐队和说唱歌手Dr. Dre也加入了诉讼，重金属乐队甚至提交了一份包含30万名通过N公司下载其歌曲的用户名单，要求其停止侵权行为。

N公司辩护称其并未从事任何非法活动，其传播行为实际上为艺人做了宣传，促进了唱片销售，给唱片行业带来了利益。同时，它主张对于非营利目的的消费者来说，分享音乐是合法的。然而，2002年2月12日，联邦上诉法庭裁定唱片行业胜诉，认为N公司应对其参与的违反联邦版权法的活动承担责任，尽管法庭并未直接将N公司称为版权侵害者。

尽管开发用于互联网上互换文件的软件本身并不违法，但通过N公司软件传输的大量文件却是受美国版权法保护的歌曲。法庭认定N公司参与了帮助用户非法获取歌曲的活动，否决了其辩护。因此，N公司遵从法庭裁决，关闭了文件交换服务器。之后，它曾宣布计划在贝塔斯曼（一家德国音乐公司）的支持下推出合法的音乐下载服务。然而，由于与主要唱片公司关系恶化，新的合作难以开展，N公司最终走向了清算。

具有讽刺意味的是，以开发允许用户自制光盘的软件而知名的Roxio公司，在2000年11月以500万美元购买了N公司的名称和商标，并以N公司的名义推出了合法的音乐下载网站。但需要注意的是，Roxio公司的服务已经不再基于N公司原有的文件交换技术。2004年，在新东家Roxio公司的领导下，N公司在英国推出了付费下载服务，并与多家公司包括百代（EMI）集团、PIC公司和维旺迪（Vivendi）环球音乐集团等达成了合法使用协议。该项服务迅速增长，最初的订阅费定为每月9.95美元。

思考与讨论：N公司为何会被唱片公司起诉，最后关闭？这说明了什么问题？

第一节　企业组织形式的选择

对于创业企业来说，无论是初次创业还是已经具备一定的创业经验，选取适合的公司类型进行注册是创业者们首要考虑的问题之一。我国的法律法规对于不同类型的公司有着不同的注册要求。

根据我国的相关法律规定，创业者们可以选择有限责任公司、合伙企业、个人独资企业、个体工商户及股份有限公司等企业形式。其中，股份有限公司对创业者的注册资本有着很高的要求，一般来说，不建议新创企业采用。大部分创业者倾向于有限责任公司、合伙企业、个人独资企业、个体工商户等企业形式，而在这些类别中，又属有限责任公司所占比例最高。在这些企业形式中，有限责任公司属于公司制的企业形式，在法律层面上来说，具有法人地位，其余的几种企业形式均不属于公司制的范畴，也不具备相应的法人资格。

一、有限责任公司

1. 公司的特点与分类

根据《中华人民共和国公司法》（以下简称公司法）的规定，有限责任公司是指由两名以上 50 名以下的股东共同出资，每个股东以其所认缴的出资额对公司承担有限责任，公司以全部资产对其债务承担责任的社会经济组织。其主要特点是：

（1）公司是企业法人。公司与其他商事组织，例如，个人独资企业、合伙企业的主要区别是公司所具有的法人属性。公司的法人属性使得公司财产与公司内部成员的个人财产完全分离，从而公司能够以自己的名义独立地从事社会民事活动、享受民事权利及承担民事义务。

（2）公司以盈利为目的。盈利，就是公司获取经济上的利益。公司的目的就是追求利益，这也是公司与机关、事业单位及其他社会团体法人的不同之处。

（3）公司是依法成立的。公司的依法成立包括三个含义：第一，公司成立应该依据专门的法律法规，也就是公司法和其他相关的特别法律与行政法规；第二，公司的成立应符合公司法规定的实际条件；第三，公司的成立必须遵循公司法规定的程序，并履行申请与审批登记手续。

有限责任公司有以下几个类型：

多人投资的有限责任公司和独资公司。这种分类的依据是投资者的人数，多人投资的有限责任公司由 2 个至 50 个股东共同出资设立，而独资公司只有 1 个股东出资设立。

国有的有限责任公司和非国有的有限责任公司。这种分类的依据是资本的所有制性质。

2. 有限责任公司的设立条件

根据公司法的规定，设立有限责任公司，还应当同时具备以下五个条件：

（1）股东符合法定人数。在通常情况下，有限责任公司由两名以上 50 名以下股东出资成立。

（2）由符合公司章程规定的全体股东认缴出资额。有限责任公司的注册资本是在公司登记机关登记的全体股东认缴的出资额。法律与行政法规及国务院对有限责任公司注册资本实缴、注册资本最低限额另有规定的，从其规定。2018 年公司法修正后，放宽了注册资本的登记条件，也取消了有限责任公司最低注册资本的限制。同时，不再限制公司成立时股东首次出资的比例。

（3）股东共同制定公司章程。公司的章程是公司最重要的法律文件，也是公司内部组织行为的基本约束准则。有限责任公司的公司章程必须由股东共同制定，所有的股东应该在公司章程上签名盖章。公司法对公司章程必须载明的法定事项作出了明确规定。

（4）有公司名称，并建立了符合有限责任公司所要求的组织机构。有限责任公司名称是公司的标志，公司依法享有名称权，经注册过的公司名称受法律的保护。有限责任公司应依法设立股东会、董事会及监事会等组织机构。

（5）有公司住所。

3. 有限责任公司的设立程序

根据我国的公司法的规定，设立有限责任公司，应按照以下步骤进行。

（1）制定公司章程。有限责任公司章程应当载明以下事项：第一，公司的名称和住所；第二，公司的经营范围；第三，公司的注册资本；第四，股东的姓名或者名称；第五，股东的出资方式、出资额与出资时间；第六，公司的机构及其产生办法、职权、议事规则；第七，公司的法定代表人；第八，公司的股东大会认为需要规定的其他事项；第九，股东应当在公司章程上签名、盖章。

（2）公司应依法经政府部门审批。法律、行政法规规定需要经过相关部门审批的，应当在设立登记前报送至政府主管部门进行审批。例如，设立经营保险业的金融机构，就必须报送至金融监管总局进行审批，得到批准方可成立；设立经营洗浴、KTV 等特种行业的企业需要政府相关部门的审批。

（3）股东缴纳出资。股东可以用货币进行出资，也可以使用实物、知识产权、土地使用权等可以用货币估价并可以依法转让的非货币财产作价出资。但需要注意的是，法律、行政法规规定不得作为出资的财产必须除外。对作为出资的非货币财产应当进行评估作价，核

实其财产，不得高估或者低估作价。法律、行政法规对评估作价有规定的，从其规定。股东以货币出资的，应当将货币足额存入有限责任公司在银行开设的账户；以非货币财产形式出资的，应当依法办理财产权的转移等相关手续。股东不按照上述规定缴纳所认缴的出资额的，除应当向公司足额缴纳外，还应当向已按期足额缴纳出资的股东承担违约责任。

有限责任公司成立后，发现作为设立公司的出资的非货币财产的实际价额明显低于公司章程所定价额的，应当交由该出资的股东进行补足差额，公司成立时的其他股东承担连带责任。

（4）验资机构验资并出具证明。股东认足公司章程规定的出资后，由全体股东指定的代表或者共同委托的代理人向公司登记机关报送公司登记申请书、公司章程等文件，申请设立登记，进行工商注册。

（5）签发出资证明书。有限责任公司成立后，应当向股东签发出资证明书。出资证明书应当载明公司的名称、公司的成立日期、公司的注册资本、股东的姓名或者名称、股东所缴纳的出资额、出资日期，以及出资证明书的编号与核发日期。出资证明书需要有公司盖章。

4. 有限责任公司的组织机构

公司组织机构是公司法人治理结构的核心内容。依照我国公司法的相关规定，有限责任公司应设立股东会、董事会及监事会等组织机构。

（1）股东会的性质与职权。公司的权力机构非股东莫属，其由全体股东所组成。股东就是公司的出资人，是公司存在的根基。由出资人组成的股东会也是公司的最高决策机构。

股东只对公司的重大事件进行决策。依照公司法的规定，股东会行使以下职权：第一，决定公司的经营方针和投资计划；第二，选举和更换由非职工代表承担的董事、监事，决定有关董事、监事的报酬事项；第三，审议批准董事会的报告；第四，审议批准监事会或者监事的报告；第五，审议批准公司的年度财务预算方案、决算方案；第六，审议批准公司的利润分配方案和弥补亏损方案；第七，对公司增加或减少注册资本做出决议；第八，对发行公司债券做出决议；第九，对公司合并、分立、解散、清算或者变更公司形式做出决议；第十，修改公司章程以及公司章程规定的其他职权。

（2）股东大会的议事规则。首次股东大会应由出资最多的股东召集并主持，依照公司法规定行使相应的职权。

股东大会分为定期会议与临时会议。定期会议就是按照公司章程中规定的时间，按时召开；临时会议，必须由代表 1/10 以上表决权的股东、1/3 以上的董事、监事会或者不设立监事会的公司的监事提议召开。

公司法还对股东大会的议事方式与表决程序作出了相应规定。

①召开股东大会，应当于召开前 15 日通知各位股东，公司章程另有规定或者全体股东

有额外的约定时除外。股东大会应当对所议事项的决定做好完整的会议记录，出席会议的股东应当在会议记录上签字。

②如公司设立了董事会，则股东大会应由董事会进行召集，董事长主持；董事长未能履行其职务或者不履行职务的，则由副董事长主持。如公司不设立董事会，股东大会则由执行董事召集并主持；执行董事不能够履行或者不履行召集股东大会的，则由监事会或者不设立监事会的公司的监事召集并主持；监事会或者监事不召集和主持的，代表 1/10 以上表决权的股东可以自行召集并主持。

③股东大会由股东按照出资的比例来行使其相应表决权，公司如作出了其他章程规定的除外。

④股东大会作出修改公司章程的决议，以及公司增加或者减少注册资本、分立、合并、解散或者变更公司形式的决议，必须有代表 2/3 以上表决权的股东通过。

（3）董事会的性质与职权。董事会是公司的执行机构，应当对公司的股东负责。公司法规定，有限责任公司董事会成员应为 3~13 人，股东人数较少或者公司规模较小的时候，可以只设立 1 名执行董事，不设立董事会。执行董事还要兼任公司经理，其具体行使的职权由公司章程规定。由两个以上的国有企业或者两个以上的国有投资主体投资设立的有限责任公司，其董事会成员中应当有公司职工代表；其他有限责任公司董事会成员中可以有公司职工代表。董事会中的职工代表由公司职工民主选出。

董事会设立董事长一人，可以设立副董事长。董事长与副董事长的产生办法，应当由公司章程做出相应规定。董事长为公司的法定代表人；公司不设立董事会的，执行董事为公司的法定代表人。

根据公司法的规定，董事会可以行使以下职权：召集董事会会议，并向股东会作出报告；执行董事会的决议；决定公司的经营计划与投资方案；制订公司的年度财务预算方案、决算方案；制订公司的利润分配方案与弥补亏损方案；制订公司增加或者减少注册资本的方案；制订公司合并、分立、解散或者变更形式的方案；决定公司内部管理机构的设置；决定聘任或者解聘公司经理及其报酬事项，并根据经理的提名，决定聘任或者解聘公司副经理、财务负责人及其报酬事项；制定公司的基本管理制度；公司章程规定的其他职权。

董事任期则由公司章程规定，每届任期不得超过 3 年。董事任期届满，连选可以连任。董事在任期届满前，仍应当依照法律、行政法规和公司章程的规定履行董事职务。

（4）董事会的议事方法与表决程序。除公司法有规定的外，由公司章程规定。董事会会议由董事长召集和主持。董事长如果因特殊原因不能履行或者不履行其职务的，可以由董事长指定的副董事长或者其他董事召集并主持。除此之外，1/3 以上的董事可以提议召开董事会会议。董事会应当将所议事项的决定做成会议记录，出席会议的董事应当在会议记录上签字。董事会决议的表决，实行一人一票制。

（5）有限责任公司的经理。有限责任公司的经理由董事会聘任和解聘。经理可以列席董事会会议，并对董事会负责。经理行使下列职权：主持公司的生产经营管理工作，组织实施董事会决议；组织实施公司年度经营计划和投资方案；拟订公司内部管理机构设置方案；拟定公司的基本管理制度，制定公司具体规章；提请聘任或者解聘公司副经理、财务负责人；聘任或者解聘除应由董事会聘任或者解聘以外的管理人员；董事会授予的其他职权；公司章程对经理职权另有规定的，从其规定。股东人数较少或者规模较小的有限责任公司，执行董事可以兼任公司经理。

（6）监事会。有限责任公司的监事会是公司的内部监督机构。公司法规定，有限责任公司经营规模较大的，设立监事会，其成员不得少于 3 人。监事会应在其组成人员中推选 1 名召集人。股东人数较少或者规模较小的有限责任公司，可以设 1~2 名监事，不设监事会。

监事会应当包含股东代表和适当比例的公司职工代表，其中，职工代表的比例不得低于 1/3，具体比例由公司章程规定。监事会中的职工代表由公司职工通过职工代表大会、职工大会或者其他形式民主选举产生。董事、高级管理人员不得兼任监事。监事会设主席 1 人，由全体监事过半数选举产生。监事会主席召集和主持监事会会议；监事会主席不能履行职务或者不履行职务的，由半数以上监事共同推举 1 名监事召集和主持监事会会议，监事的任期每届为 3 年。监事任期届满，连选可以连任。

根据公司法的规定，监事会或者监事行使下列职权：检查公司财务；对董事、高级管理人员执行公司职务的行为进行监督，对违反法律、行政法规、公司章程或者股东会决议的董事、高级管理人员提出罢免的建议；当董事、高级管理人员的行为损害公司的利益时，要求董事、高级管理人员予以纠正；提议召开临时股东会会议，在董事会不履行公司法规定的召集和主持股东会会议职责时召集和主持股东会会议；向股东会会议提出提案；对董事、高级管理人员提起诉讼；公司章程规定的其他职权。

监事可以列席董事会会议，并对董事会决议事项提出质询或者建议。监事会或者监事发现公司经营异常，可以进行调查，必要时，可以聘请会计师事务所等协助其工作，费用由公司承担。监事会会议每年度至少召开一次，监事可以提议召开临时监事会会议。监事会会议的议事方式和表决程序，除公司法有规定的外，由公司章程规定。监事会应当将监事会会议所议事项的决定作成会议记录，出席会议的监事应当在会议记录上签名。监事会决议应当经半数以上监事通过。

5. 一人有限责任公司的特别规定

一人有限责任公司是有限责任公司的一种，是指只有一个自然人股东或者一个法人股东的有限责任公司。

一个自然人只能设立一个一人有限责任公司，该公司不能投资并设立新的一人有限责任公司；同时，一人有限责任公司也应当在公司登记中明确是自然人独资还是法人独资，并在公司经营执照中载明；公司章程需由股东制定；公司不设立股东会，股东作出公司的经营方针决定和投资计划决定时，应当采取书面形式，并由股东签名后置于公司；公司也应当在每一会计年度终了时编制财务报表，并需经过会计事务所进行审计；公司的股东不能证明公司财产独立于股东自己财产的，应当对公司债务承担连带责任。

6. 有限责任公司的优势和劣势

（1）有限责任公司的优势。

①有限责任。由于公司拥有法人资格，所有的责任均由法人承担，股东个人承担的责任仅以所出的股本为限，其他个人资产不受牵连，降低了个人投资风险。

②运行稳定。注册有限责任公司时，要求公司制定完善的管理与财务制度，同时，股东在入股后不得抽回出资，这在法律上保证了公司资金的充裕与运行机制的完善。股东变动小，不会因为个人股东的变故而使企业发生巨大的动荡。

（2）有限责任公司的劣势。

①股权转让不易。股东一旦对公司进行出资，其所出资的资金就不能进行撤回，股东享受股权带来的收益，不能随便转让其拥有的股权。

②信贷信誉不高，发展空间受限。由于公司一般自身所有的资本不多，而且公司的全体股东也只负有限责任，在公司由于经营管理不善等造成亏损甚至破产的时候，债权人将遭受巨大的损失，这对债权人的利益保护不利。

相关数据统计显示，我国有 2/3 的企业采用了公司的形式，如果考虑到企业综合的成本支出与收益，年营业额在 3 万元以下的可以选择个体工商户或者独资企业的形式进行公司注册；年营业额在 3 万 ~ 10 万元可以选择注册合伙企业的形式；年营业额处于 10 万 ~ 50 万元则可以选择合伙企业或者有限责任公司的形式。

二、合伙企业

合伙企业就是自然人、法人和其他组织按照《中华人民共和国合伙企业法》（以下简称合伙企业法）在中国境内设立的普通合伙企业和有限合伙企业。普通合伙企业由普通合伙人组成，合伙人对合伙企业的债务承担无限连带责任；有限合伙企业由普通合伙人和有限合伙人组成，普通合伙人对合伙企业债务承担无限连带责任，有限合伙人则以其认缴的出资额为限对合伙企业债务承担连带责任。合伙企业是一种非常灵活、简便又不丧失一定规范与规模的企业组织形式。

1. 合伙企业的设立条件

设立合伙企业，应当具备以下四个条件：

（1）合伙人应当为两个或两个以上的具有完全民事行为能力的人。合伙企业设立时，

无民事行为能力人与限制民事行为能力人不得作为合伙人；法律、行政法规禁止从事营利性活动的人不得成为合伙企业的合伙人，如国家公务人员。合伙人都应当依法承担无限责任，不存在承担有限责任的合伙人。

（2）合伙企业必须有书面合伙协议。合伙协议是由各合伙人协商一致，明确各合伙人权利和义务的法律文件。合伙协议应采取书面方式订立，经全体合伙人签名、盖章后生效。合伙人依照合伙协议享有权利、承担义务。合伙协议生效后，全体合伙人经协商一致，可以修改或者进行补充。

合伙协议应当载明下列事项：合伙企业的名称和主要经营场所的地点；合伙目的和合伙企业的经营范围；合伙人的姓名及其住所；合伙人的出资方式、数额和缴付出资的期限；利润分配和亏损分担办法；合伙企业事务的执行；入伙与退伙；合伙企业的解散与清算；违约责任。

（3）有各合伙人实际缴付的出资。合伙协议生效后，合伙人应当按照合伙协议约定，履行出资义务。根据合伙企业法的规定，合伙人可以用货币、实物、土地使用权、知识产权或者其他财产权利出资。上述出资应当是合伙人的合法财产及财产权利。对于货币以外的出资需要评估作价的，可以由全体合伙人协商确定，也可以由全体合伙人委托法定评估机构进行评估。经全体合伙人协商一致，合伙人也可以用劳务出资，其评估办法由全体合伙人协商确定。

（4）有合伙企业的名称、经营场所和从事合伙经营的其他必要条件。

2. 合伙企业的财产

（1）合伙企业财产的性质。合伙企业存续期间，合伙人的出资和所有以合伙企业名义取得的收益均为合伙企业的财产；合伙企业的财产由全体合伙人依照法律共同管理和使用。在合伙企业存续期间，除非出现退伙等法定事由，否则合伙人不得请求分割合伙企业的财产；对于货币以外的出资需要评估作价的，可以由全体合伙人协商确定，也可以由全体合伙人委托法定评估机构进行评估。

（2）合伙企业财产的转让。合伙企业存续期间，合伙人向合伙人以外的人转让其在合伙企业中的全部或者部分财产份额时，需经其他合伙人一致同意；合伙人之间转让在合伙企业中的全部或者部分财产份额时，应当通知其他合伙人。合伙人依法转让其财产份额的，在同等条件下，其他合伙人有优先受让的权利。经全体合伙人同意，合伙人以外的人依法受让合伙企业财产份额的，经修改合伙协议即成为合伙企业的合伙人，依照修改后的合伙协议享有权利、承担责任；合伙人以其在合伙企业中的财产份额出资的，需经其他合伙人一致同意。未经其他合伙人一致同意，合伙人以其在合伙企业中的财产份额出资的，其行为无效，或者作为退伙处理；由此给其他合伙人造成损失的，依法承担赔偿责任。

3. 合伙企业事务的执行

合伙企业不像公司制企业那样有完整的组织机构，合伙企业事务的执行有其自身特点。

（1）合伙事务执行的方式。合伙企业事务的执行可以采取两种方式：一是由全体合伙人共同执行合伙企业事务；二是由合伙协议约定或者全体合伙人决定，委托一名或者数名合伙人执行合伙企业事务。委托一名或者数名合伙人执行合伙企业事务的，其他合伙人不再执行合伙企业事务。

（2）合伙人在执行合伙事务中的权利包括：各合伙人对执行合伙企业事务享有同等的权利；执行合伙企业事务的合伙人对外代表合伙企业；不参加执行事务的合伙人有权监督执行事务的合伙人，检查其执行合伙企业事务的情况；合伙人为了解合伙企业的经营状况和财务状况，有权查阅账簿。

合伙人可以对其他合伙人执行的事务提出异议。提出异议时，应暂停该项事务的执行。如果发生争议，可由全体合伙人共同决定。被委托执行合伙企业事务的合伙人不按照合伙协议或者全体合伙人的决定执行事务的，其他合伙人可以决定撤销该委托。

（3）合伙人的义务。根据合伙企业法的规定，由一名或者数名合伙人执行合伙企业事务的，应当依照约定向其他不参加执行事务的合伙人报告事务执行情况，以及合伙企业的经营状况和财务状况。

合伙人不得自营或者与他人合作经营与合伙企业相竞争的业务。除合伙协议另有约定或者经全体合伙人同意外，合伙人不得与合伙企业进行交易，合伙人不得从事损害合伙企业利益的活动。

（4）合伙事务执行的决议办法。合伙人依法或者按照合伙协议对合伙企业有关事项做出决议时，除另有约定外，经全体合伙人决定可以实行一人一票的表决办法。

根据合伙企业法的规定，合伙企业的下列事务必须经全体合伙人同意：处分合伙企业的不动产；改变合伙企业名称；转让或者处理合伙企业的知识产权和其他财产权利；向企业登记机关申请办理变更登记手续；以合伙企业名义为他人提供担保；聘任合伙人以外的人担任合伙企业的经营管理人员；合伙协议约定的其他事项。

（5）合伙企业的损益分配。合伙损益包括合伙企业的利润和亏损。合伙企业法规定，合伙损益由合伙人依照合伙协议约定的比例分配和分担；合伙协议未约定利润分配和亏损分担比例的，由各合伙人平均分配和分担。合伙协议不得约定将全部利润分配给部分合伙人或由部分合伙人承担全部亏损。

合伙企业存续期间，合伙人依照合伙协议的约定或者经全体合伙人决定，可以增加对合伙企业的出资，用于扩大经营规模或者弥补亏损。合伙企业年度或者一定时期的利润分配或者亏损分担的具体方案，由全体合伙人协商决定或者按照合伙协议约定的办法决定。

4. 入伙与退伙

（1）入伙。入伙是指在合伙企业存续期间，原合伙人以外的第三人加入合伙企业，取得合伙人的资格。合伙企业法规定，新合伙人入伙时，应当经全体合伙人同意，并依法订立书面入伙协议。订立入伙协议时，原合伙人应当向新合伙人告知原合伙企业的经营状况和财务状况。入伙的新合伙人与原合伙人享有同等权利，承担同等责任；入伙协议另有约定的，从其约定。入伙的新合伙人对入伙前合伙企业的债务承担连带责任。

（2）退伙。退伙是指合伙人退出合伙企业，丧失合伙人资格。根据合伙企业法的规定，退伙主要有两种情况：自愿退伙和法定退伙。

自愿退伙是指合伙人出于真实意愿而退伙。自愿退伙分以下几种情形：

①合伙协议约定合伙企业的经营期限，有下列情形之一出现：合伙协议约定的退伙事由出现；经全体合伙人同意退伙；发生合伙人难以继续参加合伙企业的事由；其他合伙人严重违反合伙协议约定的义务。

②合伙协议未约定合伙企业的经营期限，合伙人在不给合伙企业事务执行造成不利影响的情况下，可以退伙，但应当提前 30 日通知其他合伙人。

合伙人违反上述规定，擅自退伙的，应当赔偿由此给其他合伙人造成的损失。

法定退伙是指合伙人出现法定事由而退伙，包括当然退伙和除名两种情况。

合伙企业法规定，合伙人有下列情形之一的当然退伙：死亡或者被依法宣告死亡；被依法宣告为无民事行为能力人；个人丧失偿债能力；被人民法院强制执行在合伙企业中的全部财产份额。

合伙人有下列情形之一的，经其他合伙人一致同意，可以决议将其除名：未履行出资义务；因故意或者重大过失给合伙企业造成损失；执行合伙企业事务时有不正当行为；合伙协议约定的其他事由。

对合伙人的除名决议应当书面通知被除名人。被除名人自接到除名通知之日起，除名生效，被除名人退伙。被除名人对除名决议有异议的，可以在接到除名通知之日起 30 日内，向人民法院起诉。

合伙人死亡或者被依法宣告死亡的，对该合伙人在合伙企业中的财产份额享有合法继承权的继承人，依照合伙协议的约定或者经全体合伙人同意，从继承开始之日起，即取得该合伙企业的合伙人资格。合法继承人为未成年人的，经其他合伙人一致同意，可以在其未成年时由监护人代行其权利。

合伙人退伙的，其他合伙人应当与该退伙人按照退伙时的合伙企业的财产状况进行结算，退还退伙人的财产份额。退伙时有未了结的合伙企业事务的，待了结后进行结算。退伙人在合伙企业中的财产份额的退还办法，由合伙协议约定或者由全体合伙人决定，可以退还货币，也可以退还实物。退伙人对其退伙前已发生的合伙企业债务，与其他合伙人承担连带责任。

5. 合伙企业的解散

合伙企业的解散是指合伙人解除合伙协议，终止合伙企业的行为。合伙企业法规定，合伙企业有下列情形之一时应当解散：合伙协议约定的经营期限届满，合伙人不愿继续经营的；合伙协议约定的解散事由出现；全体合伙人决定解散；合伙人已不具备法定人数；合伙协议约定的合伙目的已经实现或者无法实现；被依法吊销营业执照；出现法律、行政法规规定的合伙企业解散的其他原因。

合伙企业解散后，必须进行清算，具体程序如下：

①通知和公告债权人。

②确定清算人。在合伙企业解散时，清算人应由全体合伙人担任。如果全体合伙人不能担任清算人，则需经过半数合伙人的同意，在解散后的 15 日内指定一名或数名合伙人，或者委托第三人担任清算人。若 15 日内仍未确定清算人，合伙人或其他利害关系人可申请人民法院指定清算人。

根据合伙企业法，清算人在清算期间需要负责以下事务：清理合伙企业财产，编制资产负债表和财产清单；处理合伙企业未了结的事务；缴清所欠税款；清理债权、债务；处理合伙企业清偿债务后的剩余财产；代表合伙企业参与民事诉讼活动。

③财产清偿。根据《合伙企业法》，合伙企业财产在支付清算费用后，应按照以下顺序清偿：首先支付合伙企业所欠招用职工的工资和社会保险费用，其次支付合伙企业所欠税款，再次是合伙企业的债务，最后返还合伙人的出资。

如果合伙企业财产按上述顺序清偿后仍有剩余，合伙人应按照合伙协议约定的比例进行分配。如果合伙协议未约定比例，剩余财产应由各合伙人平均分配。在合伙企业清算时，如果其全部财产不足以清偿债务，合伙人需以个人财产按照合伙协议约定的比例进行清偿。若合伙协议未约定比例，则由各合伙人平均承担清偿责任。

合伙企业解散后，原合伙人对合伙企业存续期间的债务仍应承担连带责任。但需要注意的是，如果债权人在 5 年内未向债务人提出偿债请求，则该责任将消灭。

值得注意的是，我国法律意义上的合伙企业仅指那些已在市场监督管理部门登记，并以自然人为合伙人的企业。法人之间的合伙及采用合伙制的律师事务所、会计师事务所、医生诊所等并不属于合伙企业范畴，它们分别归各自的行政主管机关登记管理。因此，合伙企业法的适用范围在一定程度上受到了限制。

三、个人独资企业

个人独资企业，即由单一自然人投资并拥有全部资产的企业形式，投资人以其个人财产

对企业债务承担无限责任。这种非法人型企业特点在于，当企业无法偿还债务时，投资人需用其个人财产进行清偿。个人独资企业尤其适合初涉市场、资金实力有限的创业者。

1. 设立个人独资企业的条件

《中华人民共和国个人独资企业法》规定，设立个人独资企业需满足以下条件：一是由一个自然人作为投资人；二是有符合规定的企业名称，不能含有“有限”“有限责任”或“公司”字样；三是有投资人申报的出资；四是有固定的经营场所和必要的经营条件；五是有必要的从业人员。

企业名称须与经营业务及责任形式相符，且不得从事法律、行政法规禁止的经营活动，如需审批的业务，应在设立时提交相关批准文件。

2. 个人独资企业的投资人与事务管理

除法律禁止的人员如国家公务员外，其他人均可作为投资人。投资人对其企业财产享有所有权，并可依法转让或继承。如投资人以家庭财产出资，应以家庭财产对企业债务承担无限责任。

投资人可自行管理企业事务，也可委托或聘用他人管理。委托或聘用他人时，应签订书面合同，明确职责和权利范围。

3. 个人独资企业的解散与清算

企业解散的情形包括投资人决定解散、投资人死亡或被宣告死亡且无继承人或继承人放弃继承、营业执照被吊销等。解散时，由投资人自行清算或由债权人申请法院指定清算人。投资人应在清算前通知债权人，并在规定时间内申报债权。解散后，原投资人对企业存续期间的债务仍需承担责任，但债权人在一定期限内未提出请求的，责任消灭。

财产清偿顺序为职工工资、社会保险费用、税款和其他债务。清算期间，企业不得进行与清算无关的经营活动，投资人不得转移或隐匿财产。如企业财产不足以清偿债务，投资人需以其个人其他财产进行清偿。

四、个体工商户

1. 设立条件

主体要求：具备经营能力的城镇待业人员、农村村民及国家政策允许的其他人员。

基本要素：具备与经营项目相应的资金、场地、能力及技术。

2. 优势与劣势

（1）优势。注册资金采用申报制，无最低限额；注册流程简便，费用经济；税收负担相对较轻。

（2）劣势。信誉度较低，难以获取大额银行贷款；经营规模受限，发展速度较慢；管理常不规范，如经营与工资所得区分不明确。

3. 与个人独资企业的对比

（1）法律依据：个体工商户基于民法典和促进个体工商户发展条例，而个人独资企业则依据《中华人民共和国个人独资企业法》。

（2）财产责任：个人独资企业出资人一般仅以个人财产对企业债务负责，但如用家庭财产出资，则需以家庭财产对企业债务负责。个体工商户则根据经营形式（个人或家庭）承担相应财产责任。

（3）法律地位：个人独资企业为经营实体，具备企业组织形态；个体工商户则不以企业形式存在。

（4）出资人：个人独资企业的出资人仅为一个自然人，个体工商户可以由一个自然人或家庭共同出资设立。

五、股份有限公司

1. 设立方式

股份有限公司的发起人，无论是法人还是自然人，均负责依法筹建公司事务。根据公司法规定，股份有限公司可以通过两种主要方式设立：发起设立和募集设立。发起设立是指公司的全部股份均由发起人认购；而募集设立则是发起人认购一部分股份，剩余部分通过向社会公众或特定对象公开募集来完成。

2. 设立条件

根据公司法，设立股份有限公司需满足以下条件：

①发起人数量符合法律要求，即至少两个，最多200个发起人，其中过半数必须在中国境内有住所。

②股本总额须符合公司章程规定，无论是通过发起人认购，还是募集方式获得。

③股份的发行和筹办过程必须遵循法律规定。对于发起设立的公司，注册资本是全体发起人认购的股本总额；对于募集设立的公司，注册资本是在登记机关登记的实收股本总额，且发起人认购的股份不得低于公司总股份的35%，除非法律另有规定。

④公司章程须由发起人制定，并通过创立大会（如适用）的批准。

⑤公司必须有明确的名称和符合股份有限公司要求的组织机构。

⑥公司必须拥有固定的住所。

3. 股份有限公司的设立程序

公司法对股份有限公司设立的程序作了如下规定：

（1）发起人发起。股份有限公司发起人承担公司筹办事务。发起人应当签订发起人协议，明确各自在公司设立过程中的权利和义务。

（2）制定公司章程。股份有限公司章程应当载明下列事项：公司名称和住所；公司经营范围；公司设立方式；公司股份总数、每股金额和注册资本；发起人的姓名或者名称、认购的股份数、出资方式和出资时间；董事会的组成、职权和议事规则；公司法定代表人；监事会的组成、职权和议事规则；公司利润分配办法；公司的解散事由与清算办法；公司的通知和公告办法；股东大会会议认为需要规定的其他事项。

（3）认购股份。以发起设立方式设立股份有限公司的，发起人应当书面认定公司章程规定其认购的股份；一次缴纳的，应即缴纳全部出资；分期缴纳的，应即缴纳首期出资；以非货币财产出资的，应当依法办理其财产权的转移手续；发起人不依照规定缴纳出资的，应当按照发起人协议承担违约责任。发起人向社会公开募集股份，必须公告招股说明书，并制作认股书。招股说明书应当附有发起人制定的公司章程，并载明下列事项：发起人认购的股份数；每股的票面金额和发行价格；无记名股票的发行总数；募集资金的用途；认股人的权利、义务；本次募股的起止期限及逾期未募足时认股人可以撤回所认股份的说明；发起人向社会公开募集股份，应当与银行签订代收股款协议。代收股款的银行应当按照协议代收和保存股款，向缴纳股款的认股人出具收款单据，并负有向有关部门出具收款证明的义务。

（4）验资机构验资并出具证明。

（5）募集方式设立必须召开创立大会。发起人应当在创立大会召开 15 日前将会议日期通知各认股人或者予以公告。创立大会应有代表股份总数过半数的发起人、认股人出席，方可举行。

（6）申请登记注册。

（7）建立公司的组织机构。在发起设立的情况下，发起人的出资到位并经法定验资机构验资后，由全体发起人选举公司的董事、监事，组成董事会、监事会。在募集设立的情况下，创立大会将选举出公司的董事、监事，组成董事会、监事会等公司组织机构。

4. 股份有限公司的组织机构

依照公司法的规定，股份有限公司的组织机构包括股东大会、董事会、经理和监事会。

（1）股东大会。股份有限公司股东大会由全体股东组成。股东大会是公司的权力机构，依照公司法行使职权。

股东大会应当每年召开一次年会。有下列情形之一的，应当在两个月内召开临时股东大会：董事人数不足公司法规定人数或者公司章程所定人数的 2/3 时；公司未弥补的亏损达实收股本总额的1/3时；单独或者合计持有公司10%以上股份的股东请求时；董事会认为必要时；监事会提议召开时；公司章程规定的其他情形。

股东大会会议由董事会召集，董事长主持；董事长不能履行职务或者不履行职务的，由副董事长主持；副董事长不能履行职务或者不履行职务的，由半数以上董事共同推举一名董事主持。董事会不能履行或者不履行召集股东大会会议职责的，监事会应当及时召集和主持；监事会不召集和主持的，连续90日以上单独或者合计持有公司10%以上股份的股东可以自行召集和主持。

（2）董事会。股份有限公司设董事会，其成员为5~19人。董事会成员中可以有公司职工代表。董事会中的职工代表由公司职工通过职工代表大会、职工大会或者其他形式民主选举产生。董事会设董事长一人，可以设副董事长。董事长和副董事长由董事会以全体董事的过半数选举产生。董事长召集和主持董事会会议，检查董事会决议的实施情况。副董事长协助董事长工作，董事长不能履行职务或者不履行职务的，由副董事长履行职务；副董事长不能履行职务或者不履行职务的，由半数以上董事共同推举1名董事履行职务。

董事会每年度至少召开两次会议，每次会议应当于会议召开10日前通知全体董事和监事。代表1/10以上表决权的股东、1/3以上的董事或者监事，可以提议召开董事会临时会议。董事长应当自接到提议后10日内，召集和主持董事会会议。董事会召开临时会议，可以另定召集董事会的通知方式和通知时限。

董事会会议应有过半数的董事出席方可举行。董事会作出决议，必须经全体董事的过半数通过。董事会决议的表决，实行一人一票制。董事会会议，应由董事本人出席；董事因故不能出席，可以书面委托其他董事代为出席，委托书中应载明授权范围。董事会应当将会议所议事项的决定作成会议记录，出席会议的董事应当在会议记录上签名。

（3）经理。股份有限公司设经理，由董事会决定聘任或者解聘。公司董事会可以决定由董事会成员兼任经理。

公司不得直接或者通过子公司向董事、监事、高级管理人员提供借款。公司应当定期向股东披露董事、监事、高级管理人员从公司获得报酬的情况。

（4）监事会。有限公司设监事会，其成员不得少于3人。监事会应当包括股东代表和适当比例的公司职工代表，其中职工代表的比例不得低于1/3，具体比例由公司章程规定。监事会中的职工代表由公司职工通过职工代表大会、职工大会或者其他形式民主选举产生，监事会设主席1人，可以设副主席。监事会主席和副主席由全体监事过半数选举产生。

监事会主席召集和主持监事会会议；监事会主席不能履行职务或者不履行职务的，由监事会副主席召集和主持监事会会议；监事会副主席不能履行职务或者不履行职务的，由半数以上监事共同推举1名监事召集和主持监事会会议。

董事、高级管理人员不得兼任监事。监事会行使职权所必需的费用，由公司承担。监事

会至少每6个月召开一次会议。监事可以提议召开临时监事会会议。监事会决议应当经半数以上监事通过。监事会应当将所议事项的决定做成会议记录，出席会议的监事应当在会议记录上签名。

5. 股份有限公司的优势和劣势

股份有限公司的优势包括以下三个方面：

（1）资本证券化。实行股份的等额化和转让自由化，对股东身份、人数都没有限制，因而能广泛筹集资金，有利于企业规模扩大。

（2）个人财产与企业财产完全分离。

（3）所有权与经营权分离，股东不参与经营，企业经营权由董事会和经理掌握。

股份有限公司自身的特点，导致其要求较高的注册资本和较复杂的设立程序，因此不适合创业初期的小企业，这是股份有限公司的劣势。

六、选择企业类型的关键因素

不同类型的企业在责任、法律地位、出资和清算等方面各有不同。创业者应基于企业业务范围，选择最适合企业未来发展方向的企业类型。以下是选择企业类型时应当重点考虑的四个因素。

1. 所选行业

我国将产业划分为第一、第二、第三产业。第一产业指的是农、林、牧、副、渔业。第二产业指的是采矿业、制造业、电力、燃气以及水的生产和供应业、建筑业。第三产业包括的内容较为广泛，除第一、第二产业以外的其他行业均为第三产业，如交通运输、仓储和邮政业，信息传输、计算机服务和软件业，批发和零售业，住宿和餐饮业，金融业，房地产业，租赁和商务服务业，科学研究、技术服务和地质勘查业，水利、环境和公共设施管理业，居民服务和其他服务业，教育，卫生、社会保障和社会福利业，文化、体育和娱乐业，公共管理和社会组织，国际组织等行业。对于仍然在校和刚刚毕业步入社会的大学生来说，首次创业的行业大部分集中在第三产业，而企业类型则更多地集中在个体工商户、合伙企业、有限责任公司。

个体工商户多数处于批发零售业，因为这类行业的要求资质不高，其规模较小、数量较多，经营也相对灵活。经营食品、烟草、药品以及医疗器械等产品必须注册公司，同时还需要具有法人资格以及获得其他的准入资格。

另外，如果选择批发零售业创业，当经营规模达到一定程度后可注册为有限责任公司，这也有利于公司的长远发展。其他的行业类型多采用合伙企业与有限责任公司，常见的有会计事务所、律师事务所，国家对这类公司有相关规定。互联网的发展带动了网络购物迅速发展，市场监督管理总局已经将网络购物纳入监管范围，自 2021 年 5 月 1 日开始实施的《网络交易监督管理办法》对网络商品经营做了相关规定。

2. 注册难易程度

基于当前的政策和法律框架，股份有限公司和有限责任公司的注册过程相对复杂。它们对法人资格和注册资金的要求较高，审查流程也相对烦琐。相比之下，合伙企业和个体工商户在申请条件、资金需求和审批流程上更为简洁。

但值得注意的是，根据《国务院机构改革和职能转变方案》的规定，国家已经逐步放宽了市场主体的准入限制，为优化营商环境做出了努力。其中，取消了股份有限公司的最低注册资本限制，并实施了注册资本认缴登记制度。这意味着市场监管部门仅登记公司认缴的注册资本总额，不再要求登记实收资本，也无须提交验资证明文件。此外，不再实行先前的先主管部门审批再市场监管部门登记的制度。这些改革措施显著简化了企业注册的环节，缩短了办理周期，并提高了注册效率。

3. 税收政策

根据我国的政策，不同的企业类型在税务方面承担的责任是有所区别的。例如，个体工商户通常采用定期定额纳税方式，即基于行业、面积、设备、地段等因素来确定每月应缴纳的税款额度，这个额度相对较小。合伙企业则需要缴纳增值税和个人所得税，但不需要缴纳企业所得税。对于有限责任公司，它需要支付增值税、企业所得税、城市维护建设税、教育费附加、印花税及个人所得税。

总体而言，个体工商户和合伙企业在税务方面的处理相对简单，涉及的税种较少。而有限责任公司则需要处理更多的税种。因此，在选择企业类型时，税务政策是一个需要认真考虑的因素。

4. 其他因素

除了以上所说的几种因素以外，在选择企业类型的时候，还应该考虑合作伙伴、启动资金、企业的风险等其他因素的存在。

第二节　创业企业的命名与组织结构设计

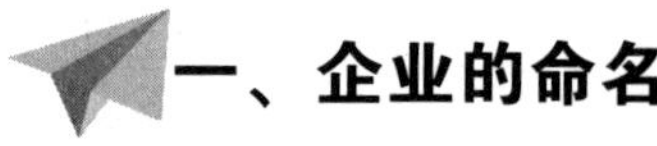

一、企业的命名

在注册公司的初步阶段，创业者需要前往当地的市场监管部门进行企业名称的预先核准

登记。以下是具体的办理步骤。

第一步，在咨询后，领取并填写《名称（变更）预先核准申请书》和《投资人授权委托意见》，同时准备好相关的支持材料。

第二步，将填好的《名称（变更）预先核准申请书》和《投资人授权委托意见》及相关资料递交至市场监管部门，等待名称的核准结果。

第三步，一旦名称获得核准，领取《企业名称预先核准通知书》或《企业名称变更核准通知书》。

值得注意的是，为了确保顺利，建议创业者准备多个备选的企业名称，以避免因名称重复或相似而受阻。企业名称的构成通常包括四个部分：企业所在地的行政区划名称、字号（商号）、行业（或经营）特点以及组织形式。

企业所在地行政区划名称：这指的是企业所在地县级以上行政区划的名称或地名。但特定情况下，如使用控股企业的字号或该控股企业名称中不含行政区划，企业法人可以将行政区划放在字号之后，组织形式之前。外商独资企业，如果其字号来源于其他国家（地区）的出资企业，则可在名称中间使用“中国”字样。

字号（商号）：这是企业名称的核心部分，由两个或两个以上的汉字组成。行政区划不能作为字号使用，除非县以上行政区划地名具有其他含义。此外，企业名称可以使用自然人投资人的姓名作为字号。

行业（或经营）特点：这部分反映了企业的经济活动性质或经营特点。它应当与企业的经营范围一致，并遵循国民经济行业的分类标准。如果企业名称中不使用行业用语，则需要满足一定的条件，如企业经济活动涉及多个国民经济行业大类、注册资本达到一定标准等。此外，企业为突出其经营特色，可以在字号后使用国家（地区）名称或县级以上行政区划的地名。但这样的使用不应误导公众，使其误以为企业经营范围超出其实际范围。

通过以上步骤和注意事项，创业者可以为企业选择一个恰当、合法且富有特色的名称，为后续的组织结构设计和业务发展打下良好的基础。

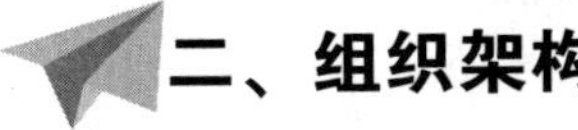

二、组织架构

根据我国公司法和《中华人民共和国外商投资法》的规定，企业在申请登记时，其组织形式主要为有限公司（有限责任公司）或股份有限公司。而依据其他相关法律、法规进行登记的企业，则不能采用这两种组织形式。非公司制企业在选择名称时，可以使用“厂”“店”“部”“中心”等作为其组织形式的具体体现，如“北京×××食品厂”或“南京××商店”。

每个企业只允许使用一个唯一的名称。在同一市场监督管理辖区内，任何两个冠以相同行政区划名称的企业，其名称不能与已登记注册的同行业企业名称相同或相似。

企业名称的确定在不同的国家和历史时期都带有其独特的色彩，这与国家的政治制度、经济制度及思想文化的发展紧密相连。在私有制经济中，企业名称往往与创始人的名字或某些吉祥、响亮、含蓄、有趣的词语相关联。而在计划经济时期，企业名称的构成多为三段式或四段式，如“上海汽水厂”或“国营南京无线电厂”，这样的命名方式能够清晰地体现企业的所有制性质、所在地及主要业务，但不太能反映出产品的知名度和竞争力。

随着市场经济的蓬勃发展，企业名称的构成也发生了显著的变化。现代的企业名称更加注重字号的引入，如“北京四通集团”中的“四通”即是企业的字号。现代的企业名称主要分为两类：地名+字号，如“西安杨森”；字号+经营业务名称，如“春兰空调”。无论采用哪种形式，字号都是不可或缺的。

尽管企业名称只是由几个汉字组成，但它所承载的意义远远超出这些字的本身。作为企业的重要标志，企业名称包含了企业的信誉和产品质量等多方面的信息，因而成为企业商誉的重要载体，并具有财产价值。举例来说，万宝路和可口可乐的品牌价值分别高达 440 亿美元和 550 亿美元，这些品牌价值反映了企业长期的信誉和市场地位。正因为如此，著名的字号不仅代表着企业的形象，还成为企业持续发展的有力保障。

三、企业的组织结构设计

组织结构是一个框架，它描绘了组织内部各个部分的排列、位置、联系方式，以及它们之间的相互关系。它不仅是管理系统的核心，也是全体成员为实现组织目标而进行的分工协作的体现。这一结构体系明确了职务范围、责任和权力分配。

组织结构是一个动态体系，涵盖了职位、责任和权力三个关键方面。其本质在于通过分工协作来实现组织的战略目标。因此，当组织面临重大战略调整时，其组织结构也必须随之变化。

虽然组织结构设计的核心目标是实现有序、有效的分工与协作，但许多企业的员工和客户对其并不完全了解。这导致客户不清楚应该向哪个部门寻求帮助，以及在不同部门间进行协作时可能出现的推诿和延误。

对于初创企业而言，构建一个正式和规范的组织结构可能是一个挑战。特别是对小型团队来说，他们可能觉得组织结构并不是立即需要关注的事情。然而，为了企业的长远发展，合理的组织结构是至关重要的。就像木桶上的一块木板，虽然不是最显眼的，但它对于确保整体的稳定性和功能性是不可或缺的。

【案例分析 7-1】

欣×科技有限公司是一家中型中日合资企业，公司主要生产电子元器件、机电设备，以及手机电池和蓄电池等。按照产品类型的不同，公司成立了三个产品分部，总经理直接向执行副总裁汇报工作，公司组织结构如图 7-1 所示。这三个产品分部的厂房比较集中，分布在以公司总部办公大楼为中心方圆 3000 米的厂区范围内。总部办公大楼是公司的中枢神经，公司总裁办公室、副总裁办公室、人力资源部门及财务部门等都集中在此。各产品分部总经理分别对利润负责，而且各自拥有独立的生产设施、内部营销机构等。三个产品分部的产品有所不同，但基本原料都是类似的共同性物料，尤其是一些化工原料和工装模具，而且消耗量都很大。但由于采购方面职权的分散，一直以来，各产品分部都独立进行采购运作，从没有过协商，有时甚至还出现过相互抬价的情况，结果损害的是公司的整体利益。

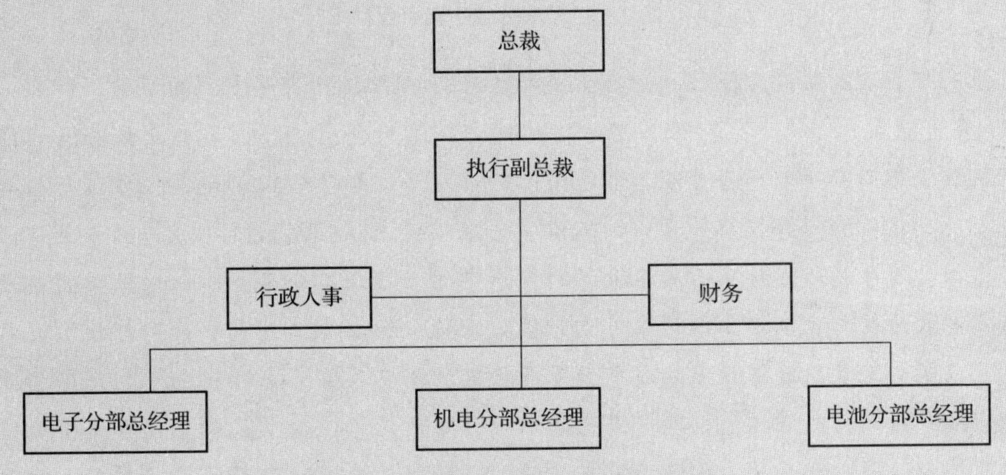

图 7-1 欣×科技有限公司组织结构

电池分部主要生产手机电池和蓄电池。根据业务流程，电池分部的生产部有三个生产车间，分别是电极车间、化成车间和装配车间。另外，设备部和采购部也归属于生产部管理。电池分部的组织结构如图 7-2 所示。电池分部总经理顾某是主管生产出身。在他看来，采购经理的主要职责就是及时保证生产线上物料的供应，只有生产部的负责人才直接对降低整个分部生产成本负责。所以在电池分部成立时，他将采购部设置在生产部之下，并认为采购部只是一个辅助部门。其实由于产品的特点，电池分部的材料成本占销售收入的比重接近 50%，所以每一分采购成本的节约就等于一分利润的增加，况且采购成本的降低要比销售收入的增加容易得多。采购部的运作绩效直接影响生产部成本节约和盈利能力。可是在实际操作中，采购部遇到的问题还真不少。

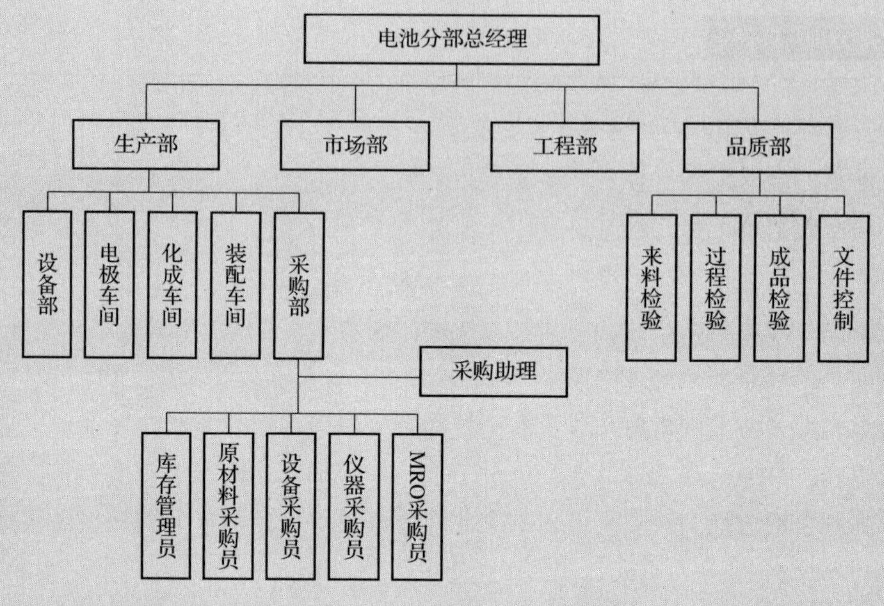

图 7-2　电池分部的组织结构

采购部经理高某能力很强，拥有十多年生产、工程和采购等方面的经验，但自从来到欣×公司电池分部就一直有很多怨言，觉得工作不好开展。原因是电池分部没有设立专门的物流部门，所以库存管理工作也由采购部负责。仓库管理员赵某主要进行原材料与在制品的接收和库存记录等事务性工作，一旦原料出库，就由提取原料的生产部门负责了。因为有些材料直接从货车车厢运到生产车间而不通过仓库，所以生产车间也设置了专门的收货处，由生产车间计划员临时接收货物。但由于计划员和采购部缺乏直接的沟通，采购部无法及时得到采购成本和库存状况的信息反馈。另外，由于生产部总是临时改动生产计划，时常要求采购部进行计划外的紧急采购，紧急采购不仅在价格上使采购部很被动，最重要的是，由于没有充足的时间进行供应商的选择，产品质量也难以得到保证。采购部经理高某当然不想这样，可他是归生产部管理的，作为下属，总不能批评上司："你怎么总是改动计划？"况且主管生产部的副总李某又是一个独断专行的人，最容不得别人挑他的毛病。所以为了保证生产顺利进行，高某总是将各类原料尽量多地预先采购进来，存放在仓库中，以免造成缺货及紧急采购的发生。这就导致了欣×公司的库存成本总是居高不下，库存周转率也极低。

最让高某感到头疼的是自己的权力受到很大干涉。电池分部销售经理王某实际上对很多产品行使着全面控制权，甚至在某种程度上超越了采购部经理高某。王某是一个急性子的人，做事总想一揽子全包，他认为自己是最了解客户信息的，所以总是自行指定采购零件的品牌和供应商，甚至在采购部下订单前就直接和供应商进行谈判。高某不止

一次试图阻止。有几次由于王某在没有通知采购部的情况下私自向供应商下订单，造成了金额巨大的重复订单，甚至还出现过合同上的纠纷。高某曾几次通过 E-mail 的形式向生产部副总李某反映情况，但似乎没有引起李某的重视，自然也没有起到什么效果。高某和王某两人之间的矛盾日益激化，现在已经到了互不理睬的地步。当王某需要采购部配合的时候，例如特殊订单的跟催等，他总是找采购助理许某。许某是一名资深的工程师，在设备采购方面有丰富的经验，并与各类供应商都保持着良好的关系。因为许某当初进公司是王某介绍的，并且得到王某不少关照，所以两人关系一直不错，王某拜托的事情他总是照办。

采购员的工作基本上是按照采购产品的类型进行分工的，分为原材料采购员、设备采购员、仪器采购员和 MRO（维修及事务用品）采购员，而供应商调查、选择、评价，以及订单跟催等工作都是由专人一条龙负责到底，这样的分工有利于培养采购员的专业化和采购责任的明确。采购助理许某对采购员具体业务的参与，有时候也让采购员很为难。近年来，电池分部一直在较低的利润率下运作。原材料、在制品和产成品库存周转率都非常低，库存成本占总成本的比重越来越高，这也是产品价格居高不下的主要原因之一，加之时常发生的交货延迟也使大量订单流失。最近，一位新的电池分部总经理即将上任，他很想改变这种状况。

思考与讨论：

（1）通过案例中描述的情景，你认为欣×公司在实际运作中存在哪些方面的问题？

（2）如果你是这位即将上任的电池分部总经理，你将采取什么措施来改善这些状况？说说你的理由。

1. 组织结构类型

由于每个企业的组织目标、所处的环境，以及所拥有的资源不尽相同，因此，公司的组织结构也必然会有所区别。但是，各种组织结构之间有很大的相似性，关键的组织结构类型有以下五种。

（1）直线制组织结构类型。直线制组织结构类型是一种最早也是最为简单的集权式组织结构形式，其领导关系也按垂直系统建立，不设立专门的职能机构，自上而下形同直线。直线型组织结构的特征就是企业各级行政单位从上到下实行的是垂直领导，下属部门也只接受一个上级的指令。这要求各级主管通晓多种知识和技能，亲自处理各种业务。在业务较为复杂、企业规模较大的情况下，把所有的管理职能都集中在最高主管一个人身上，这显然是不现实的。因此，直线型组织结构只适用于规模较小、生产技术较为简单的企业，并不适用于生产技术和经营管理复杂的企业。直线制的组织结构如图 7-3 所示。

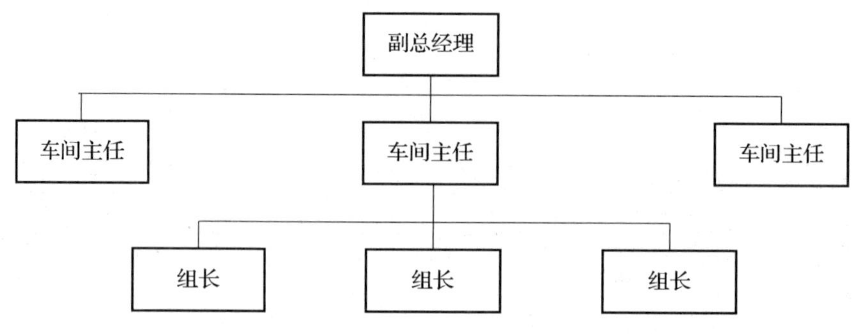

图 7-3　直线制组织结构

（2）职能制组织结构。职能制组织结构是一种将行政组织在同一层级上横向划分为多个部门的组织形式，每个部门都具备相同的业务性质和基本职能，它们之间相互分工合作。这种结构有利于行政组织按照职能或业务性质进行分工管理，使得选聘的专业人才能够充分发挥其专业特长，提高管理水平。由于同类型业务归属于同一部门，职能各有专司，责任明确，有助于建立和维护有效的工作秩序，防止工作出现疏漏和互相推诿的现象。这种结构特别适应于现代化工业企业，因为它们通常具有复杂的生产技术和精细的管理工作。然而，职能制组织结构也存在一些缺点。它可能会妨碍必要的集中领导和统一指挥，导致出现多个领导的情况，这不利于建立健全各个行政负责人和职能科室的责任制。在中层管理者中，可能会出现争抢功劳、推卸责任的现象。同时，当上级行政领导与职能机构的指导和命令发生冲突时，下级员工可能会感到困惑，导致工作受到影响，甚至可能出现纪律松弛和生产管理秩序混乱的情况。此外，职能制组织结构也不利于行政组织间的整体协作，可能导致部门间各自为政，使行政领导难以对工作进行有效的协调。因此，通常需要将职能制组织结构与层级制相结合，以弥补其不足之处。组织结构的具体形式如图 7-4 所示。

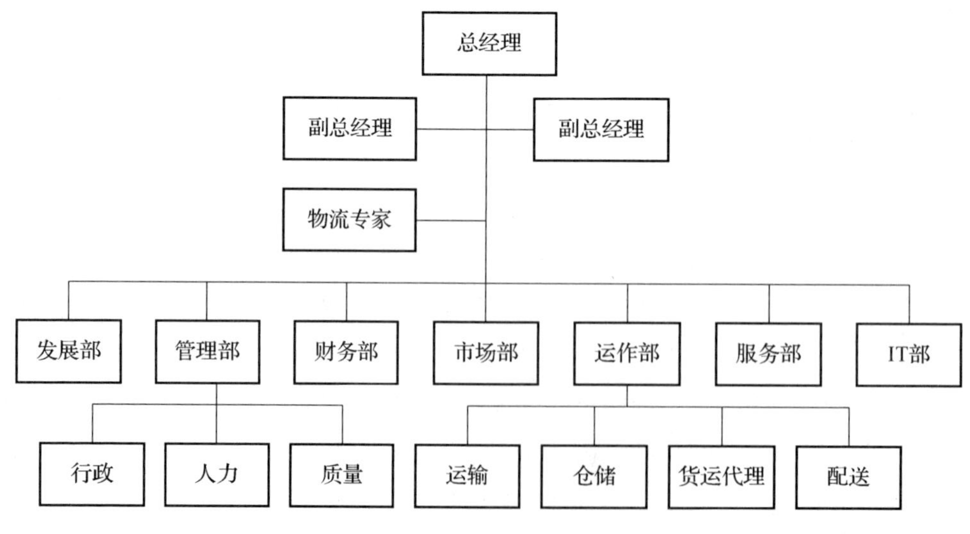

图 7-4　职能制组织结构

（3）直线职能制组织结构。直线职能制组织结构是现实中应用最广泛的一种组织形式。它结合了直线制与职能制两种结构的优点，以直线制为基础，在各级行政领导之下设置相应的职能部门，并配备专业管理人员作为领导的参谋。这种结构形式实现了主管的统一指挥与职能部门的参谋、指导相结合。在直线职能制组织结构中，职能部门负责制订计划、方案和下达相关指令，但这些指令需经过直线主管的批准后再进行传达。职能部门主要扮演业务参谋和指导的角色，并不具备直接下达命令的权力。各级行政领导实行逐级负责制，整个组织呈现出高度集权的特点。直线职能制组织结构不仅继承了直线制与职能制组织结构的优点，确保了统一指挥和参谋人员的有效作用，还实现了精细的分工和明确的责任划分。每个部门只负责自己分内的工作，从而提高了工作效率。此外，该结构还具有较高的组织稳定性，在外部环境相对稳定的情况下，有助于发挥组织的整体效率。然而，直线职能制组织结构也存在一些不足。职能部门之间的横向联系相对较弱，信息传递路径较长，容易引发矛盾，这增加了上层主管的协调工作量。同时，该结构的系统刚性较大，适应性相对较差，可能因循守旧，难以及时应对新情况。直线职能制组织结构如图 7-5 所示，在实际应用中需要综合考虑其优劣势，以便更好地适应组织的发展需求。

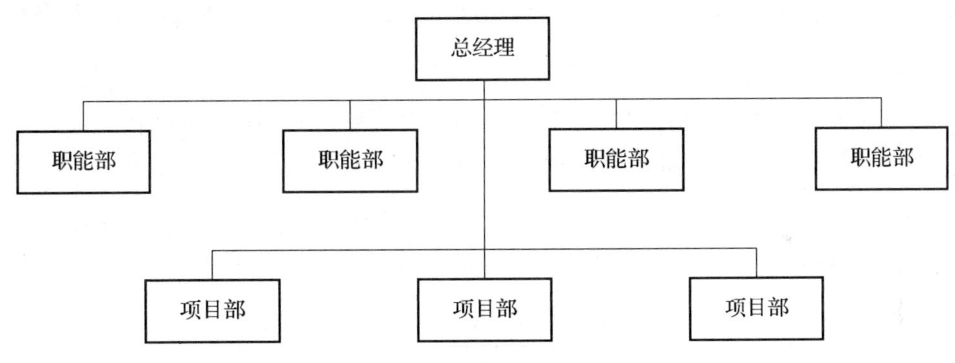

图 7-5　直线职能制组织结构

（4）事业部制组织结构。事业部制组织结构，或称 M 型组织结构，是一种基于产品、地区或顾客为核心的组织形式。在这种结构下，多个事业部在总公司的领导下独立运作，每个事业部都拥有特定的产品或市场，并在经营管理上享有高度的自主性。它们实行独立核算，构成了一种分权式的管理结构。事业部制组织结构的起源可追溯至美国的通用公司，该公司根据不同的经营事业类型、产品、地区或顾客（市场）来划分并设立多个事业部。每个事业部都是在企业宏观领导下，拥有完全的经营自主权，实行独立经营和独立核算的部门。它们不仅作为公司控制的利润中心，负责利润生成和经营管理，还是产品责任单位或市场责任单位，对产品设计、生产制造及销售活动具有统一领导的职能。事业部制组织结构特别适用于产业多元化、产品品种多样化的大型企业，其中每个产品都有其独立的市场，并且市场环境变化迅速。这种结构能够灵活应对市场变化，提高经营效率和响应速度。如图 7-6

所示，事业部制组织结构通过明确的职责和权力关系，实现了集权与分权的平衡，促进了企业的稳健发展。

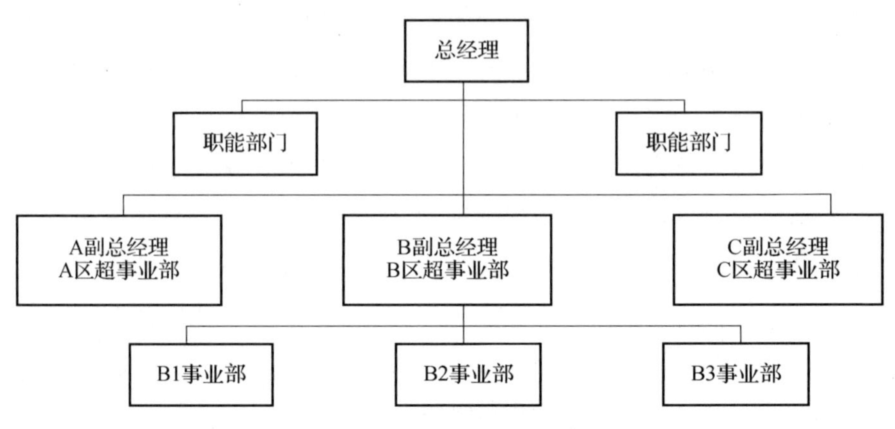

图 7-6　事业部制组织结构

（5）矩阵制组织结构。矩阵制组织结构既包含职能划分的垂直领导系统，又具有按照产品的项目划分的横向领导系统。矩阵制组织是为了能够合理改进直线职能制组织横向联系差的问题，弥补其缺乏弹性而形成的一种组织结构形式。它可以围绕某项专门任务成立跨职能部门的专门机构。例如，组成一个专门的产品项目小组从事新产品开发工作，在研究、设计、试验、制造各个不同阶段，由有关部门委派人员参加，力图保障条块结合，以协调有关部门的工作，保障任务的良好完成。矩阵制组织结构形式是固定不变的，但其工作人员却是不断变动的，需要谁就由谁来做，任务完成后再离开。项目小组与项目负责人也是临时组织和委任的，任务完成后就会解散，有关人员回原部门工作。因此，这种组织结构非常适用于横向协作和攻关项目。其组织结构如图 7-7 所示。

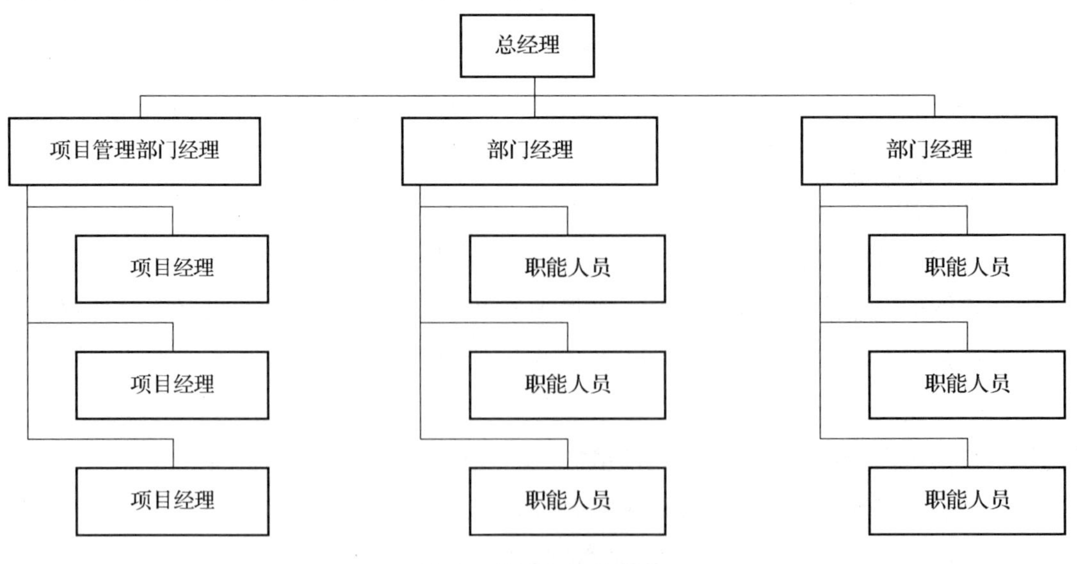

图 7-7　矩阵制组织结构

2. 创业企业组织结构设计的关键考量

在创业初期，企业的部门设置可依据职能或业务类别进行，如生产、营销、研发、财务和行政人事等部门。创业企业在设置部门时，应追求简洁明了，避免过多的管理层级，确保三个层级内即可有效运作。尤其需要注意的是，组织内的信息沟通渠道必须畅通无阻，且各部门间的协作需和谐高效。

针对创业企业的组织结构设计，有两个核心问题需要关注。

（1）营销与财务部门的构建。利润是企业生存的命脉。在创业初期，销售情况直接决定了企业的未来。因此，营销部门的组织结构设计至关重要。关于市场与销售职能的分离、定价与推广费用的决策权分配，以及基层员工在销售中的责任等，都需要深思熟虑。

许多创业企业在一年内倒闭，大多因为财务管理不善，尤其是应收账款中坏账过多和流动资金短缺。为确保企业稳健运营，创业者必须重视财务监控，避免将财务管理简化为“记账”。应由具备专业技能的人员负责，并建立相应的激励机制和评估体系。

（2）因人设职与因事设职的权衡。理论上，企业应基于实际需求设置职位，但在实际管理中，因人才难得，管理者有时会因人设职。初创企业常常面临人才短缺，创业者可能不具备全面的专业管理知识，同时难以承担高薪聘请专业人才的成本。因此，初创企业更依赖于某些关键人才。尽管如此，创业者仍需明确，因事设职是主流，因人设职仅作为例外。在关键岗位找到合适人才时，可以适度地调整组织结构以满足人才特长，但不应偏离因事设职的原则。

第三节　创业企业注册流程及相关事项

一、创业企业注册流程

为了正式运营，创业者需要完成一系列的公司注册手续，具体步骤如下。

公司名称预先核准：创业者需要向市场监督管理局提交公司名称和大致经营范围进行预先核准。这是为了确保所选名称未被他人使用，并符合相关规定。

资本金账户开立：创业者需要在银行开设一个专门的资本金账户，并支付相关开户费用，以便后续的资金注入。

验资过程：若创业者以实物或无形资产出资，需先请会计师事务所进行评估。当注册资金到位后，再由会计师事务所进行验资，并出具验资报告。此过程中，创业者需支付相应的验资费用。

营业执照的申领：前往市场监督管理局提交必要资料，如注册地址证明、股东会决议、股东和法人身份证、验资报告、公司章程、公司设立登记表及企业名称预先核准通知书，以申领营业执照。

印章刻制：在获得营业执照后，创业者需到公安局指定的地点刻制公章、财务专用章、法人章和合同章。

基本存款账户开设：持营业执照到银行开设基本存款账户，以确保企业的日常资金往来。

税务登记：创业者在成立后的 30 日内，须到当地税务部门完成税务报到。税务局将为企业核定应缴纳的税金种类、税率等。

购置账簿与财务软件：为了规范财务管理，创业者需要购买相应的账簿和财务软件，并建立企业的财务记录。

完成上述步骤后，创业企业便正式完成了注册流程，可以开始正常的经营活动。

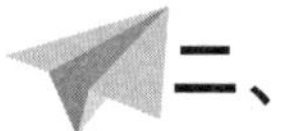

二、入资

入资是创业过程中非常重要的一步，因为资金是企业起步的根基所在，所以创业者必须清楚企业入资的整个操作流程。

股份制企业和集体企业设立登记、增加注册资本（金），应将缴付或增加的注册资本（金）存入入资专户。按照以下程序办理入资、划资手续。

（1）持《企业名称预先核准通知书》（设立时出示）或营业执照（增资时出示）到市场监督管理部门确认的入资银行（以下简称经办行）开立入资专用账户。

（2）将认缴的出资存入经办行专用账户。

（3）凭经办行出具的“交存入资金凭证”到具有法定验资资格的机构进行验资（有实物出资的，须做资产评估）。

（4）办理注册登记、领取营业执照、选择银行，开立企业的银行基本账户。

（5）到市场监督管理部门办理划资手续，领取划转入资资金通知书。

（6）到经办行办理将入资专用账户上的资金划转到企业的银行基本账户上的手续。

三、验资

对创业公司入资后就需要对资本进行检验。验资的具体程序如下：

（1）到市场监督管理部门进行公司名称核准，领取公司名称核准通知书。

（2）起草公司章程，并由各股东签字盖章确认。公司章程需明确规定各股东的投资金

额、所占股权比例及出资方式（现金或实物资产、无形资产）。

（3）凭市场监管部门的公司名称核准通知书到银行开设公司临时账户。

（4）各股东全部以现金出资的，应根据公司名称核准通知书及公司章程规定的投资比例及投资金额，分别将投资款缴存公司临时账户，缴存投资款可采用银行转账或直接缴存现金两种方式。需注意的是，股东在缴存投资款时，应在银行进账单或现金缴款单的“款项用途”栏填写“××（股东名称）投资款”。

（5）股东如以实物资产（固定资产、存货等）或无形资产（专利、专有技术）出资，则该部分实物资产或无形资产需经过具有资产评估资格的会计师事务所或资产评估公司评估，并以经评估后的评估价值作为股东的净投入额。以实物资产作价投入的，所作价投入的实物资产不得超过公司申请的注册资本额的50%；以无形资产作价投入的，所作价投入的无形资产不得超过公司申请的注册资本额的20%。

（6）与会计师事务所签订验资业务委托书，委托会计师事务所验资。向会计师事务所提供资料。

（7）协助会计师事务所到公司开户银行询证股东投资款实际到位情况。

（8）1个工作日后到会计师事务所领取验资报告，并到市场监管部门登记备案。

四、企业工商注册登记流程

1. 工商注册的前提条件

企业法人在申请开业登记时，需要遵循一定的法规和规章。这一过程中有两个核心要求：

（1）符合国家规定的开业条件。依据《中华人民共和国市场主体登记管理条例》，创业企业在申请登记时必须满足以下条件：具备固定的生产经营场所和必要设施；有稳定的人员构成；拥有必要的资金储备；明确的生产经营范围，并且符合国家相关政策法规。

（2）准备完整的法律文件。包括由企业筹建人签署的申请书、关于主要经营场所的文件、企业的章程或合伙企业的合伙协议，以及法律、行政法规和国务院市场监督管理部门规定的其他必需材料。

2. 工商注册的基本步骤

（1）领取并填写工商注册登记表：提交相关文件资料，完成入资、验资手续。经过登记主管机关的受理、审查和核准后，领取工商营业执照。营业执照分为正副本，正本用于企业亮证经营，副本则方便携带外出进行经营活动。若创业者需要进行基本建设，还需向工商管理部门申请筹建登记，并领取相应的筹建许可证。

（2）进行企业代码登记与刻章开户：新办企业申请企业代码时，须携带企业法人执照、法人身份证复印件及公司公章，到质量监督管理局办理。3 个工作日后，领取企业代码正副本。之后，企业应在取得营业执照后，前往公安局指定地点刻制公章。此外，企业还应在领取营业执照或许可证照后的 30 日内，到市场监督管理部门办理组织机构代码证。

（3）税务登记与发票领取：创业者须到税务机关领取并填写《申请税务登记报告书》，并在领取营业执照后的 30 日内完成税务登记证的办理和各种发票的领取。

办理社会保险与就业证：企业须办理各种社会保险统筹及就业证等相关手续。

五、税务登记流程

新成立的企业在完成注册后，必须向所在国家的主管税务机关提交税务登记申请。以下是税务登记的具体步骤。

（1）持有市场监督管理部门颁发的营业执照，前往国家技术监督部门办理组织机构代码证（对于个体工商户，此步骤可省略）。

（2）在领取营业执照后的 30 日内，主动向税务机关提交书面税务登记申请，即填写《申请税务登记报告书》。

（3）根据《中华人民共和国税收征收管理法实施细则》的规定，提交所需的证件和资料。

（4）准确填写《税务登记表》。

（5）税务机关审核通过后，将颁发税务登记证。纳税人需凭此证办理以下税务相关事务：申请减税、免税或退税；申请外出经营税收管理证明；领购发票，以及其他税务机关规定的相关税务事项。

若企业的税务登记内容发生变动，还需进行相应的变更登记手续。

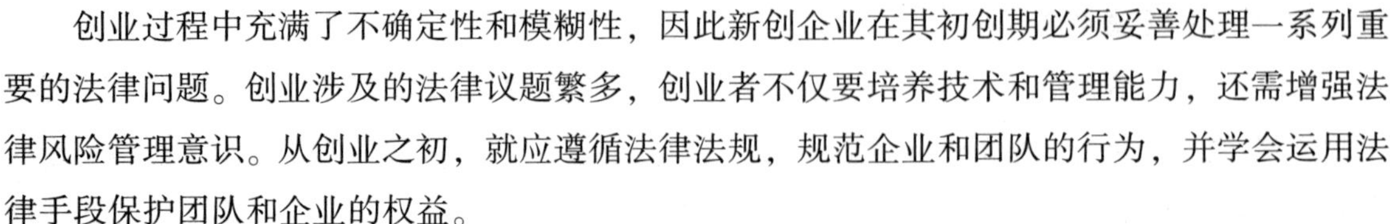

第四节　新创企业的法律问题

创业过程中充满了不确定性和模糊性，因此新创企业在其初创期必须妥善处理一系列重要的法律问题。创业涉及的法律议题繁多，创业者不仅要培养技术和管理能力，还需增强法律风险管理意识。从创业之初，就应遵循法律法规，规范企业和团队的行为，并学会运用法律手段保护团队和企业的权益。

在企业创立阶段，创业者需面对的法律问题包括确定企业形式、设立税收记录、处理租赁和融资事务、起草合同，以及申请专利、商标或版权保护等。随着企业的成立和运营，还

将面临与经营相关的法律问题，如劳动法规影响员工雇佣、薪酬和工作评估，安全法规影响产品设计、工作场所安全、环境污染控制等。

尽管部分法律可能仅在企业达到一定规模时才适用，但新创企业通常追求发展，这意味着创业者迟早会面临这些法律问题。与创业相关的法律包括知识产权、竞争、质量和劳动等方面的法规，如《中华人民共和国专利法》《中华人民共和国商标法》《中华人民共和国著作权法》和《中华人民共和国反不正当竞争法》等。知识产权作为企业通过智力活动创造的成果所享有的权利，已成为创业企业（特别是技术型企业）中极具价值的资产。因此，为了有效保护自己的知识产权并避免侵犯他人权益，创业者了解知识产权内容和相关法律至关重要。

1. 专利与相关法规

专利是指由政府机构或者代表若干国家的区域性组织根据申请而颁发的文件，用来记述一项发明，并且创造一种法律状况，在这种状况下专利发明通常只有经过专利权所有人的许可才可以被利用。专利制度主要解决发明创造的权利归属与发明创造的利用问题。专利法可以有效地保护专利拥有者的合法权益。创业者对其个人或企业的发明创造应及时申请专利，以寻求法律保护，使自己的利益不受侵犯，或者在受到侵犯时，依据法律提出诉讼，要求侵害方予以赔偿。

2. 商标与相关法规

商标是指在商品或者服务项目上所使用的，由文字、图形、字母、数字、三维标志和颜色，以及上述要素的组合构成的显著标志，用于识别不同经营者所生产、制造、加工、拣选、经销的商品或者提供的服务。商标是企业的一种无形资产，具有很高的价值。这种价值体现在独特性和所产生的经济利益上。保护和提高商标的价值可以为企业带来巨大的收益。商标包括注册商标和未注册商标，目前，我国只对人用药品和烟草制品实行强制注册，通常所讲的商标均指注册商标。注册商标包括商品商标、服务商标、集体商标和证明商标。注册商标的有效期为 10 年，可以申请续展，每次续展注册的有效期也为 10 年。商标注册申请人必须是依法成立的企业、事业单位、社会团体、个体工商户、个人合伙，以及符合《中华人民共和国商标法》第九条规定的外国人或者外国企业。

3. 著作权与著作权法

著作权，也称版权，指的是创作者对其文学、艺术和科学作品所拥有的法定权利。这些权利涵盖发表、署名、修改、保护作品完整性、复制、发行、出租、展览、表演、放映、广播、信息网络传播、摄制、改编、翻译、汇编等一系列权益，以及其他依法应由著作权人享有的权利。对著作权的保护实质上是对创作者原始智力劳动成果的尊重和维护。著作权的保护期限通常为作者有生之年及其去世后 50 年。

在我国，著作权保护实行的是作品自动保护原则和自愿登记原则。这意味着一旦作品创作完成，作者便自动拥有相应的版权，不论是否进行登记，其作品均受法律保护。自愿进行作品登记的主要作用是提供法律证据。对于软件作品，国家版权局已指定中国版权保护中心为专门的登记机构，而其他类型的作品则可在其所在省级版权局进行登记。

复习与思考

一、选择题（多选）

1. 根据我国的相关法律规定，创业者开办企业的形式有（　　）。

A. 有限责任公司　　B. 合伙企业

C. 个人独资企业　　D. 个体工商户

E. 股份有限公司

2. 在企业创立阶段，创业者需面对的法律问题包括（　　）。

A. 企业形式　　B. 设立税收记录

C. 处理租赁和融资事务　　D. 起草合同

E. 申请专利、商标或版权保护

二、填空题

1. 创业企业注册的流程包括公司名称预先核准、________、验资过程、________、印章刻制、________、税务登记、购置账簿与财务软件。

2. 根据我国公司法和外商投资法的规定，企业在申请登记时，其组织形式主要为________或________。

三、案例解析

通过本章中该科技有限公司的案例，请阐述新创企业组织形式的选择依据是什么？

第八章

勤奋踏实，精益求精
——创业机会的识别、评价与选择

学习目标

（1）了解创业机会的价值。

（2）熟悉创业机会的主要来源和识别方法。

（3）了解创业机会评价的准则和方法。

（4）了解创业项目的类型和选择方法。

思政目标

培养学生勤奋踏实、精益求精的工匠精神。

案例导入

在海岛卖鞋

一家制鞋公司决定调查一个岛国的鞋类产品市场情况，先后派了3名推销员前往该岛国。第一个推销员认为该国没有市场，因为当地人习惯赤脚；第二个推销员看到了巨大的市场潜力，认为可以开始卖鞋；第三个推销员则发现当地人需要鞋，但他们生产的窄鞋不适合，需要生产宽一些的鞋，同时，当地部落首领要求他们进献礼物才能获准经营，需要投入1.5万美元。这位推销员建议公司投入并最终成功开拓了这个岛国市场。

第一节　创业机会的识别

一、创业的核心是创业机会

1. 创业机会的定义

创业机会是一个可行的市场创意，能够提供产品或服务，为消费者带来实际利益并产生利润。只有市场需求的产品和服务才能成为创业机会，而没有利润的产品或服务则不是。创业机会是一系列有利于创建新产品、服务或企业的环境因素的组合。例如，豆浆机的成功创业就满足了家庭快速制作豆浆的需求。

2. 创意到创业的过程

创意是创业的起点，但并非每个创意都能转化为成功的创业项目。大多数创意在最初阶段就夭折了。要将创意转化为成功的商业模式，需要进行创意管理，降低过程成本，提高效率。创业机会是适于创业的商业机会，具有可持续性、市场成长性和创业者可利用性等特点。成功创业需要对机会的发现、构建和把握。

3. 商业创意的产生

商业创意的产生主要有以下几种方式。

分析事件：分析特定事件后，可能会发现新的市场需求或应对策略，如美国炼钢厂从购

买小型锅炉中获得意外的利润。

分析矛盾：通过发现市场上的服务空白或未满足的需求，可以找到潜在的商业机会，如金融机构对普通投资者的忽视。

分析作业程序：通过分析行业或企业的作业流程，可以发现改进的机会，如软件开发和信息服务在生产流程中的机会。

分析产业与市场结构变迁：随着市场和产业结构的变迁，会带来新的商业机会，如能源、电信、交通等产业的变革。

分析人口统计资料的变化趋势：人口结构和特征的变化可以提供商业机会，如老龄化、教育信息化等趋势。

分析价值观念和认识的变化：随着人们对健康、环保等问题的关注加深，相关产品和服务的需求也会增加。

新知识的产生：新知识的出现和应用可能会带来新的商业机会，如生物与医疗服务领域的新知识。

外地市场复制：通过观察和复制其他地区的成功商业模式，也可以获得商业创意。

二、创业机会的六个来源

创业机会可以从多个方面进行识别，以下是六个值得关注的方面。

1. 问题

关注顾客需求，寻找未解决的问题或生活中的难处。例如，发现交通不便、没有时间照顾小孩等问题的存在，从而创造出行客运公司、家庭托儿所等创业机会。

2. 变化

市场环境的变化和市场需求的变化常常带来创业机会。例如，产业结构变动、消费结构升级、城市化加速、人口结构变化等，都可能创造出新的市场机会。

3. 创造发明

新产品的发明或新服务的推出，可以满足顾客需求，从而带来创业机会。例如，电脑的发明带来了维修、软件开发、培训等创业机会。

4. 新知识、新技术的产生

新知识、新技术的出现往往带来市场机会。例如，基因图谱的破译和健康知识的普及都带来了相关领域的创业机会。

5. 竞争对手的缺陷

在传统行业中也有机会，关键在于如何发现并弥补竞争对手的缺陷和不足。如果能够做到更快、更可靠、更便宜地提供产品或服务，也可以成为创业机会。

6. 顾客的差异

每个人的需求都有差异，关注特定人群的需求特点，寻找突破口。例如，分类研究各类人群的需求特点，发现市场机会。

综上所述，创业机会无处不在，关键在于如何敏锐地识别并把握住它们。通过关注问题、变化、发明、新知识、竞争对手的缺陷和顾客的差异等方面，可以发现并利用这些机会，实现创业成功。

【案例分析 8-1】

另类的录像带出租商店

吉姆·麦凯布和妻子简，在结束心理学家的职业生涯后，决定开创自己的事业。由于两人对电影的热爱，他们选择开一家录像带出租商店，并专注于提供其他商店所没有的电影录像带。

在弗吉尼亚州开设的“录像天地”除了有常见的好莱坞电影外，还拥有许多稀奇古怪的电影，他们甚至打出了“保证供应城内最早的电影”的招牌。他们租借那些通常不会被放映的电影，吸引了大量顾客。

麦凯布夫妇通过免费电话向全美出租电影录像带，他们的营业额高达 50.9 万美元。吉姆·麦凯布说：“我们找到了一块尚未被完全开发的商业领域，并在这个竞争激烈的市场中取得了成功。我们的经验是，小经营者必须使自己与众不同。”

三、创业机会识别的过程

1. 创业机会识别的影响因素

（1）先前经验。创业机会的识别受到先前经验的影响。在特定产业中，如果个体在该产业内有工作经验，他们更有可能识别出未被满足的市场需求，这是因为他们熟悉行业内部的运作模式和潜在问题。创业经验也至关重要。拥有创业经验的创业者更容易发现新的机会，因为他们在创业过程中积累了足够的洞察力和判断力。

此外，创业者在创业前担任的管理职位和行业经验相关性也影响机会的识别。拥有更多管理职位经验的创业者对行业和市场有更深入的了解，往往能获得更好的企业绩效。相对于创新性较弱的机会而言，创新性较强的机会，更多地被经验多的创业者所识别和开发。因

此，在寻找和识别创业机会时，先前经验、创业经验和行业知识是重要的因素。

（2）认知因素在机会识别中起到重要作用。创业者通常认为自己拥有一种特殊的“第六感”，使他们能够看到别人错过的机会。这种警觉性被视为一种习得性的技能，与个体在某个领域的专业知识密切相关。拥有更多领域知识的人对该领域内的机会更加敏感。例如，计算机工程师相对于律师更容易察觉到信息产业的机会和需求。

此外，警觉性不仅是观察周边事物的能力，还包括个体头脑中的意识行为。研究发现，创业者与其他人之间最大的区别在于他们对市场的相对评价。创业者通常更擅长估计市场规模并推断可能的含义，这是他们识别机会的关键能力。

因此，认知因素是一个重要的影响因素，它涉及个体的思维方式、专业知识及对市场的敏感度。通过认知心理学的理论，我们可以更好地理解创业者的思维方式，从而更好地研究和指导创业行为。

（3）社会关系网络对机会识别有着重要影响。一个人的社交网络越广泛，越容易接触到各种信息和创意，从而发现潜在的商业机会。那些建立了大量社会与专家联系网络的人，比拥有较少网络的人更容易获得更多的机会和创意。

社会关系网络可以根据关系的亲疏远近划分为强关系和弱关系。强关系通常形成于亲戚、朋友之间，而弱关系则存在于同事、同学或一般朋友之间。研究显示，创业者通过弱关系比通过强关系更可能获得新的商业创意。这是因为强关系中的个人往往具有相似的意识，倾向于强化个人已有的见识和观念。而在弱关系中，个人之间的意识存在较大差异，某个人提出的创意可能会激发其他人的灵感和创意。

因此，建立和维护一个广泛的社会关系网络，尤其是弱关系网络，对于创业者来说是非常重要的。通过与不同背景和专业的人交流，创业者可以获得更多的信息和创意，从而更好地识别和抓住商业机会。

（4）创造性是机会识别的关键因素之一。创造性思维能够产生新奇和有用的创意，从而发现和抓住商业机会。创造性思维是一个反复实践的过程，它需要不断尝试和探索。在产品和服务研发过程中，创造性思维发挥着重要作用，能够为企业带来独特的竞争优势。前瞻性思维的创业者通常具备高效的创造性思维习惯，他们能够发现别人忽略的机会，并通过创新的方式解决问题。这些创业者不仅注重自身的创造性思维培养，还将其融入企业文化中，鼓励员工发挥创造力，不断探索新的商业机会。因此，创造性思维对于创业成功至关重要。通过培养创造性思维习惯，创业者可以更好地识别和抓住商业机会，创造独特的竞争优势，从而实现企业的可持续发展。

2. 创业机会识别的总体框架和阶段

（1）创业机会识别的总框架。创业机会识别过程如图 8-1 所示。

机会识别是创业者与外部环境机会来源互动的过程，创业者利用各种渠道、各种方式获取并掌握有关细节，从而发现在产品服务供给、原材料供应、组织方式等方面存在的差距或缺陷，找出改进的可能性，最终识别出可能带来的新产品、新服务、新原料和新组织方式的创业机会。

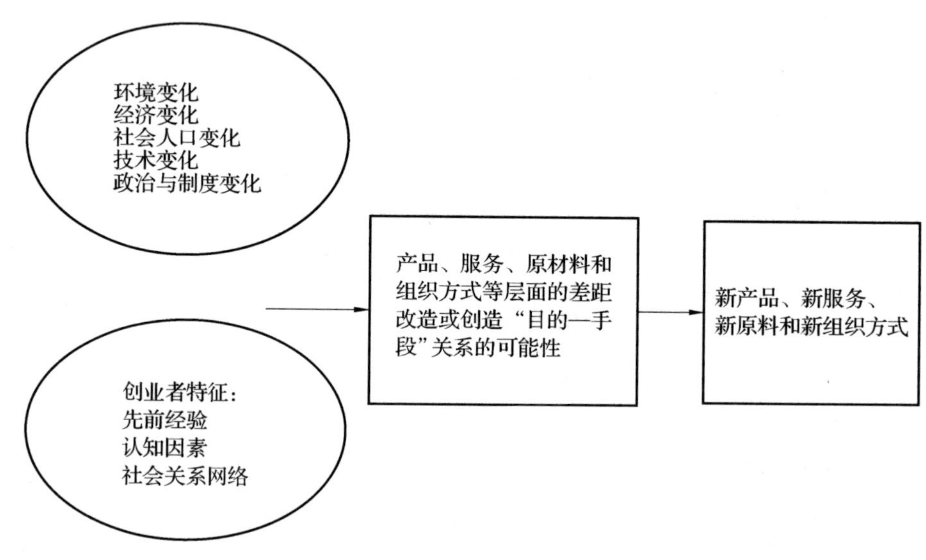

图 8-1　创业机会识别过程

（2）创业机会识别的阶段主要有 5 个。

准备阶段：创业者通过个人经验和知识来识别机会。研究发现，大部分初创企业的创意都来自个人的先前经验。

孵化阶段：创业者对创意或问题进行深入思考。这可能是一个有意识或无意识的过程。

洞察阶段：创业者意识到机会的时刻。个人经验有时会推动这个过程，有时则促使创业者回到准备阶段。例如，创业者可能意识到机会的潜力，但在追求机会之前需要进行更多思考。

评价阶段：创业者仔细审查创意并分析其可行性。许多创业者往往会跳过这个阶段，直接去实现创意，但这个阶段特别具有挑战性，因为需要客观地评估创意的可行性。

表述阶段：创意变为最终形式的过程，形成能够实现价值的商业模式。

3. 创业机会识别的方法

常用的创业机会识别方法包括以下几个方面。

市场调研：通过阅读、搜索、查找报刊等方式获取信息，培养直觉和眼力，学习看待问

题的新方法。

系统分析：从宏观和微观环境的变化中识别机会，这是发现机会的一般规律。

问题分析：找出个人或组织的需求和问题，提出有效的解决方法，这是识别机会的基础。

顾客建议：关注顾客的诉求和建议，通过他们的诉求诉诸潜在供应商。

创造需求：在明确市场需求的基础上探索新技术，或从新技术发明中探索商业价值。这种方法难度大、风险高，但回报也更大。

这些方法中，有些来自启发或经验，操作难度低；另一些则需要市场研究专家等外部力量的支持，操作较复杂。通过这些方法，创业者可以更有效地识别和抓住商业机会。

第二节　创业机会的评价

所有的创业行为都来自绝佳的创业机会，但是如何才能判断自己的创业机会是否具有发展前景呢？我们知道，创业本身是一种高风险行为，事实上新创企业获得成功的概率非常低，几乎九成以上的创业梦想最后都落空。如果创业者能够提前以比较客观的方式进行评估，创业成功的概率就能大幅提高。

一、影响机会评价的因素

1. 机会评价总是受到人的价值观的制约

机会评价总是受到人的价值观的制约，因此，参与机会评价的人如能具备以下条件，评估结论将更为准确：

（1）拥有创办新企业的经历。

（2）国外专家研究表明，具备 5 年以上的企业运营经验才能识别出各种商业行为，并获得创造性的预见能力和捕捉商机的能力。

（3）具有管理经验，尤其是担任过决策层的经验。

创业机会的开发和识别至少要求创业者与其他人的价值判断不同。如果资源所有者和创业者对资源生产力的判断一致，那么资源所有者就可以通过提高资源的定价来分享利润，从而使创业者的利润趋于零；如果其他创业者也有同样的创业判断，就会产生竞争，直到利润消失。

2. 商业机会的开发和识别与时间有关

某些时候看起来似乎不可能成功的商业机会，到下一时段，就可能出现完全不同的结果。通常人们所说的“时机”这两个字代表市场机会的价值与时间的密切关系，而且时间的机会窗口也不是永远打开的，很多时候需要我们判断一个机会窗口是否有足够的获利回收的时间长度。美国风险投资行业的一项调查研究发现，当机会窗口的时间短于 3 年，新创企业的失败率高达 80% 以上；如果机会窗口的时间超过 7 年，则几乎所有新创企业都能获得丰厚的回报。

3. 配套的资源和专业能力是影响市场机会评估的因素

好的机会必须在适当的环境和良好的执行下，才能验证其获利能力。

二、创业机会的评估准则

如何评估创业机会？针对创业机会的市场与效益，刘长勇教授提出了一套评估准则，可以作为创业者评估创业机会及项目投入的决策参考。

1. 市场评估准则

市场定位：好的创业机会需具有明确的市场定位，以满足并增值顾客需求。评估时需考虑市场定位是否明确、顾客需求分析是否清晰、顾客的接触途径是否顺畅、产品是否不断推陈出新。以判断其市场价值。顾客价值越高，创业成功机会就越大。

市场结构：评估进入障碍、供销商和经销商的谈判力量、替代品的威胁及市场竞争程度，以了解新企业在市场中的地位及可能遭遇的竞争反击。

市场规模：市场规模的大小和成长速度对企业的成功至关重要。大市场规模且不成长的市场可能利润空间小，不值得投入；而成长中的市场则可能充满商机。

市场渗透力：对于有巨大市场潜力的机会，市场渗透力是评估的关键指标。明智的企业家会选择最佳时机进入市场。

市场占有率：预期的市场占有率显示新企业未来的市场竞争力。成为市场领导者需要至少 20% 的市场占有率，尤其在赢家通吃的高科技产业中，需要成为市场前几名才具有投资价值。

产品成本结构：反映新企业前景的指标，如物料和人工成本比重、变动与固定成本比重、经济规模和产量等，判断企业创造附加价值和未来获利空间的能力。

2. 效益评估准则

税后净利：吸引力强的创业机会应能创造 15% 以上的税后净利，低于 5% 可能不是好投

资机会。

损益平衡时间：通常两年内应达到损益平衡，3 年达不到则可能不是好机会，但长期耕耘的前期投入可视为投资。

投资回报率：合理的投资回报率应在 25% 以上，15% 以下的机会不值得考虑。

资本需求：知识密集型项目资本需求低，投资回报率高。募集过多资金可能稀释回报率。

毛利率：高毛利率风险较低，容易达到损益平衡；低毛利率风险高，决策失误或市场变化容易造成损失。理想的毛利率是 40%，低于 20% 的机会不值得考虑。

策略性价值：新企业在市场上能否创造策略性价值，与产业网络规模、利益机制、竞争程度等密切相关。

资本市场活力：活跃的资本市场有助于新企业创造增值效果，提高获利回收机会。

退出机制与策略：所有投资的目的在于获利，因此退出机制与策略是评估创业机会的重要指标。企业的价值由交易市场决定，退出机制的完善程度影响新企业退出弹性。具有吸引力的创业机会应考虑所有投资者的退出机制和策略规划。

三、创业机会评价的定量方法

约翰 · 伯奇提出了四种评价方法。

1. 标准打分矩阵

通过选择对创业机会成功有重要影响的因素，并由专家小组对每一个因素进行极好（3 分）、好（2 分）、一般（1 分）三个等级的打分，最后求出每个因素的加权平均分，从而对不同的创业机会进行比较。如表 8-1 所示，列出了 10 项主要的评价标准，在实际使用时可以根据具体情况进行选择。

表 8-1　标准打分矩阵

标准	专家评分			
	极好（3 分）	好（2 分）	一般（1 分）	加权平均分
易操作性				
质量和易维护性				
市场接受度				
增加资本的能力				
投资回报				

专利权状况				
市场的大小				
制造的简单性				
广告潜力				
成长的潜力				

2. Westinghouse 法

Westinghouse 法实际上就是计算和比较各个机会的优先级，公式为：

技术成功率×商业成功率×平均年销售数×（价格-成本）×投资生命周期/总成本=机会优先级

在该公式中：技术成功率和商业成功率介于 0 至 100%；平均年销售数按销售的产品数量计算；成本按单位产品成本计算；投资生命周期是指可以预期的年均销售数保持不变的年限；总成本是指预期的所有投入，包括研究设计制造和营销费用。对于不同的创业机会，将具体数值代入以上公式进行计算，得到的数值越高，说明该机会越有可能成功。例如，假设一个创业机会的技术成功率为 80%，商业成功率为 60%，在 9 年的投资生命周期中，年均销售数量预计为 20 000 个，净销售价格为 120 元，每个产品的全部成本为 87 元，研发费用为 500 000 元，设计费用为 140 000 元，制造费用为 230 000 元，营销费用为 50 000 元，把这些数值代入公式之中，可以计算得出机会优先级约等于 6。

$$0.8\times0.6\times20\,000\times(120-87)\times9/(50\,000+140\,000+230\,000+50\,000)\approx6$$

3. Hanan Potentionmeter 法

它是指设计一份选项式问卷，针对不同因素的不同情况预先设定权值，由创业者填写，进而快捷地得到特定创业机会的成功潜力指标，如表 8-2 所示。对于每个因素来说，不同选项的得分区间为［-2，2］，通过对所有因素的得分加总得到总分，总分越高，说明特定创业机会成功的潜力越大。只有那些得分高于 15 分的创业机会才值得创业者进行下一步的策划，低于 15 分的创业机会都应被淘汰。

表 8-2　Hanan Potentionmeter 法的评分规则

因素	得分
对税前投资回报率的贡献	
预期的年销售额	
生命周期中预期的成长阶段	
从创业到销售额高速增长的预期时间	

投资回收期	
成为领先者的潜力	
商业周期的影响	
为产品制定高价的潜力	
进入市场的容易程度	
市场试验的时间范围	
对销售人员的要求	

4. Baty 选择因素法

在 Baty 选择因素法中，通过 11 个选择因素的设定来判断创业机会。如果某个创业机会只符合其中的 6 个或者更少的因素，则这个创业机会就很可能不可取；相反，如果某个创业机会符合其中的 7 个或 7 个以上的因素，那么这个创业机会将有很大的希望。Baty 选择因素法的主要内容如下：

（1）这个创业机会在现阶段是否只有你一个人发现了？

（2）初始的产品生产成本是否可以承受？

（3）初始的市场开发成本是否可以承受？

（4）产品是否具有高利润回报的潜力？

（5）是否可以预期产品投放市场和达到盈亏平衡点的时间？

（6）潜在的市场是否巨大？

（7）你的产品是否为一个高速成长的产品家族中的第 1 个成员？

（8）你是否拥有一些现成的初始用户？

（9）是否可以预期产品的开发成本和开发周期？

（10）是否处于一个成长中的行业？

（11）金融界能否理解你的产品和顾客对它的需求？

第三节　创业项目的选择

一、创业项目的类型

拥有合适的创业项目是创业成功的基础，每一位创业者都要对创业项目的选择秉持极其谨慎的态度，要根据自身技能、技术、经验、资金实力等实际情况对各类项目加以甄选。不同的项目面对不同的客户群体，需要不同的创业资源和不同的技能与经验，因此，项目分类对于自主创业具有更为现实的参考意义。在这里初步归纳出以下三种创业项目的类型。

1. 资源类项目

资源类项目要求创业者拥有大多数人不具备的资源，这些资源可以是自然资源（如石油），也可以是人脉资源。一般来说，作为自主创业项目，拥有垄断性自然资源的可能性非常小，拥有人脉资源的可能性比较大，但必须注意这种资源的持久性，以及变化可能带来的巨大风险。

2. 制造类项目

适合自主创业的制造类项目大致可以分为三类：

（1）配套制造。此类制造属于某个整机制造项目的一部分，无须考虑全局，也无须拥有创新技术，只需要把负责加工的零部件做到性价比最高。由于环节简单，此类项目不需要复杂的管理流程，但需要一个良好的外部整体产业环境。从事此类生产经营活动的我国企业常见于江浙地区。

（2）技术制造。此类制造属于拥有自主创新的技术，或者拥有某种技术优势，能够制造出大多数人无法制造的产品或服务。在我国的北京、深圳、上海、南京等城市科技优势明显，此类技术制造企业较为多见。

（3）改良制造。此类制造需要创业者善于捕捉现有产品的不足，并能够通过自己的努力改良原有产品。此类制造需要创业者具备能够降低成本或提高利润的能力。

需要注意的是，制造类项目由于需要专业生产工具，投入一定的固定资产，因此，一旦进入该领域，则受整个产业环境和产业技术进步的影响比较大，业务调整的灵活度比较小。

3. 技术创新类项目

技术创新类项目涉及范围相当广泛。按国家有关标准划分，主要有四大类：

（1）技术开发类项目。如果选该类项目，就要突出关键技术或者系统集成的创新性。此类项目对行业技术进步和产业结构有优化升级的作用。对于自主创业者来说，可以选择的项目较多。

（2）社会公益类项目。如果选该类项目，就要突出关键技术，有推广的应用价值、社会效益以及对科技发展和社会进步的推动意义。例如，标准计量、科技信息、科技档案等科学技术基础性项目，环境保护、医疗卫生、自然资源调查和合理利用、自然灾害监测预报和防治等社会公益性项目，这些对于自主创业者来说也有一定的选择空间。

（3）国家安全类项目。国防和军队建设，以及相关活动中产生的项目，对推进国防现代化建设、增强国防实力和保障国家安全具有重要意义。

（4）重大工程类项目。如果选择该类项目，就要突出团结协作、联合攻克关键核心技术难关或者系统集成的创新特征，具备良好的经济效益或者社会效益，以及对推动本领域科技发展，对经济社会发展和国家安全有战略意义的项目。具体来说，此类项目是指列入国民经济和社会发展计划的重大综合性基本建设工程、科学技术工程和国防工程等，其中综合性是指需要跨学科跨专业进行协作研究、联合开发并对经济社会发展具有战略意义，对国家科技实力、国防实力的整体提高产生重要影响。在项目选择的过程中，除一般性的服务行业外，项目最好接近或考虑到行业与技术及其配套服务的发展趋势。

二、创业项目的选择方式

1. 从熟悉的领域中选择项目

作为一名创业者，你可能是白手起家，但应该有在其他企业工作的经验，可以通过分析原来公司运作的情况发现新的业务机会。对于熟悉的领域，你总能够发现一些待开发的项目。

2. 通过重新确认生意所属的范围来选择项目

在划分生产经营的门类属性时，有时你会发现并没有确认经营中全部的潜在范围（例如，肥皂应归属清洗生意、卡车应归属运输生意），在对生产经营进行清楚而全面定义后，可能会发现额外的商机。

3. 利用市场的转换选择项目

当客户群体从一类产品转移到另一类产品上时，可能会带来新的市场机会，也就是说，市场转换将创造对新产品和新服务的需求。

4. 借助产业增长趋势选择项目

当越来越多的人对某产业或活动感兴趣时，就会出现增长趋势。创业者可以利用这种增长趋势提供产品或服务。

5. 利用市场间隙来选择项目

当消费者所需要的产品或服务无法获得，或需求大于目前的供应时，就会导致市场间隙或不足，这对那些提供产品或服务的进入者而言就意味着存在生意机会。

6. 利用社会事件或形势选择项目

消费产品或服务，可以配合某一事件进行，这些事件包括社会事件、经济形势变化、产业发展动态、新法规的颁布等。

7. 利用被遗弃的市场选择项目

利用被遗弃的市场意味着进入被其他公司舍弃的领域。

8. 瞄准大市场下的小市场选择项目

市场如此之大，以至于其中一小块市场就能够使人获利。

【案例分析 8-2】

快餐业的市场非常大，而且在不断增长。一位创业者在小城镇开了一家以鱼为主要食材的小餐馆。虽然快餐连锁巨头们在此区域也设有连锁店，但是他的餐馆依然非常成功。

一个小饮料厂瞄准服务于一小部分特定人群，经营获得成功，并且没有对饮料业巨头们构成威胁。

一些软件公司通过提供定制软件，服务于特定市场，实现了盈利。

9. 扩大市场区域选择项目

当区域性的生意获得成功时，或许会存在扩大市场区域的机会，进而在其他地方也取得成功。

10. 模仿成功产品

有时候找出一个成功的产品或服务来进行模仿也是可行的。

举例 1：

某个制衣厂模仿时尚品牌的衣服并以较低的价格供应市场。

有些公司制造流行的拼图游戏的模仿品。

一个甜品店全面模仿国外一家非常成功的甜品店。

11. 寻找很好但却失败了的产品

一个好的产品或服务有时会因为诸如不恰当的市场策略、低效的生产方法、时机不成熟或其他原因而导致失败。在这种情况下，确认失败的原因，然后将其消除，这样仍然具备成功的机会。

举例 2：

一种足部按摩器的市场开拓失败。一位具有市场知识和经验的女性接手了该产品，通过不同的市场策略使其获得了成功。

一家餐馆因为管理不善而失败，在新的管理制度下，第二次尝试获得了成功。

12. 发明新的产品或服务

发明新产品或服务可以创造非常好的创业机会。

举例 3：

一位创业者认识到医院工作人员将病人从病床上扶起来的工作量很大，就发明了医院机械床。

有人发现壁橱里的东西容易摆放混乱，就发明了壁橱管理器。现在这种壁橱管理器在大多数房屋用品商店都有销售。

13. 改进现有产品或服务

一般情况下，现有的产品或服务可以通过以下方法进行改进：

（1）提高质量。

（2）降低生产成本。

（3）降低价格。

（4）提高耐用性。

（5）提高功效。

（6）将其做得更大或更小。

（7）使其更容易使用。

（8）使其具有更多的功能。

（9）更新生产过程、原材料或生产技术。

依照上述方法进行的改进将提升产品或服务的价值，这不同于向产品或服务中添加价值。当你只是改进一个产品时，使用的虽然是原来的创意，但这种改进却创造出新的东西；当你向产品或服务中添加价值时，新产品只是对原产品进行添加或改变。

举例 4：

某公司对胶片处理机的出口进行改进，使胶片处理速度比其他公司快许多，从而改进了服务。

一位业务员为计算机软件程序另外写了说明书，他的说明书比随软件附带的原厂说明书更易于使用和理解。

14. 装配产品

产品包装市场为创业人群提供了许多新的商业机会。例如，过去人们想装配一种需要购买板子和两种尺寸的螺丝钉。虽然每种螺丝钉只需要 6 个，但必须各购买一个整体包装（如 24 个或更多）的螺丝钉，同时，还要购买一些固定件。现在，许多厂家或商店在销售此类商品时会考虑到这些因素，使一个整体包装中的配件正好可以装配一个架子。因为方便，人们非常愿意购买这类整体包装，然后将它们组合在一起形成最终产品。

举例 5：

现在几乎所有领域都在销售组件，如急救包、野外生存包、木屋工具箱等。

一个修理公司向购买轿车组件的消费者提供装配服务。

许多计算机经营商为用户提供安装软件和配置计算机的服务。

一个由学生组建的公司提供运动、娱乐场地设备组件，包含各种形状的管子，同时提供装配大型场地的服务。

15. 现有产品的再循环

当你考虑准备再循环使用一个产品时，意味着你将取得的是其使用价值即将耗尽的产品。你可以重建它，使它“像新的”，或者将其重新变成其他的产品。

举例 6：

一家车辆修理公司回收事故车辆的零部件，翻新后再销售。

翻新有故障或被丢弃的家用设备，然后销售。

一家公司从废旧车辆中取出发动机，改造成船用发动机。

一家公司用废旧轮胎生产用于车间或花圃的地板垫。

16. 向现成产品中添加价值

在购买现成的产品或服务的基础上，通过添加价值，创造出更有价值的最终产品，并且可以转手再销售这些增值的产品。

你可以通过下述方法添加价值：①将产品进行附加处理；②将该产品与其他产品结合；③将该产品作为其他更大的打包服务的一部分进行销售；④去除一些东西以改变产品的用途；⑤提高服务水平。

举例 7：

一个运营家庭粉刷生意的经营者通过先购买家具，上油漆后再销售的方式扩大自己的生意。

一个汽车服务中心向其顾客打电话，跟踪近期的修理工作质量，结果促销了附加的服务。

17. 替换现有产品的材料

现有产品有时可以通过改变制造材料而加以改进，这样做可以轻易改变产品的特性，使它更轻、更灵活，造价更便宜、更环保，形成具有不同特性的产品，进入目标市场。

举例 8：

一家公司用塑料代替金属制造鱼钩，使鱼钩价格更低、重量更轻、避免锈蚀。

一家塑料生产商为谷仓制造塑料内胆。这和以前使用的金属内胆相比有了较大的改进，因为这些塑料材质不会产生凹陷，也不会生锈。

18. 找寻废料的用途

只要你留意，有时可以找到废料（由个人或公司遗弃的副产品、边角料及其他来源的废料）的用途。这些废料经常可以免费获得或者购买价格极低。它们经过处理，可以生产出有用的物品。

举例 9：

一家美国公司从其他公司那里购买老式计算机，回收其中的贵金属和合金，再循环用于其他产品制造。

一位生意人购买废旧家具，将木头加工成细条，压实处理后作为装饰墙板销售。

一家发电厂利用产生的余热供应邻近的温室，在冬天种植蔬菜，供应当地市场。

19. 生意或产品组合

一般情况下，我们可以将两种或多种生意或产品组合在一起，创造出新的形象。如果组合后的新生意、新产品是独特的，就是成功的。

举例 10：

一家日光浴店和美容院合并后提供更多的服务，结果两者生意都有所改善。

橘汁与其他果汁混合在一起产生一系列新饮品，销量戏剧性地迅速增长。冰茶经过调味并装瓶销售，创造出成功的新饮料产品系列。

几位商人合并了他们的服务，提供完整的家用电器维护和修理业务。

20. 打包或拆分现有产品

对现有的产品进行包装、再包装（或拆分）可能促进销售。大宗销售的商品可以进行包装后再销售，也可以混装销售。对已经包装的商品可以改换包装以变得更加吸引人、更加方便。

举例 11：

草莓通常是大家成堆购买的商品，可以分成小份，加上有吸引力的包装后再销售。

一家公司批量购买牛排和龙虾尾，将两者包装在一起，作为美食组合向食品商店供货。

一家公司购买大批量鲑鱼，分成小包装后作为飞机上的食品销售。

21. 许可证书的制造与销售

拥有专利或受保护商标的持有个人或制造商可向其他人颁发许可证，利用其设计进行生产，并以其名义进行销售。这种许可证授予的某特定区域或特定市场内的排他性权力，一般有期限限制。许可证的更新往往与经营水平挂钩。

举例 12：

在加拿大发明的用于伐木工业的大型载重车，其生产和销售许可证却被卖给了BLACK+DECKER。

一个加拿大企业家与美国一家玩具制造商取得联系，获得了在加拿大生产该玩具的权利。

第四节　创业风险的来源与分类

一、创业风险的来源

创业环境的不确定性，创业机会与新企业的复杂性，创业者、创业团队与创业投资者的

能力与实力的有限性，是创业风险的根本来源。研究表明，创业的过程往往是将某一构想或技术转化为具体的产品或服务的过程，在这一过程中，存在着几个基本的、相互联系的缺口，它们是上述不确定性、复杂性和有限性的主要来源，也就是说，创业风险在给定的宏观条件下，往往就直接来源于这些缺口。

1. 融资缺口

存在于学术支持和商业支持之间，是研究基金和投资基金之间的断层。创业者可能证明构想的可行性，但没有足够的资金将其商品化。只有少数基金愿意鼓励创业者跨越这个缺口。

2. 研究缺口

主要存在于仅凭个人兴趣所做的研究判断和基于市场潜力的商业判断之间。将预想的产品转化为商业化产品需要进行大量复杂且可能耗资巨大的研究工作，这可能导致创业风险。

3. 信息和信任缺口

存在于技术专家和管理者（投资者）之间。他们之间存在不同的信息来源和表达方式，可能导致沟通障碍和信任问题，从而增加创业风险。

4. 资源缺口

创业者不一定拥有所需的全部资源，这可能导致创业受阻或受制于人。

5. 管理缺口

创业者可能不具备出色的管理才能。利用新技术进行创业或具有新商业点子的创业者可能不擅长管理或战略规划，从而形成管理缺口。

二、创业风险的分类

1. 按风险来源的主客观性划分

主观创业风险：由于创业者的身体与心理素质等主观因素导致的创业失败的可能性。

客观创业风险：由于客观因素导致的创业失败的可能性，如市场变动、政策变化、竞争对手出现、创业资金缺乏等。

2. 按风险的内容划分

技术风险：技术方面的因素及其变化导致创业失败的可能性。

市场风险：市场情况的不确定性导致创业者或企业损失的可能性。

政治风险：战争、国际关系变化或国家政权更迭、政策改变导致创业者或企业蒙受损失的可能性。

管理风险：因企业管理不善产生的风险。

生产风险：产品或服务从小批试制到大批生产的风险。

经济风险：宏观经济环境大幅度波动或调整导致创业者或投资者蒙受损失的风险。

3. 按风险对所投入资金及创业投资的影响程度划分

安全性风险：投资及其财产可能蒙受损失的风险。

收益性风险：预期实际收益有损失的可能性，但资本和其他财产不会蒙受损失。

流动性风险：资金有可能不能按期转移或支付，造成运营停滞的风险。

第五节　风险投资

一、风险投资的特点

风险投资的特点有：高投资，高技术密集；高风险；高收益；很强的参与性；风险投资者在向高技术企业投入资金的同时，也参与企业或项目的经营管理；风险资金的再循环性。

二、风险投资的构成要素

1. 风险技术

风险技术多指在世界上尚未成熟、对社会发展具有深远影响的新技术。

（1）生物技术：对生物或生物的成分进行改造和利用的技术。

（2）航天技术：为航天活动提供技术手段和保障条件的综合性工程技术。

（3）信息技术：用于管理和处理信息所采用的各种技术。

（4）激光技术：采用激光的手段，对特定目标进行加工或者检测的技术。

（5）自动化技术：与控制论、信息论、系统工程、计算机技术、电子学、液压气压技术、自动控制等都有着十分密切关系的一门综合性技术。

（6）能源技术。

（7）新材料：新发现的正在研制的具有优异性能和特定功能的材料。

2. 风险资金

投资者协助具有专门科技知识而缺乏资金的人创业，并承担失败风险的资金，特点是甘

冒风险而追求较高的投资回报。

3. 风险投资公司

运营专门风险基金（或风险资本），把所掌管的资金有效地投入富有盈利潜力的高科技企业，并通过后者的上市或被并购而获取资本报酬的企业。这类企业为创业企业提供资金，协助寻找投资伙伴并参与管理，具有三种模式：第一种是以私营风险投资公司为主的美国模式，第二种是以大公司、大银行为主的日本模式，第三种是以国家为主体的西欧模式。

4. 风险企业

这种企业专门在风险极大的高新技术产业领域进行开发、生产和经营，以高新技术项目、产品为开发生产对象，使之快速实现商品化、产品化，并能很快投放占领市场，获得一般企业所不能获得的高额利润。

三、风险投资的功能

1. 资金的放大器

通过吸收社会上的各种资金进行运作，获得较高的收益，有利于提高全社会资源的利用效率，优化资源配置。风险投资的目的是取得最大的资本增值，而不是保本付息，表现出比其他投资工具（如政府债券、股票等）更高的回报率。只有最具成长性的项目才可能吸引风险资本。

2. 风险的调节器

（1）由于投资项目多元化，风险企业的风险最终由个人来承担。

（2）风险投资通过投资组合降低风险。

（3）由于出资人、风险投资机构和项目之间建立了规范的委托—代理关系，可以最大限度地降低风险。

3. 企业的孵化器

风险投资公司参与创业，协助经营，为企业营造良好的创业环境。风险投资的过程通常如下。

（1）播种期：投入相当的资金（种子资本）进行发展研究，取得的成果可视为“样品”，并形成完整的工业生产方案。通常情况下，此阶段的资金由创业者自己负担。

（2）创新期：投入创业资本，形成生产能力，进入产品试销阶段。由于不能在银行贷款，资金需求量较大，存在技术风险、管理风险，创业者通常寻求风险投资机构进行投资。一般来说，创业期短至 6 个月，长至四五年。

（3）扩展期：投入成长资本，进行创新活动，实现科技成果的转化。这一阶段的工作重点是占领市场，提高产品质量，降低生产成本，研发新产品。创业者可以从银行获得贷款，或者从风险投资公司寻求投资。

（4）成熟期：投入扩展资本。这一阶段市场已打开，企业逐步走向成熟，经营风险降低，银行愿意贷款，风险投资进入退出阶段。

与此相适应，风险投资公司的投入也有四个阶段：播种期后期的小投入、创新期的中投入、扩展期的大投入和成熟期的部分投入。

四、风险投资应遵循的原则

1. 择优原则

考察项目要点包括：是否具有超前意识，能否顺利实施；是否符合国家产业发展和生态环境保护政策；能否大幅度提高劳动生产率，技术附加值能否带来巨大经济效益。

2. 分散组合原则

分散投资不同的行业、企业、产品。

（1）资金投向分散法。不要集中投放于一个领域，更不要集中投放于一个企业或项目群，要对项目范围进行科学规划，降低风险。

（2）阶段分散法。阶段时长划分：早期占 45%，发展阶段占 44%，其他占 11%。投资分配比例为：期初 35%，发展期 52%，其他 13%。

（3）投资不同类型的产品。通常将产品分为四种类型：换代型、创新型、改进型、调整型。

3. 联合原则

对资金需求大的风险企业，风险投资公司可联合其他风险投资机构、金融机构、企业共同投资，这样既可以分散、降低风险，又可以借助其他投资者的经验和资金，使风险企业迅速发展，达到合理规模，并尽早获得收益。

4. 区别对待，及时转移原则

风险转移是指通过契约，将让渡人的风险转移给受让人承担的行为。通过风险转移有时可大大降低经济主体的风险程度。

5. 匹配原则

风险投资与风险企业的投资要有一定的比例。国外对风险投资的强制性规定使风险投资公司在一家风险企业中只需投入相对较小的资金量，即使对风险项目投资失败，也不会对风

险投资公司造成重大影响。

6. 限额原则

通过对风险进行分析、评估，确定风险类别及危害，进而确定合作主体，以便风险发生时共同抵御。风险分担主要是通过合同结构和合同条款定义的。风险发生时，合同双方按照合同约定分别履行各自的义务，共同承担风险，从而实现既发风险的现实分担。

复习与思考

一、选择题（多选）

1. 创业机会识别的影响因素有哪些？(　　)

A. 经验　　B. 认知

C. 创造性　　D. 人脉

2. 我们可以通过哪些方式来选择创业项目？(　　)

A. 从熟悉的领域选择项目　　B. 利用市场转换选择项目

C. 利用产业增长选择项目　　D. 利用经济发展趋势选择项目

二、填空题

1. 商业创意包括三大类：________、________和________。

2. 为了发现创业机会，我们可以通过关注________、________、________、________、________和________六大方面来寻找。

三、分析题

1. 什么是创业机会？

2. 创业机会有哪些特征？

3. 创业机会识别过程包括哪些阶段？

4. 如何进行创业机会识别？有哪些技巧？

5. 什么是机会窗口？以一个具体的产品或服务的例子来说明。

第九章

开拓进取，善于创新
——商业模式设计

学习目标

（1）了解商业模式的概念与构成要素。

（2）熟悉商业模式的类型。

（3）掌握商业模式设计方法与框架。

思政目标

培养开拓进取的创新精神，包括解放思想、与时俱进、锐意革新、坚持不懈等。通过案例分析和讨论，引导学生认识到企业在追求经济效益的同时，也需要关注社会和环境的影响，培养他们的社会责任感和商业道德意识。

案例导入

喜茶打造茶饮性价比新模式

喜茶，作为中国新式茶饮市场的领先品牌，以其创新的饮品和高品质的服务赢得了消费者的青睐。为了进一步扩大市场份额并满足更广泛消费者的需求，喜茶推出了子品牌“喜小茶”，这一举措体现了其商业模式的创新和适应性。

“喜小茶”的核心商业模式是提供高性价比的饮品，其产品定价在6元到15元，相较于喜茶的常规产品，价格更为亲民。这一策略使得喜小茶能够吸引价格敏感的消费者，尤其是在三、四线城市，这些城市的消费者对于平价高品质的饮品有着强烈的需求。通过这一定价策略，喜小茶成功地扩大了其潜在的市场范围，并在下沉市场中建立了自己的品牌地位。

在产品方面，喜小茶坚持使用优质的原料和严格的制作工艺，确保每一杯饮品都能达到消费者的期待。尽管价格更为亲民，但喜小茶并未在产品质量上做出妥协，这不仅维护了品牌形象，也为其赢得了消费者的信赖和好评。

门店设计上，喜小茶采取了更为简约和实用的风格，减少了不必要的装饰和空间浪费，这有助于降低运营成本，同时也符合喜小茶目标消费者群体的审美偏好。轻资产的门店模式使得喜小茶能够快速扩张，迅速在目标市场中建立起品牌影响力。

营销策略方面，喜小茶充分利用了数字化工具和社交媒体平台，通过线上推广和与消费者的互动，有效地提升了品牌的知名度和吸引力。此外，喜小茶还通过与第三方外卖平台的合作，拓宽了销售渠道，使得消费者能够更加便捷地享受到喜小茶的产品。

面对市场竞争，喜小茶通过不断推出新品和限定产品来吸引消费者的注意力，并保持品牌的新鲜感。这种持续的创新和对市场趋势的快速响应，使得喜小茶能够在激烈的市场竞争中保持活力。

综上所述，喜小茶的商业模式案例展示了一个成熟品牌如何通过子品牌策略来拓展市场、满足不同消费者需求，并在市场竞争中保持领先地位。通过平价策略、高性价比产品、轻资产门店模式、数字化营销和持续创新，喜小茶成功地在新式茶饮市场中占据了一席之地，为其他企业提供了宝贵的经验。

第一节　商业模式的概念与构成要素

一、商业模式的概念

在评价新企业时，商业模式（Business Model）几乎是使用最广泛的一个术语。那么，究竟什么是商业模式？创业者们如何使用商业模式？在有关商业模式的诸多定义中，有两个要素是共同的：价值的创造和实现。这两个活动代表着企业为顾客创造价值和长期生存的基本逻辑。首先，一家企业必须通过与竞争对手的差异化或满足市场中尚未得到满足的需求来创造价值。其次，企业必须通过将产品货币化来实现价值。也就是说，企业家必须知道如何在经营活动中赚钱。所有这些活动都是在一个价值网络中发生的，价值网络的构成包括合作伙伴、供应商和价值链上与企业有生意往来的其他成员。

如表 9-1 所示，描述了商业模式中所涉及的各种因素：定价模式、收入模式、价值主张、业务流程和互联网应用。成功的商业模式通常是难以复制的，因为它深刻地理解顾客需求，并以独特的方法满足这些需求，能够建立阻止竞争对手进入的壁垒，为企业带来竞争优势。淘宝网的商业模式是让每个人都能够以很低的成本成为卖家，不仅拥有广大的市场，还能自主控制产品和价格，这在互联网时代到来之前是无法做到的。随着顾客行为习惯和偏好的改变，商业模式也会不断地发生改变。例如，当顾客开始偏好网上购物时，传统超市的商业模式就会受到冲击。当然，商业模式也可能很快被竞争对手复制，此时，企业将陷入价格战。

表 9-1　商业模式构成要素

定价模式	市场定价 成本加成 GPM（千次展示成本） 增值服务价格
收入模式	交易收费 注册或会员费 许可费 广告费 计数或计次收费

价值主张	显著价值、高成本、高定价 相同成本、相同价格、更高的价值 低成本、低价格、较低的价值
业务流程	直销 中介销售：分销与零售 实体店 完全网上销售 组合销售
互联网应用	聚合（如垂直电子商务） 造势（如平台电子商务） 价值网络（价值随用户数量急剧上升） 整合服务（一站式解决方案） 虚拟供应链（B2B 业务）

随着对商业模式的关注度逐渐增加，这种方法不只是对初创行为的引领，同时也对现存公司的运作方向产生了影响。这不只是为了启蒙创业者提供的方向与手段，同时也对公司的创新进步起着关键的引领作用。如今，无数的商业创新正在涌现，那些运用全新商业模式的新兴行业正在变成传统行业的牺牲品。新兴的权贵正在挑战传统的观念，而一些传统的观念正在混乱中重塑自我。技术派的创业者往往容易忽视商业模式的价值，但是大量的企业案例都验证了商业模式对于创业和企业经营的重要性。自 Betamax 制式和 VHS 制式的施乐复印机的竞赛，以及后续的等离子 TV 与液晶 TV 的对抗，众多实践经验表明，若是不考虑商业策略，即使是最尖端的科技也无法取得成功。在没有考虑清楚商业模式之前就去创业风险会成倍增加。学习了本章内容能够有效降低创业风险，使创业者的创业工具箱里多出一件创业指导工具，让创业者对创业有更清醒的认识。

商业模式这个概念刚出现时并没有引起多大的关注，直到 20 世纪 90 年代，随着互联网时代的到来和电子商务的蓬勃发展，商业模式逐渐引起了学者的关注，成为当代管理学研究和讨论的热点之一。同时，这一概念也逐渐被企业家、创业者和风险投资者津津乐道。但是对于商业模式的概念并没有形成一个公认或统一的认识。在理论研究中，学者们往往根据自己的研究目的给出相应的定义。实业界对商业模式的理解也比较混乱。很多企业家和创业者完全根据自己的感觉来理解商业模式，把商业模式与管理模式混为一谈，把网络模式等同于商业模式，把商业模式等同于盈利模式，甚至错把新型商业业态当作商业模式，如将 O2O（Online To Offline）、B2C（Business-to-Customer）等电子商务新业态当作商业模式等。

二、商业模式的构成要素

由于学者们对商业模式定义的差异及不同企业背景，对商业模式构成要素的研究也存在很大差别。

2003年，迈克尔·莫里斯（Michael Morris）对相关的资料进行了整理，这是他第一次全面地概括商业模式的组成部分。他观察到，各类研究人员对于商业模式组成元素的理解各异，数量范围在3个至8个，总计有25个项目可能构建了商业模式。在所有的调查里，多次强调了以下几个元素：价值提供（12次）、经济模型（11次）、用户界面和关联（9次）、合作伙伴（7次），以及内部的基本设备或行为（7次）。另外，关于目标市场、资源及其实力、商品以及盈利途径的讨论频繁出现，这些元素也成了商业模型的核心元素。

在对众多研究成果进行整合后，亚历山大·奥斯特瓦德（Alexander Osterwalder）提出了一个商业模式参考模型。这个模型涵盖9个元素：价值观、消费者划分、销售路径、消费者联络、关键资产、核心商业、主要合作伙伴、费用构造及盈利途径。他坚信，只要将这9个元素融合，就能准确地描绘并定义商业模式，明确地阐述公司收入的来源。他以此为依据创造出了一种新的商业模型，这大大简化了商业模型的构建与实施过程。

商业模式画布的出现受到了全球创业者和企业家的欢迎。然而，在对商业模式画布进行了深入研究之后，慕尔雅根据自己的创业经验得出结论，商业模式画布并不是特别适合现有企业和已经开始创业的企业，尤其是对于像大学生这样的群体。比如，对于那些还在创业初期的大学生和创业者而言，他们基本上没有任何的外部协作伙伴，也缺乏足够的外部资源，更别提真正的商业行为了。他们还没有建立有效的客户关系。所以，他根据精益创新的原则，在商业运作的框架内，引入了“精益绘图”的观点。他主张，企业家需要掌握并领会的商务策略元素有难题、应对策略、核心参数、独有的卖点、竞争优势、销售路径、消费者种类、费用评估及利润评估9个部分。该模型针对大学生及其他创业者的需求，对商业模式的组成部分进行了重新规划，更加适宜正在读书的大学生及正在筹划创业的人士进行商业模式的研究与规划。

两位中国学者——魏炜与朱武祥，在对众多国内外已有公司的商业模式进行深入研究后，于2009年提出了一个名为魏朱六要素模型的理论。该模型主张，一个完备的商业模式应包括以下6个部分：定位、业务体系、核心资源实力、盈利方法、自由现金流组成及公司价值。

尽管商业模型的组成部分众多，它们却并非凌乱无序。两种主要的构造元素：一种是纵向列举的形式，也就是说，各元素之间存在纵向的列举关系，每一个元素代表公司的一个特定部分，它们的重要性等同，需要一起发挥作用。另一种是网格化的架构，也就是说，关键元素从一个更高的层面或者另一个角度进行全面的思考，元素之间有着紧密的关联，形成了一个等级或者网格，这样就能够在公司内部起到一个系统性的效果。无论是哪种元素的组合方式，它们之间都有着强烈的逻辑联系，这体现了商业模式的系统性和整体性。所以，一个成功的商业模型必然是由各个组成部分和谐共存地发挥作用的产物，它们之间有着合理且有

效的逻辑联系。

三、商业模式创新

创业者在进行创业准备时可能希望模仿某个成功企业的商业模式，这样做往往难以成功，原因有两个：首先，成功企业的商业模式通常是很难准确理解的。成功的商业模式可能来自企业初期的创业者团队技术路径或市场条件，而这些条件今天已经不再具备。例如，你也许有一个非常好的凉茶配方，但要在凉茶市场上再取得像王老吉那样成功的机会非常小。其次，成功企业往往拥有特定的资源和能力，这些资源和能力是在它的发展过程中逐步建立起来的。你也许有不错的教材和教师，想模仿新东方的商业模式进入英语教育培训市场。然而新东方在长期的竞争中形成了许多独特的能力，他们更了解如何激励学生，如何管理优秀的教师，如何进行竞争性的定价和如何传递价值。新企业在这些方面却缺乏积累，可能会过分依赖狭窄的收入来源，而在以上任何一个方面受挫都会导致创业失败。与传统企业相比，创业者也有一个特别的优势，那就是可以做到不受传统商业模式的束缚。我们经常看到成功的创业企业实现了商业模式创新，如沃尔玛的物流管理创新、亚马逊的电子商务、戴尔电脑的直销模式、特斯拉的电动车市场创新等。

商业模式创新（Business Model Innovation）是指对产品生产、销售或服务方法的革命性改变。企业商业模式创新的成功还源自现有企业难以改变自己的商业模式以应对新模式的竞争。例如，传统百科全书出版企业的商业模式是依靠专业的销售人员队伍进行高价销售，而电子版百科全书则通过软件捆绑进行低价甚至免费销售，这样的竞争其结果是很容易想象的。即便是拥有了成功商业模式的企业也要不断进行创新，向顾客提供更大的价值。近年来，大型超市发展速度下降，但精品超市有了很大的发展，这说明超市行业因为注意到消费者购买习惯的改变并作出了商业模式上的调整。

四、商业模式失败的主要原因

研究发现，商业模式失败的主要原因可以分为四种：逻辑缺陷，缺少战略选择，价值创造和价值实现的假定不完美，错误的价值链假定。

1. 逻辑缺陷

如果创业者对未来的设想发生错误，商业模式自然不会成功。例如，企业成功所必需的条件尚不具备或不可能在短期内出现，则创业者很难通过实施自己的聪明设计来实现预期的设想。许多创业企业都试图复制国际上已有的或已经证明有效的商业模式，这种做法能否成功主要取决于该模式所要求的背景条件在中国是否具备。香港莎莎化妆品以特卖而知名，是内地旅客在香港的必到商店。受到内地顾客需求的鼓励，莎莎在内地开设了店面。然而，由于内地的税收政策与我国香港不同，莎莎很难保持价格优势。同时，国际品牌在内地不愿意授权特卖，导致莎莎在内地失去了自己的优势。与此相似，美国和欧洲电器巨头百思买和万得城的成功秘诀是买断经营和注重体验的电器零售商业模式，然而在对价格极度敏感的中国市场同样难以发挥优势，不得不退出中国市场。

2. 缺少战略选择

战略选择的灵活性反映在价值创造和价值实现两个方面。在互联网创业早期，许多企业除了证明自己能够在网络上实现销售之外没有任何其他价值创造。例如，许多网上书店在进货方面与传统书店相比没有优势，而送货成本却远远高于传统书店。除了在线销售之外，它们没有其他有助于实现竞争优势的战略。一个成功的网络书店往往具备丰富的策略，例如，当当网与出版商的紧密联系，构筑了覆盖所有类型的库存的服务策略；孔夫子旧书网则是一个专门的国内古籍交易网站，它吸引了众多的研究者和收藏家们持续地进行网络观看和购买。在线下竞争中，我们同样可以看到战略选择对企业的影响。为了避免价格战，企业必须设法保持产品和服务的价值，不让它们成为大路货。这意味着企业必须持续创新、不断寻找满足顾客品位变化的新方法。

3. 价值创造和价值实现的假定不完美

商业模式的一个重大挑战是为所创造的价值找到赚钱的方法。价值实现的错误假定可能导致企业缺少愿意付费的顾客，或者企业寄希望于付费的人却不是价值的获得者。例如，一种新药能够挽救病人的生命，但是，决定病人能否报销药费的却是相关医疗保险政策。病人和报销决策者有着不同的价值取向。例如，爱彼迎（Airbnb）是美国崛起的一家短租房服务商，通过汇集可供短期出租的房屋信息和短期旅行住宿的需求信息，为有闲屋出租的家庭和旅行者提供收费信息服务。然而，在中国市场，由于用户和出租人之间缺乏信任，令复制这样的商业模式难以实现。

4. 错误的价值链假定

创业者往往假定产品和服务的价值链是静态的，也就是价值链上当前的成员、当前的流程和信息流在明天也会一样。这是一个错误的假定。有竞争能力的企业可能会根据产业机会的出现随时进入新的产业，甚至推出与之前完全不同的产品服务。例如，谷歌推出开源的手机操作系统安卓，为许多提供移动软件和硬件产品的创业企业提供了机会。诺基亚未能认识到安卓操作系统的市场潜力，拒绝开发基于安卓系统的智能手机，也是导致其陷入困境的原因之一。

第二节 商业模式的类型

一、多边平台式商业模式

事实上，多元化的平台型商务方法是一种相当普遍的经营方法。多边平台式的商业模式在传统的农贸市场中得到了体现。一个组织提供一个特定的地点，为在这个地点进行交易的多个消费者和销售者提供相应的服务，从而获取利润。这个平台至少有平台机构、销售者和购买者三方参与。虽然在一段相当长的历史中，这一方法并未吸引太多的目光，但是伴随着信息科技的进步，它已经转变为一种全新的形态——以互联网为基础的交易平台，且其发展速度惊人，使得多元化的平台型商务方法逐渐变成当前社会的主流商务方法。利用现代信息技术成功发展的多边平台，如微软 Windows 操作系统、百度、微信、淘宝、京东商城、大众点评、亚马逊、当当网等，都是经典的案例。

多元化的平台聚集了两个或更多的具有不同特性却彼此关联的顾客群，借助推动这些顾客群的协作，从而给所有的参与者带来价值。作为一个联结不同参与者的桥梁，多边平台需要具备吸引和满足全部参与者的能力，从而实现其价值。比如，淘宝网成功地连接了商家、消费者、广告商和金融机构等众多参与者，能够满足他们的交易需求、资金安全需求及信息分析需求，因此，取得了显著的成功。为了增强平台的价值，多边平台必须持续吸引用户的参与，进一步激发更多的参与者的加入。

【案例分析 9-1】

某公司的多边平台式商业模式

该公司的关键理念在于向用户呈现公正、精确的当地购物资讯，涵盖餐饮、休闲、娱乐等各类日常生活服务的评估与共享。大众评持续强化各方协作，逐步推出了方便用户的各类服务模式。新华网、千龙、21CN 等网络媒体，以及光线传媒等传统媒体的联手，使该公司得以与中国国际航空公司、上海大众汽车俱乐部等机构建立合作关系，并且推出了国内首个餐饮积分制度，为消费者提供积分兑换和积分折扣等多种服务。截至

2020年9月，该公司的月度独立使用者人数已经突破3.3亿，每天的独立使用者人数也已经突破1亿，其中包含4000万家以上的商家，这些商家几乎遍布了我国的所有地方，同时，该公司也在美国、日本等国的一些地方开设了子公司。清科投资和ChinaVenture多次将该公司评定为中国较有投资潜力的公司之一。

二、长尾式商业模式

传统的商业观念认为，企业只能面向大众用户大批量提供少数几种产品，通过规模效应降低成本和价格，以大批量的销售方式获得利润。随着信息科技的进步，现在我们可以向基础市场（长尾市场）提供各式各样的数量有限的商品，并且可以获得相当的收益，有时候，这个收益还会更加丰厚。一大批经营或涉足经盈利基产品的网络企业迅猛发展起来，乐高玩具、亚马逊、孔夫子旧书网、淘宝、百度、当当网、唯品会等都是其中的佼佼者。一种创新的商业模式，长尾市场相较于传统的大众市场，具备满足那些被大众市场忽略或者遗忘的、认为无法获得收益的消费者需求的能力。依据长尾理论，即便只有一个消费者的产品也能进行交易并获得利润。随着长尾市场的兴起，一个以几种特定商品销售全球的时期已经告一段落，一个更加个人化和独特的消费时期即将到来。互联网公司的专利并不局限于长尾市场，它几乎无所不在。无论是音乐、电影、电子书籍、报纸等可数字化的媒体产品，还是食品、卫生清洁用品等实体产品，都有长尾市场的存在，这样的情况数不胜数。比如，精酿啤酒等酒类的增长，T恤等个性化定制的服装时尚的增加，网络大学的教育增长，以及网络书店的图书增长等。中国各地的基础市场、个性化公司、少数市场和独一无二的体验，均与长尾原则相吻合。在互联网时代，企业家和创业者将会有无尽的创业机遇，这都是长尾市场所赋予的。

【案例分析9-2】

某公司的长尾式商业模式

因为持续的信息不平衡，传统的时装销售领域出现了庞大的商品溢价，进一步增加了顾客的购买开支，并且造成了过时产品的大规模堆积，这正是传统的时装销售领域所需要解决的问题。某公司是一家主打高价优质品牌的B2C电子商务公司，采用的是快速购物的方法。事实上，这并不复杂，关键在于协助品牌商处理过期的产品，同时，通过在线上进行限时销售的策略，以此激发和引导消费者的购买欲望。该公司因其专注于折扣商品的销售，曾经遭到业界人士的批评，但实际上，时尚零售库存的价值非常高。在时尚行业中，两个显著特征是不能被忽视的：一是产品的个性化程度极高，产品的定位

非常明确；二是产品的即时性极高。使用流行趋势来评价商品，一方面，可能会使过时的产品遭受淘汰的命运；另一方面，个性化的时尚选择可能会让过时的产品重新焕发生机。即使在优质的环境中，一些顾客仍然会对时尚的折扣商品有着强烈的个性化需求。

该公司的定位是品牌特卖，它不仅填补了为有时尚个性需求的消费者提供集中折扣商品的市场空白，也为众多时尚品牌商提供了一个公正处理库存的平台，从而确保了货源的充足。

三、免费式商业模式

近年来，免费成为一种非常流行的商业模式，各种免费模式让人眼花缭乱，免费模式正在颠覆人们传统的商业观念，让消费者获得一种全新的商业体验。对于企业来讲，免费模式已经成为突破旧的发展模式、实现后来居上的赶超模式。百度的绝大多数信息供用户免费搜索，绝大部分电子邮箱是免费使用的，微信免费给用户提供了一个社交场所。如果你用过滴滴出行这款 App，那么自 2012 年至今，你可能享受过很多次免费或低价乘坐出租车的服务。你可以得到免费的饮水机、咖啡机这样的实物产品，也可以到某个 4S 店吃一顿免费的午餐等。有的人可能会想，这只是互联网时代才有的现象。实际上，早在互联网出现以前，免费模式已经发挥了巨大的商业威力，人们熟知的吉列剃须刀就是以免费模式发展起来的，还有小孩喜欢吃的果冻，也是一种借助免费模式而流行起来的食品。克里斯·安德森针对这些现象提出了免费式商业模式的概念，并获得了广泛认同。

被称为免费型的商业策略，意味着在特定的市场中，至少存在一个广泛的消费者群体能够长期获得免费的产品和服务。这种策略采用了交叉补偿的形式，也就是说，向那些需要额外花钱的消费者提供额外的补助，从而帮助公司维持正常的经营状况，达成盈利目标。有许多不同的方法可以进行交叉补贴，比如，通过提供高价的爆米花来支持那些收入较低的电影票，或者通过提供免费或低价的爆米花来吸引观众去观看电影。当前的免费补贴将在未来使用，移动通信公司会免费提供手机，然而，用户需要连续使用两年以上这家公司的通信服务。对于付费用户，百度会为其提供补贴，使其能够免费获取所需的信息，而广告主则会为此支付相应的费用。

四、非绑定式商业模式

在非固定的商业模式中，公司是由三个主要的推动力，即经济、竞争及文化所构建的各种业务结构。这三种结构分别是产品创新、客户关系及基础设施。推动发展的元素各异，产品创新业务的任务在于研发新颖且具有吸引力的产品，而客户关系业务的任务则在于寻找并赢得客户，与他们建立紧密的联系。基础设施业务的任务则在于搭建和管理平台，以便承担大量的重复性任务。由于这三种业务类型受到各种因素的影响，在同一个组织内，它们可能会产生冲突或者导致不利的权衡和妥协，因此，我们不建议在一个公司中分离这三种业务。一个公司的经营活动，需要专注在特定领域，这种非固定的商业方法，对于整体经营的公司，以及专门为大型企业提供服务的中小型公司的商业策略规划有着重要的借鉴价值。例如，传统的移动通信企业一般都同时经营三种产品业务（基础业务，包括语音数据和内容基础设施；管理业务，包括设备管理；网络维护与运营客户关系业务，包括客户获取、客户维护等），国外已有通信企业将网络维护与运营外包给电信设备制造商，国内通信企业经常与第三方在创新技术服务和媒体内容等方面展开合作，都取得了不错的效果。

第三节　商业模式设计的方法与框架

一、商业模式设计方法

理解完商业模式的结构体系后，我们便可以开始策划和规划这个模式，所有创新者都希望能够给他们的公司打造出一个与众不同的商业模式，尽管创建新的商业模式极其艰辛许多公司却通过借鉴和优化已存在的商业策略，取得了显著的胜利，所以在模拟和竞赛的过程中构建商业策略变得至关重要。

1. 全盘复制法

整体复制方法相当直接，也就是说，将运营情况优秀的公司的商业策略进行基础性的重塑，并依照公司的实际情况作出适当的调整。整体复制策略主要针对同一领域的公司，尤其是那些在细分市场、目标顾客、主打产品有着相似或类似特性的公司，它甚至能够直接复制竞争者的商业模型。在全面复制卓越公司的商业策略时，我们必须关注以下三个方面：复制并非盲目照抄，而应依据公司所在的地理位置、专门的市场和产品属性来作出相应的调整。我们需要专注于对商业模式的具体细节的研究与解读，不只是在表面上的复制，更应该着重于在过程和具体环节的学习。为了防止与复制者产生直接的竞争，我们可以在各种时间和地点对商业策略进行重复。

【案例分析 9-3】

海澜之家

海澜之家是中国著名的服装零售品牌，其成功的商业模式在很大程度上归功于对供应链的深度整合和创新管理。海澜之家的供应链整合模式不仅优化了库存管理，还提高了整个供应链的效率和响应速度，从而在竞争激烈的服装市场中取得了显著的竞争优势。

首先，海澜之家通过与供应商建立紧密的合作关系，实现了库存风险的转移。海澜之家采用先拿货后结款的合作方式，这意味着供应商需要承担库存积压的风险，而海澜之家则可以根据销售情况来支付货款。这种模式使得海澜之家能够减少自身的库存压力，同时保持商品的多样性和新鲜感。

其次，海澜之家要求供应商承诺100%退货，这大大降低了库存积压的风险。通过这种方式，海澜之家能够及时调整商品结构，快速响应市场变化，满足消费者的需求。同时，这也激励供应商提高产品质量和设计水平，以确保商品能够顺利销售。

最后，海澜之家利用先进的信息系统，实现了对供应链的实时监控和管理。供应商可以通过海澜之家的网络系统随时掌握产品销售动态，并对产品进行调动。这种高度透明的信息共享机制，不仅提高了供应链的效率，还加强了海澜之家与供应商之间的协同合作。

海澜之家的商业模式还包括渠道扁平化和品牌系列化。通过减少中间环节，海澜之家能够更直接地与消费者沟通，更好地了解市场需求，并快速作出反应。同时，品牌系列化的策略使得海澜之家能够覆盖更广泛的消费者群体，满足不同消费者的需求。

海澜之家的供应链整合模式最终帮助其在2014年顺利借壳上市，市值超过400亿元，成为A股服装企业中的龙头。这一模式的成功在于其能够提供高性价比的产品，有效利用社会资金，重构企业自身的价值链条，并在渠道管理和品牌建设上形成了独特的竞争优势。海澜之家的案例证明了，通过创新的商业模式和对供应链的有效管理，企业可以实现可持续的增长和市场领导地位。

2. 借鉴提高法

我们可以通过深入探索和理解卓越的商业策略，将其关键要素或者创新观念精练出来，同时，也要去吸收这些创新元素。假如这些创新元素比公司现有商业模式的相关部分更符合公司的发展需求，那么公司应根据实际情况，采纳这些创新理念并使其产生价值。采用借鉴创新元素以获取卓越商业模型的策略应用极其普遍，无论是哪个行业、哪种竞争策略的公司都能够采纳。

【案例分析 9-4】

短租公司玩起了“文艺范儿”

为了在竞争激烈的同质化市场中寻找独特的品牌特性，短租公司开始强调“文艺”和“充满人情味的住宿”等特色。某公司在 2015 年 7 月实现 600 万美元的 C 轮融资之后，该公司短租专门雇用了著名的作者和媒体从业者潘采夫，他被任命为公共事务部的副总裁，并且开展了一连串与知名人士进行跨领域协同的项目。潘采夫利用他在文艺界的丰富人脉资源，打造出一个名为“文艺范儿”的品牌形象，以此来吸引那些热衷社交媒体、热衷探索新奇事物的文艺青年。首批名人住所包括国家前女排队员薛明的花店、作家古清生在神农架的山间小屋、作家王小山在北京的四合院、导演高群书的电影主题房，以及红人作业本在北京的隐秘民宅等。尽管如此，对该公司及国内的众多短租平台而言，目前面临的主要挑战依旧是如何吸引更多高品质的住户和租户。鉴于信用体系的缺失，以及为了保障安全、隐私和卫生的需求，公众对共享住宅的认可度还相当有限。相较于国外，中国的房源普遍缺乏文化底蕴和多元性，同时，短租房屋在价格上也并非占优势。至于该公司的个性化房源能在何种程度上培育这个市场，还需要时间来验证。

3. 逆向思维法

经过深入探索和学习行业领袖的商业模式或者行业内的主流商业模式，模仿者会有意识地执行逆向的策略，也就是说，他们会参考市场领袖的商业模式或者行业内的主流商业模式，然后自己去重新构建商业模式，直接剔除那些对市场领袖或者行业内主流商业模式感到不满的市场份额，并且为他们创建一个适应的商业模式。

【案例分析 9-5】

知名杀毒软件逆向思维颠覆了杀毒软件行业

2009 年以前，杀毒软件行业看上去是一个很成熟的行业，软件厂商包括消费者在内，一直信奉“一手交钱、一手交货”的杀毒软件经营思路。这个行业被瑞星、金山等几个巨头垄断，巨头之间的竞争基本陷入僵持状态。从表面上来看，这是一个极度饱和的、无法被后续者进入的领域，后期的小型企业在这个行业几乎没有生存的可能性。但是，一杀毒软件公司改变了既定规则，2009 年，该杀毒软件公司采取了与众不同的服务方式——实施全年无偿的杀毒软件。此举不仅让消费者享受到无须付费的优惠，更是把自家

的产品定位从简单的防病毒转变成一款专门的“电脑安全守护者”，以便于那些对计算机知识一无所知或者懒于学习的人。此举引发了巨大的用户增长。该举措彻底颠覆了杀毒软件行业，其商业模式也逐渐演变为免费加收费模式。

在运用反向思考方法来研究商业策略的过程中，三个重要环节是：寻找出商界的引领者或是行业的主要商业策略的中心，然后根据这些信息来构建反向的商业策略。在设计逆向的商业策略的过程中，公司不应只是盲目地追求反向，而应该保证其能够创造出超越消费者的价值，同时也可以创建出全新的商业策略。为了阻止行业领袖的重新活跃，我们需要评价他们可能的抵抗方式，并据此设计出适当的解决方案。

4. 相关分析法

采用相关性分析法，就是在研究一个问题或元素的过程中，通过比较与之有关的其他问题或元素，来探讨它们之间的联系和相互影响的一种研究手段。利用相关分析法，我们需要考虑到各种可能影响公司商业模式的因素，并借助商业模式设计的基本理论，通过将这些影响因素与商业模式进行一致性的匹配来确定公司的商业模式。通过应用相关性分析方法，我们能够探寻各个相关元素之间的关联，并研究如何通过减少开支来实现价值创造。例如，eBay 的在线拍卖创新思维源于传统的拍卖模式。

5. 关键因素法

在商业运作过程中，有许多元素会对设定的目标产生影响，而这些元素有些甚至是决定性的。利用关键因素法，我们能够识别出关键的成功要素，从而找到达到预期目标的关键因素，并据此来决定商业模式的优先级。关键因素法的核心流程包括五个环节：明确商业策略的设立目的；确定所有的核心要素，研究对商业模型产生影响的各类元素及它们的相互作用；在商业模型的构建过程中，明确各个环节的核心要素；确定每个重要元素的表现水平及评价准则；设定商业策略的执行方案。

6. 价值创新法

针对那些以前没有见到的商业方法，我们常常需要作出改变，也就是说，我们可以通过搭建和整合各种价值元素来制订新的商业方案，而这种情况在互联网公司里更加突出。比如，盛大网络率先推出了网络游戏的全面免费和游戏道具的收费模式，这也为网络游戏行业带来了一种新的商业模式——CSP（Come-Stay-Pay）。目前，许多主要的网络游戏企业仍在使用这种经营方法。爱彼迎与优步（Uber）所开发的利用共享资源以获得利润的方法，现在也非常受欢迎。

二、商业模式设计框架

商业模式设计框架，如图 9-1 所示。

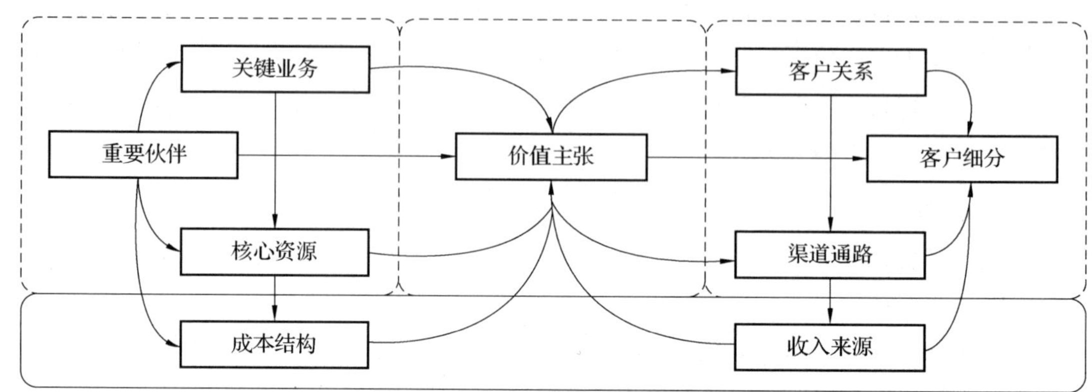

图 9-1　商业模式设计框架

1. 客户细分

对于一个公司，其目标是接触并提供各种类型的顾客或机构，这就是所谓的客户细分。这个过程的核心目标是解答：我们正在为哪些人提供价值？谁才是我们的主要顾客呢？

一般来说，可以将客户细分为五种群体类型：

（1）在大众市场中，价值观、销售渠道和客户关系都汇聚在一个广泛的客户群体中，这些客户都有着基本相同的需求和问题。

（2）在某个特定的利基市场中，可以找到价值观、销售渠道和客户关系。

（3）在差异化的市场环境中，消费者的需求存在一些差异，各个细分的消费者群体的市场划分也存在一些差异，因此，他们的价值观念也会稍微有些差异。

（4）在多元化的市场环境中，商业活动也呈现出多样性，并且根据各种不同的价值观来满足各种不同的客户需求。

（5）提供两个或更多的互相依赖的客户细分市场服务的是多边平台。

2. 价值主张

价值观念被用于阐述一系列能够为特定的细分客户带来价值的商品和服务，其主旨在于解答以下疑问：

（1）应该向客户传递什么样的价值？

（2）正在帮助客户解决哪类难题？

（3）正在满足哪些客户需求？

（4）现在需要为特定的消费者提供哪一类型的商品与服务？

价值观的核心要素主要涵盖以下几个方面：创新的产品或服务，满足客户未曾体验过的

全新需求。改进产品和服务的性能，是传统上创造价值的常规手段。以满足特定或个别客户的需求为目标，实现定制化，从而创造价值。优秀的设计使得产品独树一帜。客户可以通过使用和展示某一特定品牌来识别其价值和身份地位。以更低的价格提供相似的价值，以满足对价格敏感的客户群体。降低成本，协助客户降低成本是创造价值的关键手段。通过对风险的控制，可以帮助客户降低风险并创造出客户价值。给顾客提供过去无法接触到的产品或服务就是可达性。通过提高其便捷性和实用性，能够让任务变得更加简单和容易操作，从而产生实际的效益。

3. 渠道通路

渠道通路主要用于描述公司如何与其特定客户进行交流和沟通，以此来传达其价值观，主要用于回答以下问题：

（1）希望与每个客户的细分群体建立和维持何种关系？

（2）已经建立了哪些关系？

（3）建立这些关系的成本如何？

（4）如何把它们与商业模式的其余部分进行整合？

4. 客户关系

企业希望通过何种手段去激发消费者的购买欲望，取决于它们与消费者之间的交互模式和顾客关系的特性。对于消费者来说，客户关系能够引发什么样的情绪反应及它们之间的交流方式显得至关重要。

三个关键驱动因素影响着企业与顾客的关系。首先是新客户的开发。企业的产品或服务需要吸引更多的新客户来购买。这种新客户的开发是一种进攻性的策略，因此，我们需要基于这种策略来建立新的客户关系。其次是保持老客户的忠诚度。企业需要维护或加强这些老客户，因为他们的重要性不言而喻。一般来说，开发一个新客户和保持一个老客户所需的时间和资源是不同的，而保持一个老客户可能比开发十几个新客户更直接、更有效。最后是增加公司产品或服务的销售量和单价，这是一个关键的推动力。如何让企业的某个商品或者某一项服务提高销量，同时还提高价格？如果做到了这一点，就实现了一个很好的良性循环。

5. 收入来源

企业的收入来源是用来描述其从每个客户群体中获取的现金收益（这需要从收益中扣除成本），主要用于回答以下问题：

（1）什么样的价值能让客户愿意付费？

（2）客户现在付费购买什么？

（3）客户是如何支付费用的？

（4）客户更愿意如何支付费用？

（5）各种收益渠道在全部收益中的份额有多大？

通常情况下，七种主要的收入来源包括：资产销售和销售实体商品的所有权以获取收益；采取消费行为，并根据特定的服务进行收费；订阅服务需支付费用，而对于反复使用的服务则不需要支付；租金是通过暂时性的排他使用权授权来计算的；通过知识产权的授权进行收费；提供中介服务需要支付费用，这是一种经济性的收入；广告的费用是通过提供广告推广服务来获取的。

6. 核心资源

核心资源被用来描绘出商业模式有效运作所需的最关键的元素，主要用于回答以下问题：

（1）理念所依赖的关键资源是什么？

（2）流程需要哪些关键资源？

（3）客户关系需要什么样的核心资源？

（4）收入来源需要什么样的核心资源？

通常情况下，核心资源可被划分为两个种类：实体财产，涵盖制造设备、房地产、运作系统、销售点和分销网络等；知识财富涵盖品牌、独特的知识、专利及版权、协作关系，以及客户信息库、人力资源、金融资产等。

7. 关键业务

关键业务是为了保证公司的商业模式能够实施，公司必须执行的最关键的任务，主要解答以下问题：

（1）核心观点需要哪些重点工作？

（2）渠道通路需要哪些关键业务？

（3）客户关系需要哪些关键业务？

（4）收入来源需要哪些关键业务？

通常情况下，主要的业务可被划分为三个部分：创建、生产和提供产品，这些构成了公司经营模式的核心；网络服务、交易平台、软件及品牌等均被认定为一个平台，并且这些平台的运营、服务的供应及平台的宣传都是相互联系的；对于问题的处理，以及向顾客提出创新的解决策略，都离不开对知识的有效掌控与不断的教育服务。

8. 重要伙伴

重要伙伴是使得商业模式能够顺利运行所必需的供应商和合作伙伴的网络，主要是为了解答以下的问题：

（1）谁是我们的重要伙伴？

（2）谁是我们的重要供应商？

（3）我们现在正在从关键的合作伙伴处收集哪些关键的资源？

（4）重要伙伴都执行哪些关键业务？

（5）我们为重要伙伴带来了什么价值？

通常情况下，四种主要的合作伙伴类型是：非竞争性的策略性合作；在没有竞争的情况下，策略性的协同工作；专门用于推动新商机的协同关系；买家和卖家的联系。

9. 成本结构

成本结构被用于阐明经营商业模型所必需的全部花费，其核心目标是解决如下疑惑：

（1）在商业运营过程中，哪些因素构成了最关键的固有开销？

（2）哪些核心资源花费最多？

（3）哪些关键业务花费最多？

通常情况下，我们可以将成本结构划分为两种：一种是由成本驱动的，它能够创建并保持最经济的成本构成；另一种是通过实施低成本的价值观、尽可能地实现自动化，并且进行广泛的外包。以价值为导向，致力于创新、提高价值观念及提供高度个性化的服务，这通常是以价值驱动的商业模式为其标志。

复习与思考

一、选择题

1. 商业模式的本质是指（　　）。

A. 企业如何赚钱　　B. 企业的产品或服务

C. 企业的组织结构　　D. 企业与外部环境之间的交互方式

2. 商业模式设计的第一步通常是（　　）。

A. 确定目标市场　　B. 制定营销策略

C. 开发产品原型　　D. 筹集资金

二、填空题

1. 在设计商业模式时，创业者需要明确企业的________和________，这是商业模式设计的核心。

2. 一个成功的商业模式应该能够解决________和________之间的不匹配问题，实现企业的可持续发展。

三、案例解析题

1. 阅读以下案例并分析。

一家新兴电商公司，通过社交媒体平台推广其产品，并采取订阅模式吸引用户。用户每月支付一定费用，即可享受定期送货上门的商品。请分析该公司的商业模式，并讨论其逻辑和可持续性。

2. 假设你是一家初创企业的创始人，你需要向潜在投资者介绍你的商业模式。请描述你会如何讲述你的商业模式，包括其独特性、可行性和盈利潜力。

第十章

创新思维，展示自我——编制创业计划书

学习目标

（1）了解商业计划书的目的和作用。

（2）掌握商业计划书的基本结构和核心作用。

（3）掌握商业计划书的撰写和展示。

思政目标

促进创新思维：通过创业项目计划书的编写和执行过程，培养创业者的创新思维能力，激发创新创业的潜力，推动社会经济发展。

培养创业家精神：通过制订创业项目计划书，培养创业者的创业家精神，包括冒险精神、责任感、领导能力等，提高创业者的综合素质和竞争力。

培养社会责任感：通过创业项目计划书的编写和实施，培养创业者的社会责任感，注重企业的社会影响和可持续发展，促进社会和谐稳定。

培养团队合作精神：创业项目计划书的执行需要团队合作，培养创业者的团队合作精神和沟通协作能力，提高团队的执行力和效率。

培养风险意识和应变能力：创业项目的实施充满不确定性和风险，培养创业者的风险意识和应变能力，提高应对市场变化和挑战的能力。

案例导入

国内知名的某新闻资讯平台的商业计划书：一张餐巾纸和26页BP

在2012年的大年初七，当时还在某公司担任CEO的张某和某基金的董事、CEO王某在知春路的一家咖啡厅相约。

王某向张某透露，她希望能够在公司以外进行一些更富趣味性的活动，以便紧跟当时移动互联网的发展趋势。然而，王某并未完全确定要做什么，只是有一个大致的想法。因此，在咖啡厅的一张餐巾纸上张某绘制了一个线框图，并向王某解释了他的产品原型，大致上，就是现在新闻资讯平台的样子。

尽管王某对此一无所知，她却认为此事颇具吸引力，因此立刻决定投入天使轮与A轮的资金。

那么，在对商业模型和产品理念一无所知的前提下，王某为何凭借一张餐巾纸就决定对张某进行投资呢?

事实上，王某对张某的了解始于2007年，即她对张某进行投资的5年前。当时，张某还在某网的技术委员会中担任主席，他为全体董事进行了关于房地产搜索的规划。在那一刻，张某的技术洞察力、操控能力，以及广阔的眼界和大局观，都获得了王某的肯定。

因此，在早期的投资中，核心在于对创业者的才华和理解的肯定。尽管投资者并未完全理解其想要达到的目标，但必须坚信他有决策正确路径的才华，至于BP（Business Plan，商业计划书）的价值则显得微乎其微。

尽管依靠其独特的吸引力以及与他人的友谊，成功获得了早期的融资，但是，当该企业的价值超越数千万美元时，他们需要确保未来的投资者理解其真正的商业运作。

一个现实的问题是，该新闻资讯平台完成了A轮融资之后，整个信息内容市场已经基本上被瓜分殆尽。某易、某狐、某讯、某凰等新媒体平台的用户群体基本上都被涵盖在内。投资者可能会询问："你们已经开设了门户吗? 某浪、某易、某狐都声称自己拥有数亿的用户群。另外，存在众多的垂直媒体AP，如某果、某觅等，某头条是否仍具备发展潜力?"

2012年10月，张某携带他的产品进行了一次巡视，但并未取得预期的成果。此刻，他需要一份更为深入且具备影响力的商业策略。这份商业技术文档，无疑是某头条最专注且最关键的一份商业策略。虽然当时该新闻资讯平台的业务有所进步，但内容创业并未成为当时的投资热点，与其他名义上的竞争者相比，该新闻资讯平台似乎并无明显优势。所以，一份详尽的商业策略书是必不可少的，它能够清楚且具有说服力地向投

资者阐述公司的投资价值和其与竞争对手相比独特的优势。

借助这份商业蓝图，该新闻资讯平台也很幸运地得到了 DST（全球最大的风险投资公司）对其商业价值的理解，从而获得了 B 轮的关键投资。接下来，就是该新闻资讯平台的辉煌之路。

从此以后，该新闻资讯平台步入正轨，即使没有商业规划，或者在规划中不需要再详尽地解释和重复说明投资优势，后续的投资者也能清楚地看到投资的方向，并做出相应的投资决定。

资料来源：佚名．一张餐巾纸和一份 26 页的商业计划书 https：//zhuanlan. zhihu. com/p/92754346

第一节　商业计划书的作用和基本格式

商业计划书，是一份由企业或项目团队针对招募客户、筹措资金及实现其他发展愿景，通过前期对项目进行深入的研究、收集并梳理相关信息，按照特定规则和详细需求进行编排并呈现给投资人，全方位揭示公司及项目当前情况、未来可能性的文件。优秀的商业规划是筹资成功的起点。从某种意义上来说，商业计划书就是创意的推销说明书，它不仅能说明技术优势、市场潜力和企业的发展规划，也是一个人思维方式的反映，是风险投资者特别看重的一份文件。为了赢得投资者的青睐，企业的融资项目必须进行全面的融资策划，其中最关键的是制订出符合国际标准的优质商业计划。商业计划需要揭示企业主对于项目的理解及实现成功的方法，并强调企业主的关键竞争优势，尽可能地呈现企业主是如何建立其独特的竞争优势、如何在市场上独树一帜、如何获得更多的市场份额、如何进行发展与拓宽。如果仅仅包含长期的目标和预期，那么商业规划就只是一个宣传性的口头陈述。一般来说，商业规划会深入阐明公司的经营活动，并且详细地解释了其产品、服务、制造技术、市场推广与消费者的营销战略，还有人力资源结构在基本设备与供应方面的需要，投资的可能性，以及如何有效地运用这些资金与资源。商业规划涵盖了诸多方面，例如，企业家的观念、竞争优势、团队的运作、财务预测及风险因素等。我们需要从大的角度进行市场分析，逐步从宏观层面转向微观层面，并以数据作为依据，详细解释项目在市场上的定位。创建商业策略可以帮助运营人员对公司的全局状态和运作方式有所认识，同时，也有助于投资人评估公司的收益，在市场筹集资金中起着重要的作用。

一、商业计划书的作用

商业计划书被视为创业者向投资人打开市场的"入场券"，也就是他们设想的公司运营的文字概述。一份出色的商业计划书通常能让创业者实现更高的成就。商业计划书是一份涵盖各个领域的商业蓝图，它详细阐明了公司所处的内外部条件及各项元素的性质，并且能够作为公司运营的导向图及评估公司运营状态的参考。它的核心功能是帮助投资者对公司或项目进行评估，以此来帮助公司筹集资金。一般来说，商业计划书涵盖市场推广、经济管理、制造、员工培训等多个功能的整合。

1. 帮助创业者理清思路，准确定位

尤金·克莱纳—— 一位知名的投资者，曾经表达这样的观点："如果你想真正地从事一份工作，那么你可以撰写一份创业计划，这将促使你进行全面的思考。"

在开始创业融资之前，商业计划书应该是创业者自己阅读的。创办公司并非一蹴而就，创业者需要以严谨的态度对自身的资源、已有的市场状况和初步的竞争策略进行尽可能深入的研究，并制订出初步的行动方案，以便于自己有所了解。

此外，商业计划书也是筹集创业资本及进行风险评估的关键工具。对于初创公司而言，商业计划书的影响力极其关键。一个正在筹备的项目常常含混不清，但是如果能够编写出详尽的商业计划书，并将所有的风险因素记录下来，接着逐渐审查，那么创业者就可以对该项目有更深入的理解。

2. 帮助创业者获得融资

对于正在寻找资金的创业者而言，商业计划书的质量往往决定了融资的成功与否。

商业计划书不仅让创业者对他们的目标有更深入的理解，而且主要是为他们展示，特别是展示给那些可以为他们提供财务援助的人。因此，商业计划书的一个关键功能在于协助初创公司将其产品介绍给了风险投资人。商业计划书也需阐述成立公司的意图、创始人是否应该投入资本等相关内容。另外，对于已经建立的公司来说，商业计划书能够为公司的进步设定明确的路径，从而让员工理解公司的运营目标，并激励他们为共享的目标付出努力。重要的是，它能让公司的投资者、供应商、销售商等了解公司的运营情况，使得投资者（无论是原有的还是新加入的）能为公司的进一步发展提供资金。

3. 全面了解你的企业

你可以通过编写相关的商业计划书，对自己的公司有一个全方位的认识，这将有助于你更深入地了解目标客户，设定市场范围，制定定价策略，并对竞争环境进行明确。商业计划书可以整合各个要素，也能在设定的过程中找出公司的竞争优势，或者是规划本身潜藏的新的机会和短板。唯有把规划写进文件，才能保证公司的运作效率，并且对公司运作过程中可

能产生的问题预定解决方案。此外，我们还拥有充裕的时间来规划未来，以便预防问题的发生。

4. 向合作伙伴提供信息

提供商业计划书的主要目标是为业务伙伴和其他相关机构提供信息，以此使企业保持活力，并促进合作各方的共同进步。

二、商业计划书的基本格式

商业计划书是投资者最初接触的信息。主要涵盖以下十个方面。

1. 公司概述

主要介绍公司的发展历史、现在的情况及未来的规划。换句话说，这个问题的核心内容主要涵盖企业的标志、位置、电话、商业状态、成长过程，还有未来的发展趋势、企业的竞争力或特色、缴税状态等。

2. 公司的研发情况

这部分的核心内容是关于企业的开发团队状态、财务规划及预期的目标，涵盖对于研发经费的投入、开发团队的规模、开发工具的配置、开发产品的科技领先度及未来的发展方向。

3. 产品或服务

对于初创企业来说，他们需要将其产品或服务的创新理念传达给风险投资人，这包括以下五个方面：①关于该产品的命名、属性、功效及应用场景；②产品的开发过程；③该产品正在经历的是何种生命周期阶段；④该产品的销售潜力与竞争优势如何；⑤关于该产品的科技升级与替代方案及花费。

4. 管理团队

当评估公司时，风险投资者极其关注人的因素。从某个角度来看，一个公司的创新能否顺利进行，关键在于它是否具备一支实力雄厚的管理团队。企业家需详细阐述其经营团队的状态，主要涵盖企业的运营架构、重要的股东、董事、核心职工、工资待遇、股息、工作合同、奖罚规定及各个组织的结构等。

5. 市场营销和竞争性解析

创业者必须根据产品的销售收入、增长速度，以及整体的产品和服务的需求进行全面的评估。公司的目标市场就是其产品要传递到的地方，而市场划分则代表了公司的定位。创业者需要对每一个目标市场进行详细划分，并探讨他们希望在这些细分市场中获得的销售收益、市场占有率及盈利情况。

风险投资者不会因为一些简单的数字就相信你的商业计划，你必须对可能影响需求、市场和策略的因素做进一步的分析，以使潜在的风险投资者能够判断出目标的合理性，以及他们将承担的风险。此外，一定要说明结论是如何得出的。

6. 制作和运行方案

这部分的核心是关于企业家的生产、制作和运营流程。此环节极其关键，因为它能帮助风险投资者掌握产品原材料的选择和供货方的相关信息、人力资源状态、制造费用的规划，还包括工作场所和土地使用权。该信息必须具体明了，每个细节都应该明确。在未来的投资协商过程中，这个环节起着关键作用，用于评估投资项目的价值，同时，它也构成了创始人持有的股份的关键因素。制造和运营的策略主要涵盖以下六点：①新产品的制造和运营策略；②公司的生产技术实力；③质量管理与提高技术；④当前的制造设备或即将采购的制造设备状态；⑤当前的制造过程；⑥对商品的财务评估和制造流程。

7. 对财务状况的评估及筹资的需求

编写财务分析需要投入大量的时间和精力。对于未来的公司，风险投资人希望通过对其财务情况的深入研究来评估其盈亏，以此决定是否可以保证他们的投入能够带来预期的收益。财务评估涵盖三个以下主要领域的信息：

第一，提供过去 3 年的历史数据和未来 3 年的发展预测，包括现金流量表、资产负债表、损益表及年度财务会计报告。

第二，招商方案。这涵盖：未来的风险投资规模，未来的资本筹措策略，获得风险投资的抵押、保证条件，投资回报与重新投资的规划，投资人在投资之后的股份配置，投资资金的收益与支出及财务报表的撰写，以及投资人对公司运作的影响力。

第三，融资需求。这包括：①资金需求规划，也就是为了满足公司发展所需的资金数额、资金需求的时间和资金用途（详细阐述资金用途并列出）。②筹资计划，也就是公司期望的投资者和其所持股份的解释，以及资金的其他来源（例如，银行贷款等）。

8. 危险系数

阐述在项目执行期间可能遭遇的各种风险，这些风险涵盖技术、市场、管理、财务等各种无法预测的风险，并给出有力的风险管理和防护策略。

9. 股东的撤离策略

它包含：①上市公司的股票。依据商业计划，我们将探讨公司上市的可能性，并解释其上市的基本要求。②股权交易。投资者可以利用股票交换的方式进行收益的回馈。③进行股票的赎回操作。按照商业计划，公司需要阐述其实施的股票收购策略。④利润分配。投资者能够依靠企业的盈余派发来完成其投入，根据商业规划，企业需要详细解释其执行的盈余派发方案。

10. 附录

在商业计划书里，它占据了一个关键的位置。附录中可以包含许多无法在正文中详细阐

述的信息，例如，一些表格、个人简历和与市场研究成果有关的辅助证据等。所以，附录并非无足轻重的存在，反而是对正文的关键补充。

第二节　商业计划书的写作

一、商业计划书的写作原则

商业计划书的写作原则如下。

1. 针对性

创办公司的意图并非只在于推动公司的进步，也需要实现盈利，并强调其经济收益。

2. 完整

运作方案需要详尽阐明，包含所有的商业活动，并且在前期和后期的主要推测和预测之间要有一致性，保证其逻辑性。

3. 优势竞争性

呈现创业团队在资源、经验、产品、市场及经营管理等方面的优势。

4. 队伍及协调能力

展示构建管理团队的策略、员工的互补性，尽可能强调专家的影响力、高级管理人员的优点、专业人才的能力，并明确领导者。

5. 营销

阐述以市场为主的理念，揭示公司的商业潜在和竞争风险，充分地体现对当前市场情况的理解和对未来趋势的预见性。

6. 客观性、实用性

尽可能地使用客观和真实的数据作为证据，并确定可能的解决策略。请勿仅凭个人意愿进行预测，过高地估计市场潜力或收益，过低地估计运营成本。职责规划需要实用，同时也需要井然有序、逐步推行。

二、商业计划书的写作程序

通常情况下，一份优秀的商业计划书（包括附录）需要 20~40 页。如果过于复杂，可能会使读者丧失耐心。商业计划书的构建是一个逐步推动的流程，它能被拆解为以下五个步骤。

第一阶段：初步提出计划的构想。

第二阶段：调研。通过与该领域的公司和专家的交流，我们能够掌握全面的市场信息，例如，产品的价格、销售路径、客户的分布及市场的发展动向等。我们可以自行派发调查问卷，如有必要，也可以寻求市场调查公司的帮助。

第三阶段，分析并形成结论。包括竞争对手的研究，领域竞争趋势，分销问题，战略伙伴等，都可以准备一份 1~2 页的调查总结。

第四阶段，财务分析。包括对公司价值的评估，并确保所有可能的情况都被考虑在内。对于财务分析，需要量化收入目标和战略，并且需要详尽且精确地列出达成目标所需的资金，其他相关信息需要根据上述结构进行调整。

第五阶段，商业计划书的创建和调整。通过收集的数据来设定公司的未来发展策略，进而完成全面的商业计划。在计划书制订完成之后，还要对其实施的可能性进行深入的讨论，同时也需要持续关注信息的累积和市场的动态，以便持续优化。

三、商业计划书的写作方法和写作技巧

撰写商业计划书旨在为公司筹集资金和推广活动提供参考，也可以用于制定和执行创新策略。所以，在撰写商业计划书时，要充分揭示创新项目的潜力和利润，同时也需要凸显其可行性。

1. 商业计划书的写作方法

在制订商业计划书时，我们需要采用适当的策略。

（1）做好工作计划。一个好的工作计划，能让编制商业计划书的过程井井有条。

（2）始终围绕创业产品或服务的价值展开。

（3）寻求有关人员的指导与协助。通常，创业者缺乏写作商业计划书经验与技巧，可能会导致不能争取到创业资金。为了避免出现这种问题，创业者可以寻求有关人员的指导和协助，完善商业计划书。

（4）在不断的修改、补充中完善创业计划。任何一份商业计划书都不可能是一次性写完的，通常需要进行不断修改、补充。一般来说，最终形成的创业计划的正式文本与创业计划草案可能相差非常大，有的甚至截然不同。

（5）紧紧围绕项目的目标读者，突出商业计划书侧重点。通常，风险投资人会注意到商业规划里的市场扩张和盈利潜力，他们的策略合作伙伴和重点客户更加关注产品、服务、市场、收益及管理团队的操控技巧，员工和管理团队更希望掌握企业的成长过程和未来的发展趋势，这些都是商业计划书的重点内容，要特别注意。

2. 商业计划书的写作技巧

所有的商业计划书都应该关注管理者的身份，详尽地列出他们的名字和可靠的信息，这是对创新策略的基础需求，也是商业策略包装的最基本准则。优秀的商业计划书需要阐述如何运作这个产品或服务，以及它能带来多少利润。商业计划书主要的写作技巧包括：

（1）产品与服务都拥有其独一无二的属性。你的项目的独特优势在哪里？投资者在做出是否投资决策时，会考虑这些优势能维持多久。

（2）商务策略与收益策略的实施能力。商业运营方法涉及制造物资、提供服务及实施市场规划等各个环节。盈利方法就是怎样获取收益，以及怎样将商品或服务变成收益。公司的实施能力是衡量其商业策略与收益策略的实施效果的重要标准。

（3）有效率地进行治理。大部分的风险投资人相信，所有的风险投资成功的核心就是其所投对象的有效的管理。在风险投资行业，一般的看法是，即使想法富有创新性，但如果管理不善，也可能错过良机。即使想法的创新性不高，只要能妥善管理，就有可能抓住机会。毫无疑问，“好”的定义也涵盖了许多层次。

（4）提供有说服力的公司财务增长预测。这是创业者义不容辞的责任。要想吸引投资，商业计划书要写明企业的规模、计划、发展状况等。

（5）退出机制。风险投资人必然会提前寻求退出策略。其主要的退出方式有以下三种：①公司股票上市。所以，投资者可以将自己的股权信息告知其他人。②全部的企业将被转让。风险资本公司的股份和其他公司的股份一起被投资者卖给了相应的公司（通常是大公司）。③如果公司、个人或第三方机构购买或出售了投资者的公司权益，那么商业计划书应详细阐述相关情况。

四、商业计划书的完善

商业计划书有多种形式，目前被广泛使用的有 PPT 和 Word 两种形式。鉴于这两种方法各自的独特性，我们一般都会根据各类投资者的需求，给出两种版本：一种是全文形式（Word），另一种则以简洁明了的 PPT 形式呈现。

一旦商业计划书完成，筹集资金的公司就需要对它们进行审核与优化，这样才能保证计划书精确地解答投资人的疑虑，从而提高他们对公司的信任。一般来说，我们可以从以下四个角度对计划书进行审查和优化：

（1）商业计划书是否展现了创业者的运营能力。

（2）商业计划书是否揭示了创业者的运营知识。

（3）商业计划书是否表明了创业者的运营水平。

（4）商业计划书是否表明了创业者的运营经历。

若创业者无法掌控公司，那么必须明确表示，公司已经聘请了专业的管理人员来负责公司的运营。

（1）公司的商业计划是否展现了其偿还贷款的实力。创业者需要向预定的投资者呈现一份全面的财务比例分析报告。

（2）公司的商业计划是否展现了其已经对市场进行了全面的研究。创业者应该确保投资人相信，策略文档所描述的产品需求数据是通过精确的测算而来的。

（3）投资者是否能够理解商业计划书的内容。为了让投资者能够轻松地查看每一部分的商业规划，它们必须配备一份索引和目录。另外，需确保目录内的数据具备逻辑性。

（4）商业计划文档里是否包含了总结，且总结位置应该摆在首位，总结内容应该富有吸引力。

（5）所有的商业计划书都符合语言规则吗？若无法确定，建议寻求他人协助进行审核。

（6）是否可以通过制订商业计划来解决投资者对于产品和服务的质疑。在必要的情况下，公司能够预备一个产品模型。

五、商业计划书写作的注意事项

商业计划书在筹集资金时，其中“七分策略，三分装饰”，因此，它实际上是技术与艺术的完美结合。

1. 尽量精练，突出重点

制订商业计划书的初衷，就是让投资者能够在最短的时间里了解最多的商业策略，所以，商业计划书的内容应该紧密地围绕这一核心主题，直接明确。比如，要在商业计划书的前面部分就向投资者传达公司的商业模式，以防止只有在最后一页才能提到其运营特点。要清晰地解释公司的目标，并且设计出能够实现这些目标的策略和战术。阐明企业所需的资金、时间和用途，同时提供一个明确且合理的投资方案。通常情况下，主要内容应在 7~10 页，而摘要部分应该是 2 页。要重视公司内部的运营策略和预算的制定，而一些具体的财务信息可以在接下来的会谈中进行讨论。

2. 换位思考

制订商业计划书的一个关键策略，是进行换位思维。也就是说，投资者需要假定自己是一个策略合作伙伴或者风险投资者，最关注的问题和评估标准是什么。换句话说，我们需要根据投资者的理解来编写商业计划书，这样就能轻松地识别出哪些是关键点、哪些应该详细阐述、哪些可以简洁描述、哪些是无关紧要的内容，从而赢得投资者的喜爱。

另外，在制订商业计划书时，我们需要避免使用过于复杂的词汇去描绘产品或生产运作流程，应该尽量采用简单明了的表达方式，以便投资者更好的理解。

3. 以充分的调查数据、信息为基础

投资盈利的根本在于市场销售，因此，筹款者需要深入研究市场的真实状况，全面收集市场上的现有商品、竞争状态、可能的市场、潜在的消费者等详细信息，以便在坚实的调研数据和信息的支持下进行市场预测。如果不这样做，接下来的生产、财务和投资收益预测将变得像是“空中楼阁”。所以，在商业计划书里，绝对不可以出现模棱两可的表达，也不可以没有任何事实支持。

另外，在收集数据的过程中，必须保持公平和客观，防止只搜寻那些对我们有益的信息，却没有采纳或者刻意遗漏那些对我们不好的信息。通常情况下，无论是战略投资者还是风险投资者，他们都是极其专业的人，他们所提出的问题往往非常尖锐。如果筹款者仅仅关注那些对自身有益的信息，那么在面临质疑时，他们的思考和准备可能会显得不够周全。

4. 实事求是，适度包装

尽管商业计划书的影响力不容忽视，但其实只是一张入场券。过度包装并没有任何好处，而是需要在创建盈利模型、实地管理、市场拓展以及技术研究等领域投入更多的精力。如果没有，就算有机会也无法抓住。

5. 不过分拘泥于格式

虽然商业规划书中存在许多普遍适用的形式，然而，许多创新型投资人在研究这些形式的过程中，往往不去理睬，反倒更倾向于重视几个核心要素，专心于他们期望的内容。所以，当公司在策划商业方案时，无须过度依赖一成不变的规则，而应该将公司的长处和短处公开，这可能会成为最终胜利者。

有时候，一些风险投资者或其代理机构会要求公司提供一个固定的商业计划书，这可能是一个融资欺诈。

第三节　商业计划书的内容与要点

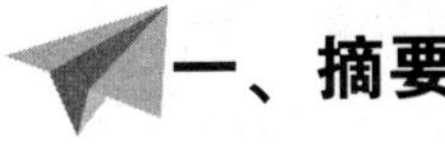

一、摘要

概述是为了吸引策略合作伙伴和风险投资者的关注，从商业计划书中提炼出精华并制作而成的，它包含了商业计划书的核心要素。通常情况下，我们需要先将全部的主题信息整理出来，接着将关键的观点和结论提炼出来，这样可以让人一眼就能看出来，并且能够在较短的时间里对投资者产生深远的影响。在概述部分，公司需要解答以下六个问题：

（1）公司的行业、运营特性和覆盖面；

（2）公司的核心产品和效果；

（3）公司的市场位置，谁是公司的客户，他们的需求是什么；

（4）公司的合作伙伴和投资者是谁；

（5）公司的竞争者是谁，他们对公司的成长有何影响；

（6）公司的投资策略，以及投资的金额和方法。

二、公司介绍

公司信息主要涵盖公司的名字、商业特性、登记地址、运营位置及公司的法定形态等。在公司名称上，涵盖公司的法定名称、商标或品牌名称、商业名称、子公司名称等各种信息。对于即将创建的新公司，若其未设置明确的命名，那么在其商业规划里，选择一个具有更高灵活度、覆盖更多领域的命名，能够防止对公司业务扩张及运作路径的干扰，同时，也对公司的交易产生积极影响。

在核心业务领域，尽可能用简洁的几句话让风险投资者了解公司的产品或服务。比如，公司可以这么表述："我们的公司专门设计、生产和销售用于医疗的微型计算机。"下一步可以对相关产品或服务做出简洁的说明。例如：

> 作为一家专门从事食品销售的企业，我们的目标是为大众提供性价比较高的优质食物。我们的目标是在获取利润的同时，与客户、员工、社区及环境建立紧密的合作伙伴关系。我们的愿景是维持适中的增长速度和收益水平。在××年以前，我们的服务、援助及教育业务已经实现了××万元的营业额。

对于公司的演变历程和当前情况，要进行详细的阐述，并且内容应该精练明确，最好保持一页以内。主要讨论公司的创建日期，首次制造商品或者提供服务的时间，以及公司发展经历的关键阶段。在对话过程中，风险投资者一般会针对企业的商业进程（历史）提出一些疑问，而筹集资金的一方则可以进一步详尽地解释相关的内容。在讲述企业的发展历程时，必须牢记，投资者倾向于了解企业的建立背景，创新思想的起源及其演变。还要明确指出那些担任主要角色的人。对于过去的记录，必须保持清晰，并且需要详细列明企业成长过程中关键阶段的具体日期和环境，这些内容需要自企业成立之初至现在连续记录。当阐明企业的目标时，不能过于空洞无物，而应该清晰地表达企业的愿景。

1. 企业内利益冲突

不管公司内有何种可能的权益矛盾，都必须在此章节进行阐述。比如，这家公司的董事会主席同时也是该公司的一个供应商的拥有者或董事会主席，或者是与该公司业务类似的一

家公司的拥有者。另外，需要阐述在由领导者主导的商业活动里，有哪些是用了非理性的报价进行的。

如果在商业计划书中没有提及这些利益冲突，一旦被风险投资者发觉，就会失去他们的信任。最好的办法是企业从一开始就解决这个问题并告知风险投资者，或者向他们说明存在这种利益冲突会比没有这种情况做得更好。

2. 诉讼

这里要说明与公司相关的任何诉讼事件，既包括外公司对本公司的诉讼，也包括本公司对外公司的诉讼。

3. 知识产权

在这里，需要阐述公司现有和即将申请的各类专利和商标，同时，也要解释专利获得批准的理由，以此来揭示产品的技术障碍，突出公司产品的特殊性和唯一性。

4. 企业与公众的关系

公众是指对企业利益和行为产生影响的群体。企业与公众关系的好坏将给企业的生产经营活动带来直接影响。这些公众包括融资公众（主要指银行、保险公司等金融机构）、媒体公众、政府公众和公民团体等。

5. 主要合作伙伴

这里主要讨论公司所需的原材料和关键部件的供应商、产品的销售商、广告和公关代理商等，通常可以用表格的方式列出 3~4 个主要的合作伙伴以及他们提供的产品和服务。一般来说，风险投资人员都会拨打名录上的一些供货商的电话，来验证这个名录的准确性。在产品制造和销售流程中，如果存在其他的合作伙伴或分包商，一般都需要进行详细的解释，这些信息应该包含合作伙伴的名字、合作的金额，以及合作伙伴的名字、地点和联络方式等。

三、管理团队介绍

在撰写商业计划书的过程中，管理团队是非常重要的一部分。一个优秀的领导团队不只是在公司遭遇困难时能将其化解，还是公司未来进步的强大支持。通过对管理团队的详细阐述，让投资者认识到公司的管理架构、运营技巧及专业品格，从而提升他们对于公司的信任度。投资方需要重点阐述管理团队的职务履历、成就，特别是与目前职务相关的经验。此外，可以重点介绍公司目前的管理方式。在制定商业策略时，首要任务是全方位地描述公司的管理团队，包括公司的主要股东和股权构成，董事、重要员工，以及其他管理层的权力分配和薪资状况。如有需要，还需要深入阐述他们的个人经验和背景。公司管理团队应具有互补性，具备团队协作的精神。另外，在对管理团队进行介绍的过程中，也应该简洁地描述公司的组织架构，包括公司的组织结构图、各部门的职能和职责、各部门的负责人和主要成员，以及公司的报酬体系等。这样做是为了让投资者明白管理团队的独特凝聚力，团队的人才充足且结构合理，他们在产品设计与开发、财务管理、市场营销等方面有着出色的能力，足以满足公司未来发展的需求。只有投资者充分信任管理团队，合作才有可能真正展开，开诚布公是建立信任关系的基础。

一般来说，微型企业的核心成员数量应控制在 3 个以内，而大型企业则应避免超出 6 个核心成员。按照核心成员职位的高低顺序进行介绍。

在风险投资领域，基础的投资行为就是对“人”的关注。没有对一个人品格的深入描绘，所有的言论都是无用的，无法让人接受。人的素质是通过职业与日常生活逐渐塑造的，而非短时间内能够完全转变。人的品格，实际上就是他们的内心价值。人的本质价值涵盖了许多领域，尤其是对于风险投资者来说，他们更加注重个体的信誉和诚实，因为这直接影响着他们的财务安全。投资者不会将资金交给一个信用度很低的人。阿瑟·洛克，一位曾经投资 Intel、Apple 等公司的人士，曾经表达这样的观点：“我投资的是人，而非商业。”根据北京大学创业投资研究会的研究，有 40% 的风险投资者拒绝投资，原因是他们对管理层的能力和素质感到不满，并对创业者能否在竞争激烈的市场中成为领导者持有疑虑。因此，在编写商业计划书时，应优先考虑人的因素，并尽可能多地关注人的因素。

四、技术产品（服务）介绍

创业计划的实质性支撑就是产品（服务）。为了让投资人能够获取收益，公司的核心产品（服务）必须具备商业意义。公司应该以市场为主导，而非仅仅依赖技术，因为只有在市场中才能找到创新的价值，才能满足目标市场的需求。创新者需要将其阐释得更为深入、明确，并强调产品（服务）的独特之处，以及它们所蕴含的商业潜力、科技的优势。另外，企业家也需评估其产品（服务）是否符合当下的消费需求，能够精确且恰当地预测其技术未来。对于初创企业来说，他们需要对风险投资者保持足够的信赖，避免由于对自身的科研专利可能遭到侵犯的恐惧，导致对此进行掩饰。

1. 产品项目

在阐述产品或服务的过程中，企业家需要进行深入的解释。阐述需精确且简洁，以便即便非专业的投资者也可以理解。通常情况下，产品的介绍需要包含产品的原型、图片或其他相关信息，并且需要解答以下问题：

（1）消费者期望公司的产品能解决哪些问题，以及消费者能从公司的产品中获得哪些益处？

（2）公司的产品在与同行的产品进行比较时，存在何种优势和不足，消费者为何倾向

于购买我们公司的产品？

（3）公司对其产品实施了何种防护策略，拥有哪些专利和许可证，或者与已经申请专利的制造商达成了哪些协议？

（4）公司的产品定价能否让公司赚取充裕的收益，又是何种原因导致消费者愿意大规模地采购公司的产品？

（5）公司如何通过改进产品的质量和性能来提升其竞争力，以及公司对于新产品的研发计划等？

一般来说，产品和服务的描述会更为详尽，这使撰写过程变得更为简单。尽管宣传自身的产品是一项必要的工作，但公司的每一个承诺都像一笔债务，这些债务将会在未来的经营过程中被积极地实施。因为创新者与投资者构建的是一种持久的协作伙伴关系，空洞的承诺通常只会带来暂时的成功。若公司无法履行其承诺，无法支付其负债，那么其声望无疑会遭受重大打击，甚至有可能导致其创业的挫折，这无疑是所有创始人和投资人不希望看到的。

2. 技术项目

首先，需要清楚、真实地阐述技术的起源及其所有者。许多科学技术的产生和发展，主要是由大学和科研机构提供的，因此，它们的所有权问题也随之出现。假如创业者故意利用这个手段欺骗投资者，那么这将更加削弱投资者的信任。因而，投资人通常期待企业家能够在其商业策略里真实地陈述其科技的起源及其拥有的状态，从而使他们能够放心。

其次，创业者需要阐述公司的科技开发实力、未来的科技演变方向，也需要说明开发新产品的费用预估与时间安排。风险投资人主要考虑公司的科技创新团队是否具备掌控市场产品科技进步的能力，是否可以满足消费者的需求来推出创新产品、打造创新市场，以及是否可以确保公司未来的竞争优势对科技创新的依赖。创业者应该在仔细评估自己实力的基础上，给出详细的说明。

3. 产品或服务优势

（1）对产品或服务的说明。假如你的产品或服务具备创新性，你必须在某些方面进行阐述，向你的客户展示它的优势和价值，将其与竞争对手的产品或服务进行对比，探讨它的发展方向，并列出初步开发它所需的条件。只有当一个新的产品（服务）优于市场上的已有产品（服务）时，它才能做到消费者的青睐。要详细阐述产品（服务）的特性，让投资人或顾客明白其全部的价值。

假设市场中出现了可以取代的产品或服务，你需要详细阐述你的产品或服务所具备的其他附加价值。对竞争者的产品（服务）也要作出同样的分析。

如果提供几种产品，应把讨论集中在最重要的一个上，对其他产品作简单的介绍即可。

制作出一个样品是很有好处的。一种更优的策略是让一些曾经使用这款产品的顾客来为你提供证据。你需要阐述你的科技革新和产品在市场上的优越性，同时也需要突出你的科技壁垒，或者提供有力的专利证书，以展现你能够阻止他人的盗窃和复制。假设还存在尚待处理的挑战，请确保已经有了应对这些挑战的方案。获得某些特定产品（服务）的合规许可也存在风险，需要阐述你现在获得的相关证书，或者正在进行的申请及即将进行的申请。

（2）关于产品或服务的价格。本部分主要是对公司的产品或服务进行精确的阐述，以便读者在阅读完毕后，不再对公司的生产或计划生产的内容产生疑虑。若公司拥有多种商品和服务，建议将其划分为几个单一的部分来阐明，这些部分应涵盖各种商品的售价、定价的根本原理、收益和盈余总值等。在确定产品的价格时，需要全面考虑各种影响因素，这样才能保证最后的价格在逻辑上是合理的，同时也能被市场所接纳。在此环节，投资人经常询问两个关键点：该产品定价反映的是不是竞争条件下的价格走势？这个定价是否能够应对竞争对手降价带来的压力？这个问题，需要创业者做好应对。

（3）关于产品或服务的特色。公司的特色不仅可以从其管理团队中看出，也能从其产品或服务中看出，甚至还能从其筹集的资金中看出。简而言之，正是由于其独特性，风险投资者才选择放弃其他的投资机会，转而投资于本企业。所以，可以在商业计划书的总结或者部分内容中，单独列出一部分，来阐述公司的特殊性。此部分的解释也能融入其他几个环节，并从各种视角解读企业的个别属性。

4. 顾客或买主

本部分将深入探讨产品的主要购买者和消费者，涵盖以下几点：①是谁在使用这款产品？②使用目的是什么？他们为何会选择购买公司的商品或服务呢？③这是由于价格的影响，还是其他因素的作用？

这一环节应该明确公司商品的三大主力消费者，以及他们的购买总价和当期的销售总数（这些信息也可以通过表格的形式进行展示）。

五、行业和市场分析预测

根据数据，17%的创业者在寻求公司融资时遭到拒绝，这主要归咎于他们的产品市场规模不够大，或无法实现充分的收益。因此，创业者在对市场进行充分调研的基础上，要对自身产品或服务的市场前景进行合理的预测，并制定出相应的市场策略。行业与市场分析主要涵盖公司所处领域的基础信息、公司产品或服务的当前市场状况，以及未来市场趋势，以便让投资者能够了解公司产品或服务的市场销售情况。这也是投资人所关心的焦点之一。主要的行业研究包括探讨行业的进步方向、行业发展过程中遇到的挑战、国家相关的政策、市场的规模、市场的竞争状况、行业的主要盈利方法及市场的战略等。市场研究的核心在于探讨现存的消费群体状态，以及新产品和服务的未来发展趋势。在阐述现有的市场用户状况时，

需要研究公司在过去的运营中所拥有的用户数量、市场份额、市场竞争状况，以及是否已经构建了全面的市场营销路径等。

在预测市场未来的过程中，首要考虑的是需求的预估，包括市场对该产品的需求量，需求的强度能否为公司带来预期的收益，新的市场规模有多大，需求的发展方向和状况如何，需求的影响因素有哪些，以及新产品的潜在消费者和目标市场有哪些。需要详细阐述市场的竞争状态，也就是说，需要研究公司正在经历的竞争环境：市场上的重点竞争者包括谁，他们能否提供对公司产品有益的市场机遇，公司未来的市场份额将如何，企业进入市场后会引起竞争者怎样的反应，这些反应对企业会有什么影响，等等。

六、市场营销策略

1. 市场调查

在制订商业计划之前，必须掌握相关科技与产品的市场可能性、扩张速度，消费者对此的接受度，产品的技术先进性及性能，行业和技术的发展趋势，行业的竞争程度及对手的竞争力和市场占有率，还需考虑外界的政策与法规，这些都可能影响这项科技与产品的成长。例如，所需的原材料的成本、品质及供货途径等。为实现上述目标，进行深入而详尽的市场调查与分析，从而评估项目的实施可能。市场研究的主要目标涵盖两个领域：研究行业和技术状况；消费者对某项产品或技术的满足度以及产品的市场潜力。市场调查的方法主要分为三种：一是直接调研，二是间接调研，三是中介研究。直观调研就是利用现场的调研，直接和被调研者进行交流，从而获取和掌握最新的数据，然后把这些数据进行整合和总结，形成相应的信息。尽管这个策略有着高度的目标性和信赖感，但它需要花费大量的时间和金钱，对于经济条件有限的小型企业来说，这是一个挑战。间接调研是指收集别人已经加工整理好的二手资料，然后将其整理、归纳成有关信息。间接调研具有调研速度快、费用节省的优点，不足之处是收集的一些信息和数据可能无法辨识其可信度。从参与者的角度来看，市场调研的方法又可分为两种：亲自调研和委托调研。亲自调研是指调查者亲自参与市场调查活动，这种方法受参与者时间、调研知识和精力的限制。委托专业的市场调研公司进行调查是获取信息的另一种方法。这种方法专业化程度和效率较高，但需要支付一定的费用。

2. 市场分析

市场研究需要投入大量的时间与精力，商业计划书的写作者必须对目标市场及其顾客和竞争者、如何开展市场竞争、潜在销售额和市场份额做到全面掌握。针对目标市场，主要是基于产品的销售量、增长速度及总需求等因素进行全面的评估。对各个目标市场进行详细的分类，并探讨希望从中获得的销售收益、市场份额和利润，同时评估产品的真实潜力。

（1）在描绘目标市场时，需要回答如下的问题：①具体市场包括哪些？②主要消费者群体是哪一类？③5 年制造规划如何？收益与盈余各为何数？④拥有多大的市场？目标市场份额有多大？⑤营销策略是什么？

（2）对于行业分析，需要回答以下问题：①这个行业的发展水平如何？②现在的发展趋势如何？③该领域的全部销售额是多少？所有的利润是多少？未来的发展方向如何？④这个行业的经济增长会产生什么样的影响？⑤这个领域的政策对其产生了什么样的效果？⑥行业发展受到哪些因素的影响？⑦竞争的性质是什么？你打算采用哪些战略？你是如何克服这个行业的阻碍的？⑧有哪些因素影响了你的进入？

（3）主要的竞争分析问题包括：①你的主要竞争者是谁？②你的对手在商业领域的占比有多大？他们的商业战略是什么？③有何种新的改革可能在竞争中产生？你们有什么应对策略和方法吗？④在竞争中你的经营优势和市场优势各是什么？⑤你能否承受竞争所带来的压力？⑥产品的价格、性能、质量在市场竞争中具有怎样的优势？

3. 市场营销

市场营销是风险投资者十分关心的问题，在商业计划书中，对市场营销策略的阐述一定要详尽。风险投资者对一个项目有投资意向后，最关心的问题就是产品或者服务未来的市场营销策略。所以，制定出切实可行的市场营销策略非常必要。

在商业计划书的写作过程中，要把握好产品的定位。许多现代公司在实施市场推广战略时，最主要的挑战在于“产品”的概念。一般来说，我们所认为的产品，即拥有特殊外观和功能的实体，如毛巾、衬衫、电冰箱等，这只是基于传统的制造观点，也只是对产品的一个简单的诠释。在市场理论中，产品的定义需要涵盖更多的元素。广义的产品指的是一种服务，这种服务是可以满足人们的需求的。这个东西不仅是实体的产品，还能提供非实体的服务。实体产品能够满足公众的实际应用价值的期望；即使是非物质性的产品，亦即服务，也能够满足消费者的精神层面的需要，从而达到经济和精神的双重收获。

在公司的商业规划里，确定产品的售价是一项关键的任务，同时也带有巨大的风险。一种产品的价格通常会决定其在市场上的认可度，也会左右其他竞争者的商业策略和实施，进而也会对其销售额和盈利造成影响。初创企业通常是高投入、高风险的，技术和市场的不确定性使定价时不可把控的因素增多，从而难度大增，因此，研究定价策略对创业企业而言相当重要。

在商业计划书中描述分销渠道时，要注意影响企业分销渠道的因素有很多，如产品特点、细分市场和企业自身的条件都会对分销渠道的选择产生一定的影响。企业要根据自身的资金、声誉、销售力量的强弱等来选择分销渠道。

在制定的商业策略里，选择适当的推广策略能够极大地推动公司达成其营销目标。在选择推广策略时，需要考虑三个因素，也就是销售推动目标、产品特性和公司自身的特性。推动销售的关键在于使用恰当的方法，也就是说，要实现预设的推广目的，就需要挑选出最佳

的方法。首先需要考虑的是产品的种类和其生命周期，然后选择适合的推广工具。同时，工具的选择必须符合产品的生命周期。企业自身因素必须符合企业的形象，在考虑企业的可利用资源及自身的优劣势以后，必须保证企业的形象不受损。

综上所述，在撰写商业计划书时，对于创业者来说，由于消费者对产品和企业还不熟悉，企业自身还没有一个稳定的销售渠道，因此，企业要采取行之有效的营销策略来营销自己的产品和服务。例如，采用高成本、低效益的营销策略，上门推销，利用广告宣传等方式进行营销。对于发展进程中的企业来说，既可以利用原来的销售渠道，又可以拓展新的销售渠道。因此，设计一个实际可行的市场推广策略是极其重要的。市场的检验是决定企业盈利和发展的关键，而营销的成败则直接影响了企业的未来。营销策略的内容应包括营销机构和营销队伍的建立、营销渠道的选择和营销网络的构建、推行广告、推动销售、定价策略、实施市场渗透及扩展规划，以及在市场营销过程中遇到突发状况时的紧急处理方案等。当阐述市场推广战略时，创业者需要探讨各种推广方式的优劣，并确定哪些公司领导人专门负责推广，主要采用哪些推广手段，具体的资金投入，等等。通常情况下，以下三种市场营销策略是中小企业能够挑选的：

（1）专注于某一特定、精确的市场，也就是说，公司只向某一种类型的产品（例如汽车零部件）提供服务。对于资金紧张的中小企业，或是对某个特定类别的消费群体具备专业能力的企业来说，此策略更合适。

（2）针对不同的市场需求，采取了差异化的营销策略。

（3）实施无区别化的推广策略，也就是仅向消费者提供某一类型的产品，期待这能激发全体消费者的购买欲望。在人们的需求相对简单或者并不被视为关键的情况下，这个策略是比较合适的。

七、生产计划

制订生产方案的目的是让投资者掌握产品的制造和运营情况。在这个部分，我们应该尽可能地向投资者展示新产品的生产和运营流程，主要包括以下六点：

（1）当前的生产技术水平和设备状态。

（2）质量控制和改进能力。

（3）关于新产品的制造和运营方案，以及即将采用的制造工具和相关费用。

（4）制订现行的生产流程和生产周期标准，以及编制生产作业计划。

（5）确定物质需求的策略、相应的防护手段、提供商的预备时间及对资源的需要。

（6）劳动力和雇员的有关情况。

另外，为了增强公司的评估效益，初创公司需要努力让制造方案变得更具体、更稳定。

八、财务分析与预测

1. 财务分析

这部分内容包括公司过去 3 年的财务状况分析、今后 3 年的发展预测及详细的投资计划，旨在使投资者据此判断企业未来经营的财务状况，进而判断其投资能否获得理想的回报。

（1）过去 3 年的经济情况，涵盖了过去 3 年的资产负债表、现金流量表、损益表，还有每年的财务会计报表。在公司刚刚创立的时候，我们应该向创业者阐述财务管理的重要性。

（2）对未来 3 年进行预估，列举企业未来 3 年的资产负债表、收益表及现金流表。

对于公司的财务预测，其基础原则与先决条件不仅决定了其精确度，同时也反映了其财务管理的质量，这些都是投资者所重视的。主要的依据是对公司的运营策略和市场策略的全面分析和预测。需要清楚地解答以下问题：①每个阶段的产品销售额是多少？②什么时候开始拓宽产品线？其规模是多少？③每个产品的制造成本是多少？④各类商品的售价如何？⑤选择何种分销方式，预计的成本和收益各是多少？⑥有几种不同的职位需求？从什么时候开始招聘，薪酬计划是什么？

鉴于财务研究和预测对企业运营管理的关键性，所以公司必须投入大量的时间和资源去详细研究，并且在必要的情况下，能够和专家与咨询师进行深入的交流。对于中小型公司而言，财务预测既要为投资者描绘出美好的合作前景，又要使这种前景建立在坚实的基础之上。

2. 财务预测

（1）收入和支出的预测。这是对公司某个特定阶段的收益与损失的描述。通过损益预测，公司的所有者或管理者能够提前掌握每月或每年的盈利状况。这些预测通常以每月的销售收入、成本和费用为基础，具体的主要指标如表 10-1 所示。

表 10-1　损益预测表

	第一年	第二年	第三年	第四年	第五年
销售收入					
销售成本					
销售费用					
销售税金及附加					
销售利润					

管理费用					
财务费用					
营业外其他收支					
利润总额					
所得税					
净利润					

第一，营业收入。对照一下，如果以预设的价格进行销售，那么每个月可以生成多少个产品或服务？预测收益率为何？这种定价策略是否合理？是否有折扣？

第二，销售成本。对营业费用进行准确的估算，涵盖全部的产品与服务，从而得出净营业收益。在涉及库存时，一定要记住运输费用和直接的人工成本。

第三，毛利润。用净销售收入减去总销售成本，即毛利润。

第四，毛利率。毛利润除以总净销售收入，即毛利率。

第五，管理开销和财务开销。所谓的管理成本，就是那些由于组织与操控企业运作所产生的所有开支，管理团队的薪酬与福利、商务接待费、房屋出租、设备折旧、无形财产的摊销、顾问服务、审计开支、房产税、土地所有税以及印章税等。财务开销是公司为了筹措资金所产生的各种开销，这些开销涵盖贷款利息、银行服务费及其他的财务开销。

第六，净利润（或净亏损）。税前利润：毛利润-总费用；税款：存货和销售税金、房产税等；税后利润：税前利润-税款。

（2）资产负债预测表。

第一，资产。列出企业拥有或控制的有价值的经济资源，这些资源可以在未来的经营中给企业带来经济效益。总资产包括流动资产和长期资产，长期资产又包括长期投资、固定投资、无形资产、递延资产等，其中资产的折旧和注销（无形资产，如专利、版权等）逐年减少，应当扣除。

主要的流动资产有现金、交易型的财务资产、收到的票据、收到的账款、预收款、收到的利息、收到的股息、其他的收款和库存等。

非流动资产主要包括长期股权投资、固定资产、在建工程、工程物资及其他无形资产等。

第二，负债。通常，流动负债涵盖短期贷款、应付票据、应付账款、预收账款、应付薪资、应付福利费、应付股息、应缴税款、其他暂时性的应付款项、预提费用，以及一年内到期的长期借款等。

长期负债主要包括长期借款和长期应付款。所谓的长期借款，就是超过一年的所有贷款。所谓的长期应付款，是指那些不属于长期贷款或应付债券的所有类型的长期贷款。

第三，资产净值。这个词也被叫作所有者权益，是企业主对企业资产的所有权。在私营公司或者合作公司里，股东的初始投入与公司的保留利润构成了股东的利润。在企业中，净资本是由创建之初的实际资本与资本公积金、剩余公积金以及尚未实现的收益组合而成。

第四，总负债和净资产。负债加上所有者权益等于资产。

(3) 现金流量预测表。这是三个主要的财务报告（资产负债表、盈利表、现金流量表）中的一个，它揭示了企业在特定时期内的现金收支情况。财务报告可以预测企业的长远运营状况，并帮助理解企业的盈利实力与偿还能力。

在研究现金流量表时，需要理解其结构和特性，并分析其内部组成。同时，还需要将损益表与资产负债表相结合，进行全方位、公正的评估，以便对公司的财务状况有所了解。

现金流量表分为主表和附表（补充资料）两大部分。在主表中，所有的项目数值其实代表了每一次资金的进出。而在附表中，所有的项目数值其实代表了对应的会计账户在当前时间段内的产生的总量，以及期末和期初的剩余数量。在现金流量报告里，附表的存在是必要的。通常，能够直接从对应的财务账户中获得其发生金额或剩余金额。

九、融资计划

主要的融资策略是基于公司的运营计划，提出公司的资金需求数量、融资方法和工具，以及投资者的权益、财务收益和资金安全保障，还有投资退出的方式等。这是一个关于资金需求和供应两者协同发展的规划研究。以下是融资计划的核心部分：

(1) 融资数额是多少？已获得了什么样的投资？期望从战略合作伙伴或风险投资者那里获得多少资金？打算使用何种筹资方法，是借钱、发行债券，还是选择销售普通股和优先股来获得资金？

(2) 公司未来的资本结构如何安排？公司的债务情况如何？

(3) 企业筹集资金时所需的抵押和保证文件，涵盖哪些物品作为抵押或者质押，由哪些个体或组织提供保障？

(4) 投资收益和未来再投资的安排如何？

(5) 假设采用股份的方式进行投资，那么两者在企业的股份、掌握权和所有权的分配上应该怎样规划？

(6) 在投资方加入之后，企业的运作和管理架构应该怎样构建？

(7) 如何管理投资资金？该项目将获得什么回报？如何让投资者对公司的运营进行监督和管理？

(8) 在风险投资领域，有哪些退出途径和方法，是企业回购、股份转让还是企业上市？

在筹划资金的过程中，公司需要提供足够有说服力的筹资需求和用途，同时也需要提供

吸引人的投资回报和投资条件，还需要关注保护公司自身的利益。公司的财务评估和预测构成了筹款方案的根本。鉴于投资者的合作方式可能多样化，我们还需要制定几个备选策略，并提供在各种盈利模式下的资金需求和投入方向。

创业者可以在普通股、优先股和可转换债权、债券及认购股权证等融资工具中，向风险投资者提议一种。应该注意的是，要对有关发售这些金融工具的众多细节问题予以说明，以免风险投资者产生过多疑问。

（1）假设出售的是普通股，通常要说明：是否分配红利？股息的数量能不能积累？是否需要在一段时间后将股票退还给风险投资者，以便他们可以撤销他们的投资？发行价格应该是多少？这种股权是否存在限制？拥有普通股的人拥有何种投票权及注册登记权（安排上市以实现公众公司化）？

（2）假设出售的是优先股，那么必须阐述：应该支付哪些股息？股息是不是可以累加？针对优先股的回购计划是什么？能否将优先股变更为常规股票？假设这是可转换优先股，那么转换的价值是多少？关于优先级的持股有什么规定？是否存在优先股的股东拥有投票权？是否拥有对公司董事会的掌握力？哪些是优先股的优先权？

（3）假设销售的是可转换债，同样需要解释一些相关规定。例如，债务的年限应该为5年还是10年？债务利率的最佳水平是什么？应该选择维持现有的利率，或者选择调整？这个债务能否被分配到一般性的股票或者优先级的股票中去？假设前述规定仍有讨论余地，那么这里也需要进行解释。

（4）假设是按上述条款发售股票期权，需要对风险投资者必须支付的期权购买价格做出说明；同时，还要考虑风险投资者兑付期权时的执行价格和购股数量，并说明期权的期限是多长。

十、风险分析

在风险评估的环节，主要向投资者阐述公司可能遭遇的各类风险及其影响程度，同时也会告诉他们如何通过融资手段来减少或预防风险，从而提高收益。主要涵盖以下六个部分：①公司在各个领域所遭遇的约束，如资源的限制、管理经验的约束及生产环境的约束等；②创业者的短板，如在技术、经验或管理方面的不足等；③市场不确定因素；④技术和产品研发的不稳定性；⑤财务利润的不稳定性；⑥为了应对潜在的危险，公司需要采取相应的风险管理和预防手段。

在考虑公司可能遭遇的多样化风险时，筹款方应当持有公正、真实的立场，既不应该因为它们发生的概率较低就视若无睹，也不应该为了提高筹款的概率而刻意掩盖风险元素。需要深度研究公司所遭遇的各种挑战，并为每一种潜在的危机设计适当的预防策略，只有如此，我们才能赢得投资人的信赖，同时，这也将推动在吸纳新的投资之后，两者的协同工作。

1. 风险评估

风险存在于整个运营过程中，并不单单存在于某一个特定的环节，而且它是客观存在的。融资者要在商业计划书中对经营过程中可能遇到的风险一一分析。其可能遇到的风险大概分为以下四种：

（1）技术风险。对于企业来说，技术风险主要是技术寿命风险。在高新技术快速发展的今天，企业所选择的技术可能会在很短的时间内就被更高级的技术所取代，技术存活时间的长短无法预知。如果旧的生产技术在很短的时间内被新的生产技术所取代，将使得投资风险大大增加。

（2）市场风险。这是新科技商业化进程遭遇阻碍或者挫折的主要威胁。由于新产品无法满足市场的需要，并且其生产规模超出了市场的承受能力，所以导致了这个问题。初创企业的产品都是相对新颖的，如果没有做好前期的宣传工作，顾客对其不了解，就会导致顾客对这些新产品持一种观望的态度，从而直接影响市场对这种新产品的接受程度。

如今，在经济发展、社会进步和人们文化水平越来越高的情况下，新产品的市场接受周期普遍变短。但是，有的产品从被研发出来到人们意识到其功用而普遍接受之间的时滞比较长，这会影响企业的资金回笼，对于初创企业来说是致命的，会导致企业的生产经营陷入停顿状态甚至难以维持。

（3）金融风险。随着公司的壮大，由于规模随之扩大，加之新技术的研发资金呈几何式增长，因此公司对资金的需求也会急剧上升。此刻，是否能够立即获取财务援助，将对公司的发展和壮大产生决定性的影响。如果无法在一定时间内获得发展所需要的资金，企业的发展将很难维持。这就要求融资者在描述风险种类时要提出几个备用的融资方案。

（4）管理风险。它是投资的核心风险之一。由于管理原因而造成投资失败，对风险投资者来说是最不可原谅的。所以风险投资者在阅读商业计划书时，会对这部分内容投入更多的精力。现代企业管理不再像过去一样重在新产品项目的创新，而在于经营，经营的重点在于决策。如果企业为了追求短期效益而将大部分精力放在潮流产品的创新上，过度忽视管理、制度等方面的问题，忽视构筑企业文化，就会大大增加管理风险。高新技术企业一般是风险投资的客体，众所周知，高新技术发展速度很快，产品更新换代也快，如果因为管理的原因而去盲目地追求和发展新技术，当新技术被研发出来之后，有可能很快就会被淘汰，不言而喻，这样的决策必然会使企业失败。

2. 风险防范

在商业领域，风险是客观存在的，它并不可怕，只要在每一条风险后面有相应的解决方

案，让风险投资者放心，说明融资者有能力、有办法控制风险，投资者就有信心投资。

（1）针对行业风险的一般对策。在制定商业策略的过程里，需要发掘公司的独特之处，例如，制造工艺、科学研究和管理能力，以及产品的高质量等，以便最大限度地提升产品的前沿性，确保其在某个特定阶段能够占据主导的市场份额。

（2）市场风险对策。在加强产品销售的同时，需要在企业的盈利能力上下功夫，这就需要制定合理的价格，建立完善的信息体制，加快产品的研发速度，增强企业的市场应变能力，及时调整经营方案，生产符合市场需求的产品；同时，加大企业的产品研发力度，提高产品质量，努力降低成本，以高质量、低成本的产品吸引客户，提高产品的竞争力；实行名牌化战略，稳定客户群。

（3）管理风险对策。为了减少管理的风险，需要完善公司的组织架构，培养出高效的管理团队，让他们在整个管理流程中发挥关键的作用。我们需要设定适当的刺激和限制措施，让它们能够产生最大的影响力。降低公司对特定高层的过度依赖，增进对经营人员的教育，提高创新思维。

（4）技术风险对策。这部分要说明企业的技术在国际或国内市场上的领先地位，并且要列举出各种措施，保证技术的先进性，将技术的领先地位一直保持下去；要加快科技转化的速度，使产品迅速占领市场，且与同类产品相比，具有领先优势；要时刻关注国内外的最新科技发展趋势，并随之调整企业的科技研究方向以及产品战略。

综上所述，在撰写商业计划书的过程中，风险分析的目的就是要说明初创企业在运营过程中所潜在的风险，向投资者展示针对风险所采取的规避措施。针对提出的各种风险，必须在风险对策部分附上与之相对应的应对策略。对于投资者而言，风险并不可怕，因为，无论哪个商业领域，在创业的过程中都会存在这样或那样的风险，可怕的是对风险的盲目乐观和忽视与低估风险的存在。所以，有针对风险的行之有效的措施十分重要。

十一、附件和备查资料

附件的主要作用在于详细阐述商业计划书中的一些问题，以及相关的证书和图表，这些内容涵盖公司的营业许可、公司章程、验资报告、审计报告、高科技企业项目证书、专利证书、鉴定报告、市场调研数据、主要供应商和经销商名单、主要客户名单、场地使用许可、公司及其产品的推广材料、生产流程图、各类财务报告以及财务预测表、专业术语解释等。这些附件和商业规划的核心内容共同编排。

仅当投资者有投资愿望时，提交一份准备的信息清单。

第四节　商业计划书的检查

在商业计划书完成之后，创业者最好检查一遍，以验证这份规划是否可以精确地解答投资人的疑虑，从而让他们产生信任。一般来说，可以从以下七个角度对计划书进行审查：

（1）看看商业计划书是否展现了你在企业运营方面的丰富知识。若无法进行企业运营，必须清楚地表达你已经聘请了一位“运营专家”负责企业的运营。

（2）你的财务策略是否展现了你的偿债实力，并确保为未来的投资人提供一份全面的比例分析。

（3）你的商业计划书是否展现了你对市场的精确研究，并且要使投资者相信你在规划中所提到的产品需求量是真实的。

（4）你的商业蓝图能否让投资人理解。为了让投资者能够更轻松地检索每一部分，商业计划书必须配备一份索引和目录。另外，须确保目录内的资料具有逻辑性和实际性。

（5）你的商业计划书里，是否包含概述并且位于首位。概述部分就像企业的商业蓝图，投资人通常会优先阅读。为了吸引投资者的注意力，概述需要充满吸引力。

（6）你的商业计划书是否完全符合语言规则。如果计划书的编写或打印出现错误，那么企业家的筹款机会可能会立即消失。

（7）你的商业规划是否可以解除投资者对于产品或服务的质疑。假设有必要，你能否预先制作一个商品模型。

所有商业计划的组成部分都会对筹资的成功与否产生影响。所以，若你对自己的商业规划感到不确定，建议你参考一下相关资料，或者寻求专家的意见。

第五节　商业计划书的包装

一、图表的处理

在制订商业计划时，大部分内容是通过文字描述的，同时也会配合一些图表。如此一来，创新者能够更加精确和客观地展示公司的经营情况，也能使投资者在相对较短的时间里

全面了解公司的能力。通常，图表可以分为两种类型：其中一种类型的图形，其主要特征在于其与所要阐述的信息的紧密联系，而其本身的信息则相对较少。针对此类图形，创作人员能够把它们直接嵌入相应的主题内容里。另一类是自身内容较多，可能会对整个计划书的连贯性产生影响，要么在计划书中起到的是备查作用。例如，公司的三大预测报表就属于这一类。针对此类图形，我们能够把它们整合到附件里，既能突出规划书的主题，又能让投资人更加轻松地进行查阅与应用。

许多软件系统，包括常用的棋盘式对照表和文字处理系统，都可以用来列表。切记，一定要用高质量的打印机来打印图表。

二、保密协议

保密是一个重要问题。商业计划书因涉及公司的发展战略，签订保密协议尤其关键。有时候，由于商业计划的曝光，企业可能会遭受致命的打击。在向他人透露商业计划的某些内容时，必须与他们达成保密条款。密保协议必须明确指出：对方可能会接触到商业机密，因此，必须保证在未经许可的情况下不能使用或泄露机密。包括以下三种方法：

第一，要求对方在一份保密协议上签字。

第二，将一段内容附于文档之上，以此向投资者施加隐私限制。

第三，应尽可能避免将敏感信息写入文档（但是文档必须包含足够的内容才能让人接受）。

此外，也存在一些标准的行为，例如，在洽谈阶段，商业计划书的封面会印上“机密和专利”的标志。如此，只要对方违背了保密条款，我们便有权利通过法律途径来维护自己的权益。

根据具体情况，保密协议的数量和复杂性会有所不同。假如保密协议是商业计划书的一部分，那么应该把它放在最前面并解释。一旦收件人接受了这份文件，就等同于他们已经同意接受了这个协议的规定。应该强调的是，实施保密合同规定的法律手段非常稀少，并且花费高昂，这对于中小公司来说可能会带来一些压力。

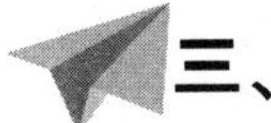

三、封页

封页是商业计划书的门面，尽管很少有人在看过封页之后再回头看一遍，但封页给人的第一印象也是比较重要的。因此，一定要精心设计封页，并且使其符合整个计划书的风格。

封页上必须有公司的名称、地址、电话号码及其他联系方式，还要标注计划书拟定的日期。上述这些信息一定要用黑体字清楚地书写，要将这些信息置于封页上方。如果愿意，还可以附加计划书的接收人及联系方式。如果有一个引人注目的、设计上乘的广告标志，也可以将它置于封页上；还可以为公司设计一个口号，当然这个口号一定要能够显示出公司的特色，能够达到交流与沟通的目的。有些计划书还将一些机密通知或是未公开的要求置于封页之上，目的是便于搜寻。如果计划书有类似的敏感信息，最好控制一下计划书副本的数量，并在封页上予以编号。以下是商业计划书封页的一般格式。

<table>
<tr><td colspan="2">公司或者项目名称：

商业计划书

出版日期：××××年××月
制定联系人：×××
职务：
电话号码：
传真：
电子邮件：
地址：
国家、城市：
邮政编码：
网址：</td></tr>
<tr><td colspan="2">保密协议
本商业计划书的内容涉及本公司商业秘密，所有权属于本公司，仅对有投资意向的投资者公开。本公司要求投资公司项目经理收到本商业计划书时做出以下承诺：
1. 妥善保管本商业计划书。
2. 未经本公司同意，不得向第三方公开本商业计划书涉及的本公司的商业秘密。收件人不得将本计划书全部或部分复制、影印、传递、泄露或散布给他人。
3. 本商业计划书不可用作销售报价，也不可用作购买时的报价。</td></tr>
<tr><td>商业计划书编号：
签字：</td><td>收方公司：
日期：</td></tr>
</table>

四、自荐信

如果有必要，还需要附上一份自荐信。自荐信可以被看作商业计划书的序言，它应该对你与收信人联系的原因进行简短的介绍。自荐信提供了一个向收信人展示交往愿望的舞台，在争取投资者的路上前进了一步。此外，自荐信还可以详述一下你呈递计划书的条件，如果计划需要限期答复，或者强调由于这份计划的机密性需要返还，或者希望计划书接收人可以将其转交给其他对此感兴趣的人，你都可以在自荐信中指出。

第六节　对商业计划书的评估

在决定是否投资计划项目之前，潜在的投资者通常会对商业计划书进行全面、系统、科学和严谨的评估。商业计划书是否能够顺利通过评估，是获得投资的关键。

一、主要评估标准

评估的主要标准是拟建项目及其依托的企业是否处于适当的发展阶段，它们是否正在合适的成长期，是否存在优质的市场潜力，是否具备高效的管理团队，还要看它们是否具备制定并执行商业策略的能力。

二、对商业计划书的一般要求

（1）编写格式是否规范，是否包含足够信息。

（2）是否已经对项目所可能遭遇的所有风险，以及其实施的可能性做出了详尽、完整和深度的评估。

（3）信息的准确度及解读的合理性。需要对商业规划的数据进行审查，看其是否准确无误，对于市场的解读能否让人接受，对于财务的分析手段能否适应，以及得出的结果能否被接受，所有的逻辑推断是否符合逻辑。

三、关键环节的评估要点

（1）进入时机是否恰当。对于风险投资而言，种子期（研发阶段）和成长期（中试阶段）为最佳投资期；对于产业投资而言，推广期（小批量生产）和成熟期（已经成功进入市场）为最佳投资期。

（2）市场前景及营销策略。投资者需要清晰界定目标市场和有吸引力的细分市场规模、竞争对手的市场占有情况，并重点评估对市场预测的逻辑是否合理，企业经营存在哪些市场风险；评估企业对目标市场的界定是否合理，目标客户群的规模及增长前景；评估市场竞争状况，分析对企业核心竞争力的界定是否恰当；市场营销计划是否完善，主要竞争优势及中长期竞争策略是否恰当；分析竞争对手对企业市场进入增长的可能反应；评估本企业是行业业务发展模式的塑造者还是适应者；评估企业如何培育在行业中的核心竞争力，如何有效进入市场；分析项目产品最早的目标消费人群。

（3）项目管理团队。重点评估董事长、总经理、首席执行官，以及技术开发、市场营销、财务管理等关键职位是否已有胜任人选，评估管理团队的最终组建方案。评估关键职位负责人的技能和经验，了解其担任过的高级管理职位或其他业绩，如负责运营的副总裁应有在相关领域一流企业工作的经历，具有丰富的经营管理经验。此外，会对拟建项目的财务计划进行详细评估，包括投资总额及其构成、项目建设周期及投资进度、收入及成本费用预测的依据、盈亏平衡和利润等情况。

（4）治理结构。评估是否有控制和管理企业运作的制度安排，治理结构能否有效解决管理层的激励问题，各利益相关主体的权利、义务和责任是否明确，能否确保投资者的资产得到应有的保护和获得合理的投资回报，企业治理结构能否按照国际通行的规则进行安排。

（5）项目获利途径和投资回报。重点评估业务模型的选择情况、所确定的经营模式及企业盈利目标；评估项目可能的收入来源、影响项目成功的关键因素，分析业务模型的潜在回报是否具有吸引力；评估产品的价值定位，分析产品能为客户带来何种服务和市场价值；对拟建项目的财务计划进行详细评估，包括投资总额及其构成、项目建设周期及投资进度、收入及成本费用预测的依据、盈亏平衡和利润等情况。

（6）技术及其研发。评估所采用的技术的成熟程度，是否经过中试阶段，与同类技术相比所具有的优势；评估拟建项目与提前项目的不同点和创新点，分析向消费者提供比市场上现有产品功能更强的产品或服务的途径和方式；评估所需资源获得的可能性，能否控制其他不是自己所有的资源。

（7）投资者的股权安排。评估投资者所承担的风险能否与所获得的回报相对应，股权的结构是否合理，投资者的退出机制及撤资方式是否可行。

（8）商业计划执行的可信度。要求商业计划书的相关部分结构要清晰明了，明确目标、合理计划、数据具体真实，确保该商业计划书能够作为未来企业推进拟建项目的行动指南，同时可以进行实施。

复习与思考

一、选择题

1. 商业项目计划书中最重要的部分是（　　）。

A. 摘要　　B. 市场分析

C. 营销策略　　D. 财务预测

2. 在撰写商业项目计划书时，以下哪个步骤应该在进行市场分析之前？（　　）

A. 确定目标市场　　B. 制定营销策略

C. 分析竞争对手　　D. 定义产品或服务

3. 商业项目计划书中的财务预测通常不包括以下哪项内容？(　　)

A. 收入预测　　B. 成本预测

C. 员工福利计划　　D. 利润与损失预测

二、填空题

1. 商业项目计划书中的________部分应该清晰地描述产品或服务的特点、优势和潜在的改进点。

2. ________是一种评估潜在客户对产品或服务的需求和偏好的方法。

3. 在商业项目计划书中，________部分应该包含对未来5年内收入、成本和利润的详细预测。

三、案例解析题

假设你是一家初创公司的项目经理，负责撰写一份商业项目计划书。公司计划推出一款基于人工智能的健康监测手表。请根据以下信息完成案例解析题。

背景信息：

- 目标市场是健康意识强的成年人。
- 竞争对手已经推出了类似的产品，但价格较高。
- 公司计划通过在线销售和合作伙伴渠道销售产品。

任务：

1. 描述商业项目计划书中市场分析部分应包含的关键信息。
2. 提出三种可能的营销策略，以区别于竞争对手并吸引目标市场。
3. 列出在进行财务预测时需要考虑的主要成本和收入来源。

第十一章

家国情怀，树立自信——精益创业

学习目标

（1）系统掌握精益创业方法论。

（2）了解精益创业的时代背景，以及精益创业与传统创业模式的联系和区别。

（3）理解精益创业的含义、属性、核心结构及执行流程等。

思政目标

培养学生的家国情怀，树立科技自信、文化自信。

案例导入

电商公司稳扎稳打进军生鲜杂货领域

精益创业的基础理念是，用户的问题和解决方案在本质上都是未知的，创业者无法精确预测用户的问题，也无法完全设计出一个解决方案。

外国某电商公司在2007年进入了在线生鲜杂货行业。尽管该公司是全球最大的在线零售公司，能够迅速地吸取过去的成功教训，并且广泛地建立起供应链和整个库存管理系统，但是该公司并未采取此类策略。他们挑选了西雅图这座对于新兴科学和生活模式最为认同的城市作为起始地，并以此为基础，开始涉足生鲜食品的领域。此电商公司最初并未覆盖西雅图的全部人口，只在几个人口稠密的高级社区设立了分销点，以缓解配送负担。

该公司在西雅图用5年的时间来持续检验和修改其生鲜销售的模式，一直到2012年，它才进军洛杉矶。虽然洛杉矶对于创新的理解和接纳相当深厚，但该公司仍只在几个人口稠密的社区进行尝试。并未投入大量资源来建立庞大的仓库，反倒更倾向于把重心放在“最后的一公里”，也就是配送环节。

在这里，需要特别留意两个重要的信息：第一，该公司正在尝试的是一项极其复杂的新业务，它采取了单点突破的策略，并且选择的地区非常集中；第二，在此类社区中，此类服务并非面向全体居民。公司首先通过支付299美元的年费来筛选出“天使用户”，这些用户在购物过程中存在着巨大的问题，因此，对电商公司提供的这项服务有着极高的需求。虽然这一部分的用户数量不多，但他们的忠诚度极高，该公司已经从这些用户开始进行全面的检查和测试。

资料来源：龚焱.2年烧12亿美金，美国生鲜电商沉重启示录［EB/OL］．［2015-06-16］. https：//mp. weixin. qq. com/s? _ _ biz=MzA5NTc4MTIwOA==&mid=206942216&idx=1&sn=d502ae1bb8de50563015d0b918a54636&chksm=191b383f2e6cb1294e3954b0444aaf1e4559315076e92ebae4853a8dd787f47d06822a6ea41e&scene=27.

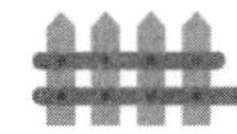

精益创新的核心理念是，主张对基础指标的测算困难，未来的发展无法预见，客户的问题及其应对策略存在巨大的未知性，因此，必须持续地反复尝试与积累经验，以便更接近客户的真正问题，并制定出切实可行的解决策略。

卡尔·波普尔——一位知名的哲学家，曾经表达过这样的观点：“假设并不等同于科学。所有的假设都只是假设，只有经过实证或者可以被证实的假设才被视为科学。”实际上，精益创业并非一门关于假设或计划的科学，而是一门关于如何在创业过程中通过科学试错的方式来积累知识，如何提出假设并通过科学试错的方式来验证假设的科学。这就是精益创业的核心。

第一节　从传统创业思维到精益创业思维

一、传统的新产品导入模式

20 世纪，每个即将上市的新产品都会采用某种产品导入模式进入市场，如图 11-1 所示。这种以产品为中心的导入模式出现于 20 世纪初期，这种模式贯穿了整个制造业的发展史。

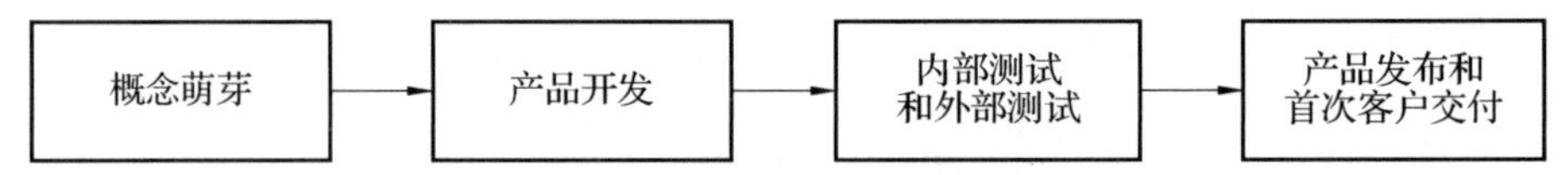

图 11-1　传统的新产品导入模式

采用这种产品导入模式的企业往往会忽略一个非常重要的前提，就是这种模式适合那些已经明确了客户群体、产品特征、市场范围和竞争对手的成熟企业。在常规的公司策略实施流程里，首先是通过商业策略形成基础的产品理念，然后引入资源、构建团队、研发产品并在内部和外部进行产品检验，经过检验的产品才能被公布，进入市场。

这种产品导入模式有个明显的缺陷，就是所有的市场信息都来得太迟。当然，制订商业计划都会做一些市场调研，但调研的对象很少是真正的用户，真正的用户一般在最后的环节才会参与进来。也就是说，只有产品的研发结束，在产品测试环节，团队才真正开始学习和认知。所以即使很多产品导入模式看上去很完美，也会导致初创公司失败。因为创业最关键的不一定是产品或服务，而是认知，即用户的反馈要始终结合在整个创业过程中。

在传统的新产品导入模式中，有两个假设，即假设能够确定用户的痛点和解决方案。而我们要说的精益创业，不存在这两个假设，因为无论多么完美的商业计划也禁不住与客户进行亲密接触。

1. 概念萌芽阶段

第一阶段是概念萌芽阶段。所谓概念萌芽，就是企业的创始人产生创意，并把创意转化为理念，而后据此制订商业计划。

此时，应该明确以下几个问题：产品或服务的理念、产品特征和价值、产品开发的可行

性、有没有必要进行进一步的技术研发、客户群体是谁、如何找到客户、市场信息的统计和客户评论是否能推进问题评估和商业规划等。

1997 年，刚刚成立没多久的 Webvan 公司（美国的一家网上杂货零售商）很出色地完成了以上这些工作，拥有丰富管理经验的创始人制订了非常诱人的商业计划，从风险投资者手中筹到了 1000 万美元的启动资金，并在接下来的两年时间里累计获得了 3.93 亿美元的私募投资。

2. 产品开发阶段

第二阶段是产品开发阶段。当公司的各个部门相继成立后，就开始由各个团队来进行产品的开发。商业计划书中确定的市场规模由营销部门来负责，并对初始用户进行定位。同时，产品开发团队进行产品特征的明确和产品开发。产品开发一般会扩展为“瀑布式”相互关联的步骤，每一步都强调最小化，以明确产品特性，而且开发流程一旦启动就不能停止，即使产品有问题、有了新的创意等也不能停下来，如图 11-2 所示。这个流程会连续进行 18~24 个月，有的甚至要持续更久。

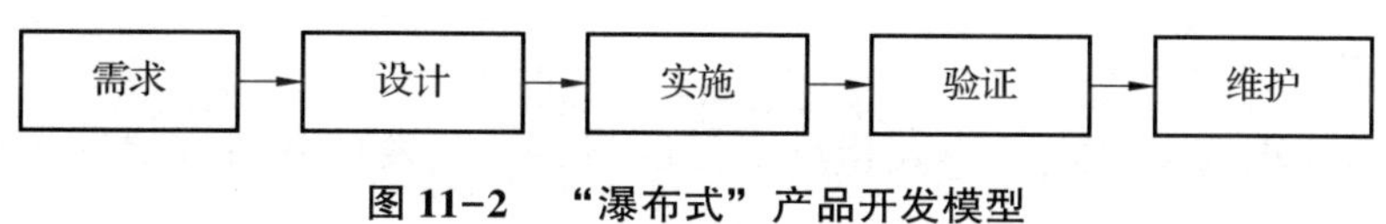

图 11-2　“瀑布式”产品开发模型

3. 内部测试和外部测试阶段

第三阶段是内部测试和外部测试阶段。产品开发团队以首次客户交付日期为目标，继续进行“瀑布式”的产品开发。在外部测试阶段，邀请一些外部用户对产品进行测试，通过测试来验证产品是否满足设计要求。营销部门进行营销方案的制订，建设企业网站，为销售人员准备相关的支持材料，以开展演示活动。公关部门对定位进行调整，与媒体、知名博主等取得联系，开始进行品牌的打造。

4. 产品发布和首次客户交付阶段

第四阶段是产品发布和首次客户交付的阶段。产品进入运营阶段后，需要大量资金来保持销售渠道的畅通，并支持各种营销活动。特别是对于那些在早期无法实现盈利的企业，必须设法筹集更多的运营资金。

Webvan 公司在 1999 年 6 月推出了第一个地区级网店，网店上线前只进行了一个月的外部测试，就在两个月后申请 IPO。在 IPO 当天公司就获得了 4 亿美元的投资，市值达 85 亿美元，比当时美国的三大杂货零售连锁品牌的市值加在一起都要高。可谁都想不到，这家公司后来会那么短命。

二、精益创业思维

近年来，随着对传统创业思维和“火箭发射式”模式的反思，硅谷开始流行精益创业的理念。精益创业强调将极简的原型产品快速投放到市场，通过客户反馈不断学习和优化产品，以适应市场需求。这种理念最初出现在软件行业的敏捷开发模式，可以被视为其延续。

成熟大公司与初创公司的主要区别在于商业模式是否已经得到验证。大公司通常运营和执行经过验证的商业模式，而初创公司则致力于探索未知的商业模式。

一些初创公司的失败是由于混淆了商业模式探索和执行。Webvan 公司的匆忙扩张就是其中一例，在没有验证商业模式的情况下，在多个城市展开，导致无一成功。因此，未经验证的商业模式如果过早执行，可能会因为混淆探索与执行而导致失败。

精益创业提供了初创公司取得成功的工具。它主要包括三个部分。

1. 基本商业计划

在精益创业框架中，即使是完美的商业计划也只是前提和假设，需要不断验证和迭代。

2. 客户开发

这与传统的“火箭发射式”模式相反，强调与客户开发的并行或提前进行。客户在精益创业中占据核心地位，产品根据客户需求进行开发。

3. 精益研发

产品或服务进入市场后，采用精益研发方式，高速迭代、科学试错，以获取认知。通过商业计划建立前提和假设，并将客户引入创业过程，通过高速迭代和科学试错来获取认知。

第二节　精益创业的基本框架

一、精益创业的理念

初创企业一般会经历以下四个阶段：

第一阶段是发散式的探索，有极高的不确定性，要不断、快速地探索多个方向，不停地试错。

第二阶段是聚焦式探索。经过第一阶段后初步确定了方向，在几个备选商业模式中选择最佳的一个。

第三阶段是商业模式的确立及放大阶段。

第四阶段是商业模式的正常运行。

传统商学院的 MBA 教育主要集中在第三、第四阶段上，而第一、第二阶段几乎不涉及。所以，精益创业能够对传统商学院的创业教育起到补充的作用。

大多数情况下，第一、第二阶段的现金流是负的。企业要想存活，就必须在这两个阶段进行快速迭代，并在资金耗尽之前确立商业模式。度过这个阶段，初创公司确立了商业模式，CEO 可以向董事会汇报公司未来的发展方向，投资人也可据以确认这是一家具备一定价值的公司了。

精益创业聚焦的这两个阶段，阐释的是如何从 0 到 1 的过程。商业模式的第三阶段是放大，即从 1 到 100，这是传统商学院所涉及的部分。

史蒂夫·布兰克提出的基于精益创业理念的四步创业法，分为两阶段四个步骤，如图 11-3 所示。

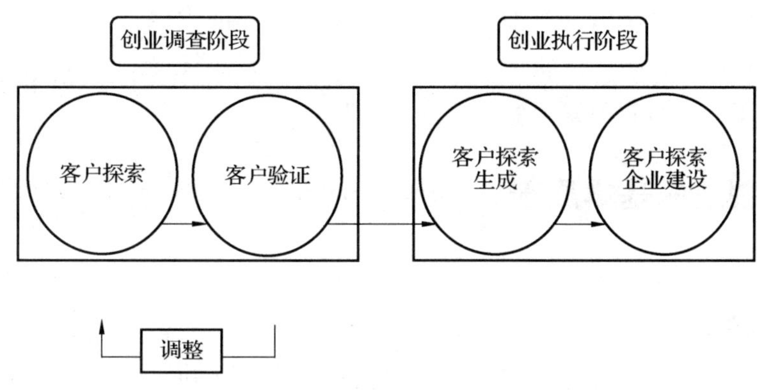

图 11-3　基于精益创业理念的四步创业法

第一阶段：创业调查阶段。这一阶段的工作就是验证，即验证自己的价值主张和商业模式能否成立。该阶段没有成立公司的必要。

定义基本假设：客户痛点假设和解决方案假设。

第一步，客户探索。在探索阶段，要学会观察与倾听客户的需求，在和客户沟通的时候，不要急于提出自己的解决方案。

不断探索并积累认知：通过持续的探索和快速迭代，找到用户的真正痛点。

第二步，客户验证。开发“最简可行”产品，并对其假设进行验证。如果无法通过验证，迅速转到第一步。

验证基本假设：客户痛点假设和解决方案假设。

验证商业模式：是否可以重复和规模化。

寻找早期支持者：与天使客户展开互动。如果很难找到客户，就“轴转”到创业调查阶段的第一步。

商业模式得到验证的标志：成单，即这些最简可行产品有人来埋单。

“轴转”是客户开发的核心反馈机制，通过不断循环，持续获得并更新关于产品和市场的认知，减少市场风险。“轴转”最重要的就是速度，要迅速把握住时机。有非常多的初创企业最后以失败而告终，并不是因为它的产品或者商业模式存在严重问题，而是因为这些企业等不到完成商业模式验证的那一天。所以，“轴转”的过程必须迅速，越迅速就越能够保持对现金流更少的需求。

第二阶段：创业执行阶段。这个阶段包括客户生成和企业建设两个步骤。

第三步，客户生成。开始投入营销资源，拓展渠道。

第四步，企业建设。这一步就可以成立公司了，并应建立自己的组织架构。

产品的迭代过程应用于创业执行阶段：强化产品的价值主张，设立竞争门槛，拓展新客户。

如果产品的价值主张与商业模式还没有通过验证，一定不要把营销资源投入市场，也不要强行拉动客户增长，这很容易导致创业失败。如果产品的价值主张和商业模式通过了验证，可以把营销资源逐渐导入市场，一边导入资源一边对效果进行反馈并调整与改进，进行高速循环迭代，不断总结和积累“验证式的认知”。

二、精益创业的基本原则

精益创业的五项基本原则。

1. 客户导向原则

精益创业的一切都是围绕客户展开的，包括对客户的认知。而“火箭发射式”创业是自我导向，从初创公司或者创始人自身导入创业过程。

2. 行动原则

行先于知，不是用知来引导行，而是用行动导向代替计划导向。

3. 试错原则

用科学试错替代预测。最重要的一个试错工具就是最简可行产品。

4. 聚焦原则

初创企业在选择客户的时候，最好把关注点集中在天使客户上。

5. 迭代原则

从“火箭发射式”创业中假设能完美执行自己的计划转变为精益创业的高速迭代。

精益创业以行动为起点，强调行动导向，通过科学试错来不断获取认知。这是学习的第一个循环，将认知转化为行动，并根据反馈进行调整。然后，从行动中收获的认知又聚焦于新的行动，这是学习的第二个循环。整个过程不断重复，实现认知的持续更新，同时行动也随时进行调整。这是精益创业在思维上的基本模式。

三、精益创业的适用范围

精益创业模式最初应用于互联网行业，尤其在软件开发领域，后来逐渐拓展至多个行业。以美剧制作为例，剧组首先制作一段先导片来介绍主要人物、情节和背景，然后邀请观众参加试映会，根据观众反馈调整剧情。第一季结束后，制作方根据收视率和观众反馈决定是否继续拍摄。这种周拍季播模式将决策权交给观众，降低制作方的风险，是典型的精益创业模式。

精益创业适用于客户需求不断变化且开发难度较低的领域，如软件、电影电视和金融服务业等。在中国，大众点评网等平台采用小步试错的模式进行产品开发，中信银行信用卡中心也采纳了精益创业模式对信用卡产品和服务进行创新。

然而，精益创业不适合客户验证成本高、技术难度大的领域。例如，与特殊人群（如运动员）沟通的成本较高，不易频繁接触并获得反馈；航天工程等行业的客户需求明确，但技术实现难度极高。

第三节 最简可行产品

一、最简可行产品的定义

精益创业的核心是“最简可行产品”（Minimum Viable Product，MVP）。最简可行产品是指产品的初步形态，初创企业通常会将 MVP 小规模投放市场，根据客户反馈进行调整和优化。例如，在建筑行业中，如果计划建造一栋楼房，可以先制作一个楼房模型作为最简可行产品。

在目标市场不明确的情况下，需要通过科学设计实验来验证产品或方向的可行性。如果假设得到验证，则可以扩大规模并正式进入市场；如果验证失败，则需要进行调整。

大多数初创企业的发展轨迹都与原始计划存在偏差。成功的企业是那些能够不断从客户反馈中学习、调整和改进其最初的计划和方案的企业。

以汽车行业为例，厂家通常会先推出概念车来收集市场反馈。为了获取客户反馈，企业需要：

第一，尽快将产品和理念传达给客户以获取反馈；

第二，明确目标市场；

第三，确保传递的信息真实可靠。

总之，精益创业的核心是利用最简可行产品快速获取客户反馈，并根据反馈进行迭代和优化。通过不断学习和调整，更好地适应市场变化并实现可持续发展。

【案例分析 11–1】

最简可行产品验证案例

在当今时代，许多人拥有多台电脑，因此需要解决一个“同步”问题。某创业团队开发了一款提供同步本地文件的网络存储在线应用，支持在多台电脑和多种操作系统中自动同步，并可作为大容量的网络硬盘使用。然而，该创始团队在初期拿着创意方案寻找风投时遭到了拒绝，因为他们无法提供一个成形的产品。

为了解决这个问题，该创业团队制作了一个 3 分钟的动画视频，将产品的功能和特点以动画的形式展示出来。他们将视频上传到网上，结果一天之内就有 3 万多人反馈，表达对这个产品的期待。这证明了在产品概念阶段与潜在客户分享的重要性。在之后的运营中，创业团队也根据客户的反馈不断改进产品，使其成为同类产品的佼佼者。

《精益创业》作者埃里克·莱斯强调了最简可行产品的重要性。他指出，最简可行产品针对的是早期天使用户，这些用户的特点是对新产品有更高的容忍度，并有能力看到产品的未来发展趋势，会主动参与产品的改进。在产品的功能上，他建议将规划中的产品功能减半再减半，以实现最佳功能组合。以美国鞋类电商网站为例，创始人在设计最简可行产品时并没有购买大量鞋子或建设网站，而是采用了最简单的方式，即在鞋店里拍几张鞋的照片放到自己的网站上。如果有人来买鞋，他就去鞋店把鞋买回来并原价邮寄给客户。虽然每销售一双鞋都会赔上邮费，但他通过这种方式验证了自己的假设。

综上所述，精益创业的核心在于通过最简可行产品快速获取客户反馈并根据反馈进行迭代和优化。同时，要充分利用现有平台测试市场反馈。成功的企业能够不断从客户的反馈中学习、调整和改进其最初的计划和方案。

我们现在用的微信最初也是最简可行产品。其针对消费者的痛点就是传统运营商收取的短信费和不能群发，为此，公司推出了微信 1.0，这个版本的微信只有发免费信息和群发功能。取得很好的反馈后，公司又在 2.0 版本里加上了照片分享功能，并在后续的版本中加入其他功能（如摇一摇、语音等）。

在我们国家的发展进程中，其实也有最简可行产品的影子。比如，改革开放就是从一个小岛蛇口开始的，经过验证后，进行商业模式的放大，最后进入商业模式的执行阶段。

最简可行产品验证两个关键点的过程可以分为三步：①针对天使用户设计最简可行产品；②对最简可行产品进行测试，把收集上来的反馈信息与预设指标进行比对；③快速获取认知，把无助于认知的功能删掉。

埃里克·莱斯提出了一个“开发—测量—认知”的反馈循环，如图 11-4 所示。

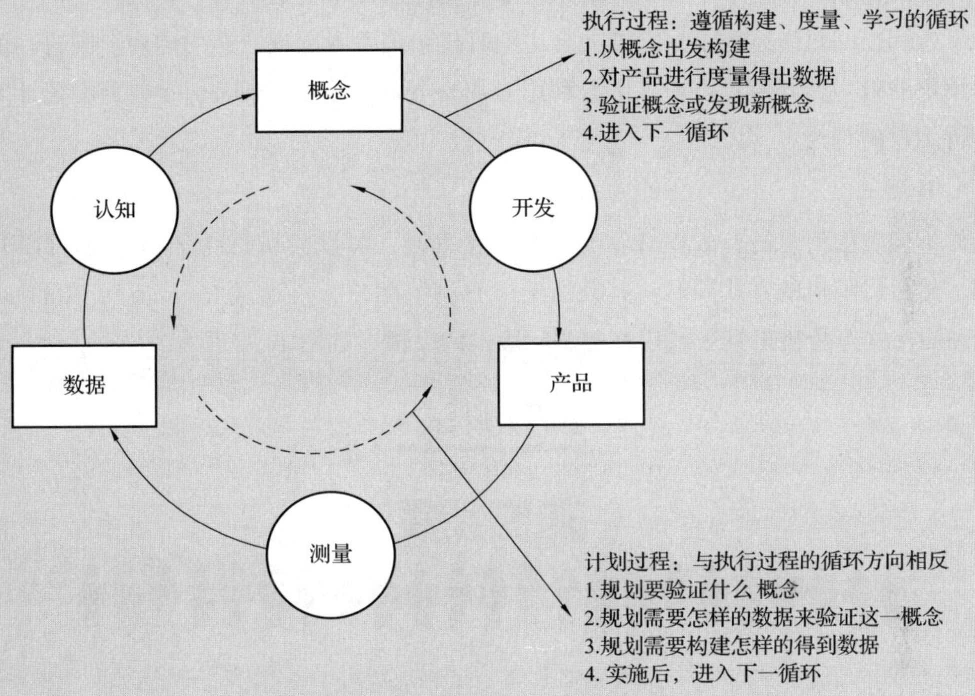

图 11-4　“开发—测量—认知”的反馈循环

需要注意的是，在用最简可行产品验证假设的时候，要保证速度足够快，要快速获取认知，放弃对认知无用的功能。

资料来源：笔者根据相关资料整理。

二、如何验证最简可行产品

验证最简可行产品有 15 种方法。

1. 用户访谈

创业没有严格的定理，只有各种不同的意见和假设。而验证各种观点是否正确的重要途径就是与真实的用户进行沟通，向用户解释你的产品能满足他的什么需求，然后询问他对产品不同部分的重要性是如何排序的。根据收集到的信息对产品进行调整。需要注意的是，用户访谈应该着眼于发现和解决问题，而不是向受访者推销产品。

2. 登录页

登录页是访客或潜在用户了解你的产品的门户，是介绍产品特性的一个重要载体，可以借此了解产品到底能不能达到市场的预期。

很多网站的登录页只是要求用户填写 E-mail，但实际上登录页还可以有更多的拓展，如增加一个单独的页面来显示价目表，向访客展示可选的价格套餐。用户的点击不仅显示了他们对产品的兴趣，还显示了什么样的定价策略更能获得市场的认可。

为了达到预期效果，登录页需要在合适的时机给消费者展现合适的内容。同时，为了准确了解用户的行为，开发者也应该区分利用 Google Analytics、KISSmetrics 或百度统计等工具统计分析用户的行为。

3. A/B 测试

当你不确定如何才能有效提升注册率和转化率时，可以尝试 A/B 测试。你可以开发两版页面，然后以随机的方式同时将其推送给所有浏览用户，再通过 Optimizely、Unbounce 或 Google Analytics 等分析工具了解用户对不同版本的反馈，如图 11-5 所示。

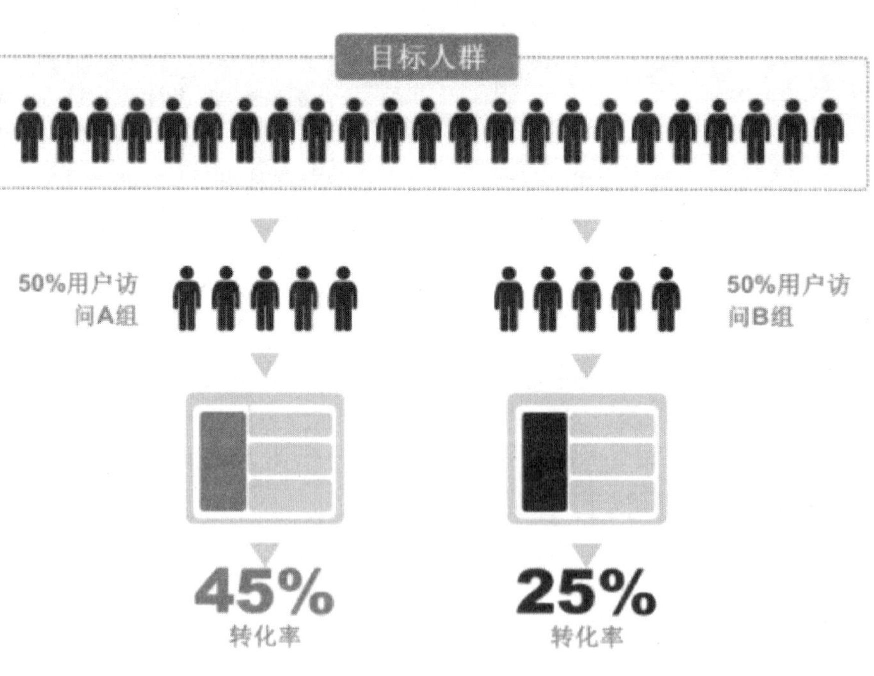

图 11-5　A/B 测试

4. 投放广告

这一点可能和传统的观点相悖，但实际上，投放广告是验证市场对产品反应的有效方法。可以通过谷歌、脸书、百度及抖音等平台将广告投放给特定人群，看看访客对早期产品有何反馈，到底哪些功能最吸引他们。可以通过网站监测工具收集点击率、转化率等数据，并与 A/B 测试结合起来。但是请注意，搜索广告位的竞争非常激烈，所以，为 MVP 投放广告的主要目的在于验证市场对产品的态度，不要一味地追求曝光量，用户对产品真实的反馈才是无价的。

5. 筹款

Kickstarter、Indiegogo、京东众筹及造点新货（原淘宝众筹）等众筹网站为创业者测试 MVP 提供了很好的平台。创业者可以发起众筹，然后根据人们的支持判断其对产品的态度。此外，众筹还可以帮助创业者接触到一群对产品十分感兴趣的早期用户，他们的口口相传及持续的意见反馈对产品的成功至关重要。

一些公司在产品开发出来之前就筹得了上百万美元，并且取得了巨大的反响。当然，如果想在众筹网站上取得良好的效果，就需要有说服力的文字介绍、高质量的产品介绍视频及充满诱惑力的回报说明，如图 11-6 所示。

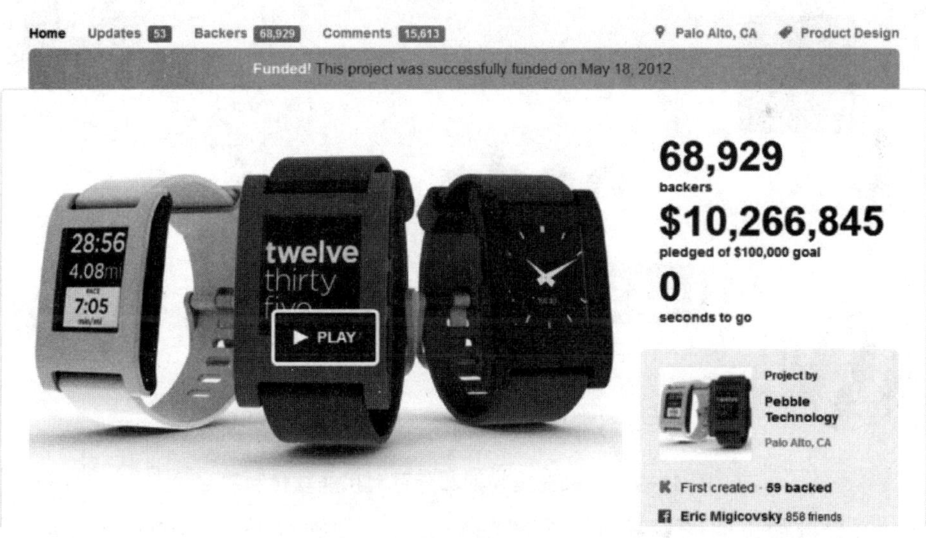

图 11-6　电子纸手表众筹

6. 产品介绍视频

如果说一张好的产品图片胜过千言万语的话，那么一段高质量的介绍视频的价值则不可估量。最著名的例子就是某创业公司在初期发布了一段产品视频，这段视频介绍了产品的各项功能，注册用户一夜之间从 5 000 暴增到 75 000，但该公司甚至连实际的产品都还没有。当开发的产品解决的是一个用户自己都没有发现的问题时，你很难接触到目标消费群体。

7. 碎片化的 MVP

所谓碎片化的 MVP，是指利用现成的工具和服务进行产品的功能演示，而不是完全自己开发。在国外团购网站成立的早期，创始人使用了 WordPress、AppleMail 和 AppleScript 等工具，将网站收到的订单手动生成 PDF 发给用户。自己花时间和金钱搭建各种基础设施，远不如利用现成的服务和平台。通过这些方式，开发者可以更高效地利用有限的资源。

8. SaaS&PaaS

在产品开发初期，不要在服务器方面投入太多，可以利用的工具非常丰富，如 AWS、Heroku、MongoDB、FacebookConnect、Chargify、Mixpanel、Mailchimp、GoogleForms、LiveChat、WordPress、Drupal 等，如图 11-7 所示。利用这些服务和平台能够加快开发进程，尽快将 MVP 推向市场。

图 11-7　产品开发初期部分可利用的软件和平台

设计和开发框架也能够有效地节约时间和金钱，且可选择的范围很大，如 TwitterBootstrap、ZURBFoundation、RubyonRails、Django、bootstrap. js、node. js 等。这些框架或目录提供大量文档，能够帮助你很快地搭建起 MVP，并将其推向市场。此外，很多开发者感到棘手的浏览器兼容性、移动端界面设计、代码优化等问题也能够轻松解决。你需要做的就是集中注意力开发产品。

9. 博客

利用博客可以很容易地在目标群体中验证自己的想法，通过双向交流可以在 MVP 开发过程中及时收集用户的反馈意见。《精益创业》的作者埃里克·莱斯就是先在博客上与读者有了一定的交流，后来才开始写作的。通过博客可以了解受众的观点，并刺激他们将来买书的欲望。

10. 虚构的 MVP

在产品开发的早期，除了制作视频和搭建代码框架外，还可以利用虚构的 MVP（在产品开发出来之前）人工模拟真实的产品或服务，让消费者感觉他们在体验真实的产品，但是实际上产品背后的工作都是手工完成的。

国外某鞋类电商刚刚起步时，创始人把本地商店鞋子的照片放在网站上，来分析人们在线购买鞋子的需求和可能性。当有人下单时，他再去把鞋子买回来。这种方法虽然很笨，但是能让你在产品设计的关键阶段与消费者保持良好的沟通，了解消费者使用网站时的一手信息，更快捷地发现和解决现实交易中消费者遇到的问题。对于消费者来说，只要产品够好，谁在乎企业运作方式。

11. 贵宾式 MVP

贵宾式 MVP 与虚构的 MVP 类似，只不过不是虚构一种产品，而是向特定用户提供高度定制化产品。

某服装租赁服务公司在测试它们的商业模式时，为在校女大学生提供面对面服务，每个人在租裙子之前都可以试穿。该公司通过这种方式收集到大量顾客的真实反馈，以及付费的意愿，如图 11-8 所示。

图 11-8　Renttherunway 网站页面

12. 数码原型

实物模型、线框及原型可以展示产品的功能，模拟实际的使用情况。这些原型既可以是低保真度的框架，也可以是实际用户体验截图。

13. 纸质原型

纸质原型与数码原型类似，既可以是剪切画，也可以是在纸上手绘的框架，用来展示用户使用产品的体验。纸质原型的优势在于，不论是产品经理还是设计师，抑或是投资者、最终用户，都可以利用，而且不需要太多的解释，因为它就是实际产品的缩影。对于手机、椅子等实体产品的开发来说，这种方法是非常有价值的。

14. 单一功能的 MVP

在做最简可行产品时，专注某个单一功能会更节约开发时间和精力，避免用户的注意力被分散，让他们关注到产品的主要功能。Foursquare（手机服务网站）在上线之初只是为了让用户可以在社交媒体上签到。其第一版 App 也仅有这一个简单的功能。Buffer 最初就是定时发 Twitter，每个用户只能绑定一个 Twitter 账号。这种限制帮你缩小了早期用户的范围，让你关注更重要的问题，如测试产品是否适应市场等，而不必担心乱七八糟的事情。

15. 预售

预售与众筹类似，帮你找到潜在客户，甚至在你的产品开发出来之前就吸引他们购买。如某款为电子游戏设计的头戴式 VR 显示设备，在开发者版本投产之前就发布了预售页面。此外，很多众筹的项目也以预售的形式进行。通过预售，你可以了解人们对产品的需求到底有多大，然后考虑是否还要继续该项目。预售所面临的挑战在于能否如约发货。没有人喜欢虚无缥缈的东西，消费者给了你信念上和资金上的支持，你必须对他们负责，不能辜负了他们。

【案例分析 11-2】

今夜酒店特价

创业公司在产品开发过程中，往往急于投入大量人力和物力，却忽视了市场验证和用户反馈的重要性，这可能导致产品开发的方向偏离市场需求，造成资源的浪费。中国的创业者在创办今夜酒店特价模式时，最初参考了国外同类产品的模式，重点面向商旅人士，与几家酒店深度合作，建立线上支付体系，采用预付费模式。然而，经营状况惨淡，每天的订单量极少。他们一度认为执行出了问题，但半年后才意识到最初的市场定位有问题。如果他们在一开始时先不大量投入，而是通过一些线上房源数据测试用户需求，自己提供优惠，进行小规模实验，可能只需一两个月就能得出有效结论，而且成本

会大大降低。因此，在创业过程中，先进行市场验证和用户反馈至关重要，可以避免盲目投入资源和时间，提高产品开发的效率和成功率。

资料来源：王晓芳．最小化可行性产品（MVP）的思维和实践［EB/OL］．［2019-11-13］．https：//baijiahao. baidu. com/s？ id＝1650086864434623098&wfr＝spider&for＝pc.

【案例分析 11-3】

某点评网

在创业过程中，验证市场需求和用户需求至关重要。某点评网的创始人张涛最初只花了 3 天时间做出网站的雏形，虽然很简陋，但他认为这就是最简可行产品（MVP）。他通过将旅游手册里的 1000 多家饭店录入网站系统，验证了网友是否愿意进行点评，这是公司商业模式运营最重要的起点。

当想切入餐馆订位服务时，他们考虑了电话预订等解决方案，但这些方案需要很长时间开发和不确定的用户接受度。MVP 的概念再次发挥作用，他们做了一个简单的试验：没有使用语音转化技术和声讯电话服务，而是由两位客服人员人工接收信息，打电话给餐馆，再回复用户。这验证了用户需求的可行性和解决方案的有效性。

创业公司应该先通过最小化可行产品（MVP）来测试市场需求和用户需求，而不要在一切未知的情况下贸然确定方向并全力以赴。这样可以避免盲目投入资源和时间，提高产品开发的效率和成功率。通过 MVP，创业公司可以快速获取用户反馈，并根据反馈进行迭代和优化。

资料来源：佚名．创业需要 MVP［EB/OL］．［2022-09-07］．http：//www. 91yunying. com/124. html.

第四节　精益创业画布

《精益创业实战》的作者 AshMaurya 对亚历山大·奥斯特瓦德的“商业模式画布”进行了改良，提出了精益画布。精益画布是初创团队开发创业思路的有力工具。

一、精益创业画布的基本框架

精益创业画布的基本框架如表 11-1 所示。

表 11-1　精益创业画布的基本框架

<table>
<tr><td rowspan="2">问题 1
最需要解决的三个问题</td><td>解决方案 4
产品最重要的三个功能</td><td rowspan="2">独特卖点 3
用简明扼要并能够引起人们注意力的话来阐述清楚，你的产品和别人的有什么不一样的地方，并值得购买</td><td>门槛优势 9
很难被竞争对手复制的竞争优势</td><td rowspan="2">客户群体分类 2
目标客户</td></tr>
<tr><td>关键指标 8
应该考核哪些东西</td><td>渠道 5
如何找到目标客户</td></tr>
<tr><td colspan="2">成本分析 7
获得客户的成本
销售产品的成本
网站建设的成本
人力资源成本等</td><td colspan="3">收入分析 6
盈利模式
客户终身价值
收入
毛利</td></tr>
<tr><td colspan="2">产品</td><td colspan="3">市场</td></tr>
</table>

精益创业画布有以下三个优点。

1. 制作迅速

一般情况下，制作一份商业计划书要消耗大量时间，从几周到几个月不等；而绘制精益创业画布通常只需要不到一天的时间，就能够描绘出几种不同的商业模式。

2. 内容紧凑

精益创业画布能够把内容做到简明扼要，这样就能用最短的时间吸引投资人的注意力。

3. 方便携带

只需一张白纸就可以展现并与他人分享和讨论。

二、精益创业画布的制作步骤

精益创业画布的一般制作顺序如表 11-1 中的相关数字。

在 AshMaurya 精益创业画布的基础上，我们结合中国的创业实践，对精益创业画布又作了进一步的优化和完善，如表 11-2 所示。

表 11-2　结合中国创业实践的精益创业画布

<table>
<tr>
<td>和谁合作
1. 非竞争战略联盟
2. 竞争战略联盟
3. 业务合作互补型
4. 长期供应关系型

获得什么
1. 商业模式优化
2. 降低成本
3. 降低风险
4. 获取特定的资源</td>
<td>解决方案的主要功能
1. 创业早期功能一定要少，不能超过3个
2. 功能要直击用户痛点
3. 思考如何开发对应的最简可行产品
现有解决方案
如果痛点存在，那一定会有解决方案，关键是现有方案的缺点是什么？价格高不高？体验好不好等</td>
<td>独特卖点
用一句话来描述最有价值的地方，可以从以下三个方面入手：
1. 颠覆什么
2. 专注什么
3. 把什么做到极致</td>
<td>用户的特点
1. 如果问题被准确地描述，问题已经有一半被解决
2. 痛点的程度（1~5）
1：无法接受
↓
5：稍有不爽
3. 痛点是否经过验证</td>
<td>要服务的人群
1. 创业一定要从客户部分开始
2. 列出具体特征，如收入、年龄、工作性质等

市场规模
用户决定了市场规模，规模过大很难执行，规模太小很难做大，更高级的服务是为会员提供市场数据分析工具</td>
</tr>
<tr>
<td>团队介绍
1. 创始人是否全职
2. 团队人数
3. 缺失的主要能力
4. 团队能力</td>
<td>主要度量指标（1~2 个）
1. 初创公司只能关注 1~2 个关键指标
2. 初创公司需要快速成长
3. 寻找自己的增长引擎</td>
<td>项目门槛
1. 已有门槛
2. 可以建立的门槛</td>
<td>你做过哪些产品探索性试验
1. 访谈过多少人验证痛点
2. 是否愿意为痛点使用你的解决方案
3. 是否愿意花钱解决问题
4. 是否制作过最简可行产品
5. 是否已经有产品，有多少日活跃用户</td>
<td>天使用户的定义和渠道
1. 你如何定义天使用户
2. 你如何找到天使用户</td>
</tr>
<tr>
<td colspan="2">成本分析
固定成本：
1. 固定资产折旧费
2. 管理人员工资
3. 银行贷款利息
4. ……
可变成本：
1. 获取客户的成本
2. 原材料成本
3. 工人工资
4. ……</td>
<td>时间窗
1. 整个画布对应的周期
2. 大致的计划</td>
<td colspan="2">收入分析
1. 没有收入就没有商业模式
2. 要具体到收入和频率
3. 要根据用户痛点来定价，而不是根据成本来定价
4. 要估算用户会使用的时间，1 天、1 个月还是 1 年
5. 早期定价模型要简单
6. 对于免费模式，建议从收费环节开始验证，把免费作为渠道</td>
</tr>
</table>

精益创业画布模块具体分解如下：

①项目名称：一定要给产品起一个简单容易记住的名称，让人一看到这个名称就能够联想到你的产品或者涉及的行业、服务的客户群体、产品的形态等。

②服务人群：创业的起点是用户，因此要对用户进行细分，具体包括用户的收入、年

龄、工作、行业等，并要对用户的规模进行评估。规模既不能太大，太大很难执行到位，又不能太小，太小没有吸引力，也很难把企业做大。

③用户痛点：如果一个问题能够被清楚准确地描述，那么这个问题已经解决了一半，所以能够发现并准确描述问题是一种非常重要的能力。同时，还要评估这个痛点的级别。级别不一样，解决方案也不一样。另外，需要注意的是，不能想当然地自认为这是用户的痛点，一定要与用户沟通并进行小规模的实验，科学验证痛点的存在。

④解决方案：初创期受资源、人力、能力和资金等的限制，产品功能要少，最好不要超过3个。创业者要把自己的资源集中在最重要的功能上。功能要直击用户痛点。创业者要以最快的速度把最简可行产品发布出来。一般情况下，最简可行产品给用户带来的体验不会太好，因为功能不够完善，但创业者还是应尽快把它发布出来，通过早期用户的使用获得反馈。

⑤天使用户：只要创业的方向没有问题，就一定会找到用户。这些用户在产品还存在缺陷的时候就愿意参与产品的开发和改进过程，与开发者讨论，并愿意花钱购买产品。

⑥探讨性实验：创业初期，有一件很重要的事情，是通过最简可行产品做一些探索性实验。最简可行产品涉及假设、用户和度量三个要素，即针对商业模式做出一个假设，产品能够有效传递到用户手中并取得有效反馈，然后对用户反馈进行可量化的度量，以此评估假设。

⑦度量指标：关于产品的主要功能，要设定度量指标。需要注意的是不要有虚荣指标。所谓虚荣指标，如 App 的装机量，只要肯花钱，通过推广就能获得可观的装机量；又如，公众号的粉丝数，粉丝数多不代表阅读量高，花了钱就可以买粉丝，但粉丝的质量很差。所以一定要选择那些能够反映真实情况的关键指标。

⑧团队介绍：投资人在考察初创企业管理团队的时候，团队负责人如果不是全职的话，投资人一般是不会考虑投资的。另外，团队人数也是一个重要的指标。团队人少，意味着你连创业伙伴都不能说服，要么是你的人品问题，要么是能力问题，要么是项目问题。总之，团队人员越多，意味着创始人越具备吸引人才的能力，估值越高。

⑨项目门槛：包括两类，第一类是先天性门槛，就是团队先天就具备别人没有的资源，如某项专利，或其他独一无二的资源优势；第二类是后天建立的门槛，一般包括产品的开发、公司在发展过程中逐渐建立的优势，这些优势可以弥补先天的不足，如社交类产品的用户黏性、逐渐培养出来的使用习惯等。

⑩和谁合作：创业者要清楚不同类型的合作者，如非竞争战略联盟、竞争战略联盟、业务合作互补型、长期供应关系型等不同类型的合作者。因为不同类型的合作方式与策略是不同的，这一点创业者一定要清楚。此外，创业者还要清楚自己真正的需求和能够从对方获得的价值。

⑪时间窗：每个计划都有时间窗，特别是早期项目，整个计划的时间持续不要超过1

年，控制在6个月以内为最佳。

⑫成本结构：有了时间窗，成本结构和收入才能够有效制定和预估。成本包括两部分：固定成本和可变成本。比如，租赁办公室的费用就是固定成本，而员工的加班费是变动成本。

⑬预计收入：创业者准备创业的时候要对自己的盈利模式进行思考，并选择合适的方法去验证自己的盈利模式。

⑭独特卖点：用最简短的一句话来描述，这样才能在最短的时间内抓住用户的注意力。

【案例分析11-4】

精益创业画布案例——共享单车项目

案例背景：下面以某共享单车项目为例，使用精益画布拆解其商业模式，帮助产品经理快速找到分析方法，并将想法落地，形成商业计划书。

1. 用户痛点

分析一款产品，首先要知道它解决了什么痛点。创业者至少要提出三个该产品解决的核心用户痛点，从而形成商业目标。

共享单车主要解决的就是现代都市生活中人们近距离的通行问题，如打车贵、开车堵、走路远，自己骑自行车维护管理又比较麻烦，如图11-9所示。

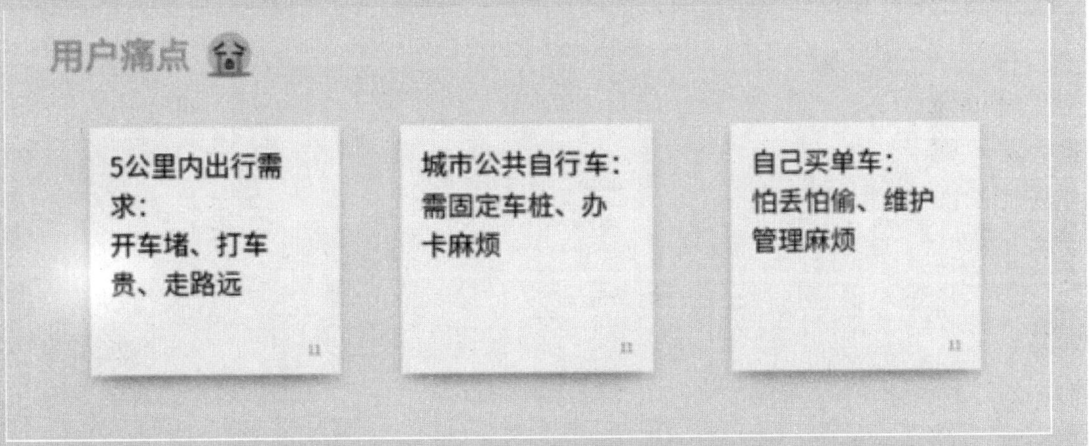

图11-9　精益画布用户痛点解析

2. 客户细分

好的产品并不等于是万能的产品，只有精准把握用户群体，才能有针对性地解决用户的痛点问题，而共享单车的主要目标人群是学生、上班族等，如图 11-10 所示。

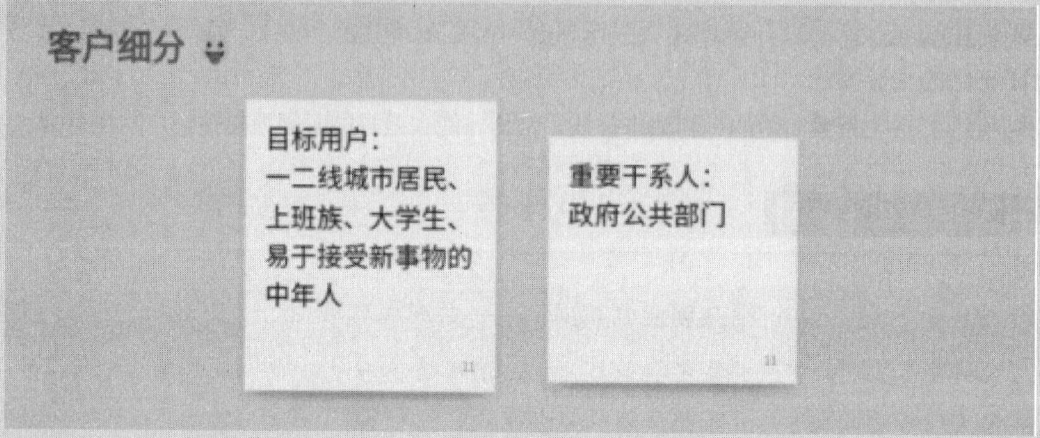

图 11-10　精益画布客户细分解析

3. 独特卖点

分析产品卖点时，可以从两个方面来思考：一是在竞品基础上分析，在存在同类产品的情况下，该产品的优势在哪儿？二是从用户角度来看，该产品解决了怎样的棘手问题？如某共享单车独一无二的外形设计，以及即停即走、扫码便捷使用就是它的独特卖点，如图 11-11 所示。

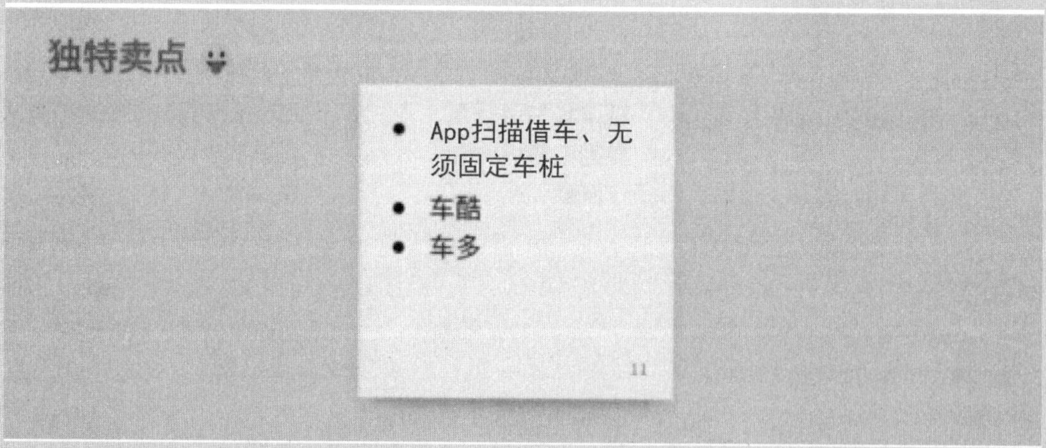

图 11-11　精益画布独特卖点解析

4. 解决方案

在得出用户痛点、产品卖点的基础上，就能找到解决方案了。比如，某共享单车可以通过自主研发的手机 App 控制智能锁，并实时定位；不需要固定车桩还车，便于用户

借车、还车，如图 11-12 所示。

解决方案

- App
- 自主设计的摩拜单车
- 服务端

11

图 11-12　精益画布解决方案解析

5. 渠道分析

最直接的宣传渠道就是共享单车本身。在市区投放车辆，独特的车身外形非常抢眼。同时，通过 App 优惠活动、用户传播，吸引更多的人加入该共享单车骑行的行列中，如图 11-13 所示。

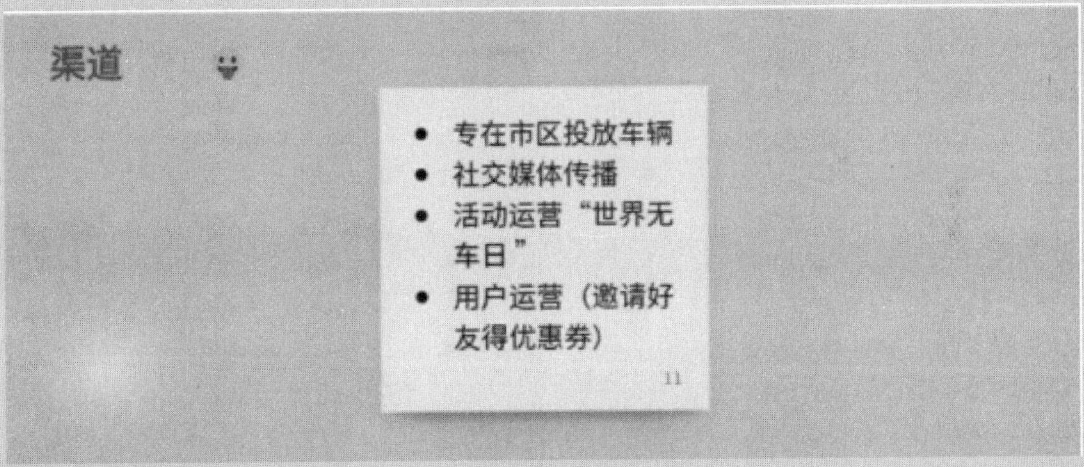

渠道

- 专在市区投放车辆
- 社交媒体传播
- 活动运营“世界无车日”
- 用户运营（邀请好友得优惠券）

11

图 11-13　精益画布渠道部分解析

6. 关键指标

一款产品上线后的运行情况，需要一定的指标进行衡量。如共享单车投放量、活跃用户数、单车使用率、单车故障率、退押金人数等，都是帮助共享单车项目进行产品修正的关键指标，以便实时了解车辆的供求情况，如图 11-14 所示。

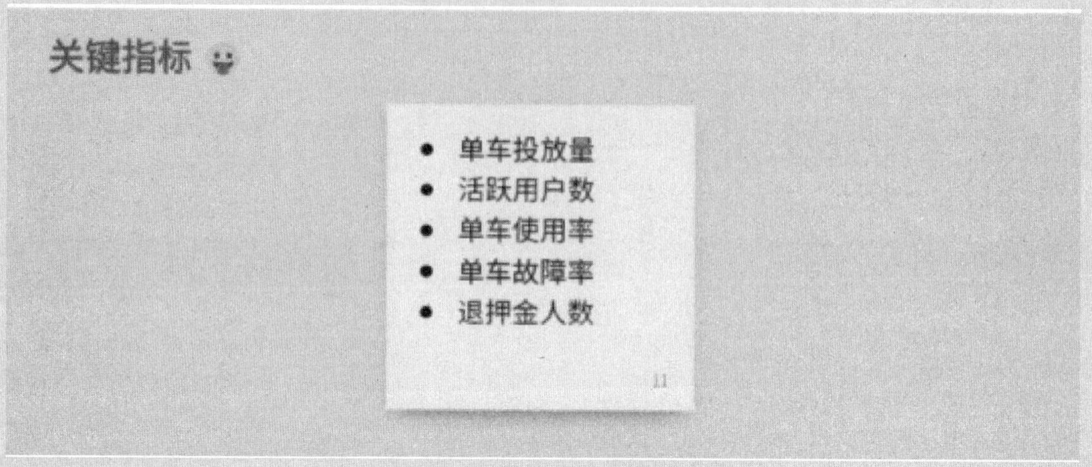

关键指标

- 单车投放量
- 活跃用户数
- 单车使用率
- 单车故障率
- 退押金人数

11

图 11-14　精益画布关键指标解析

7. 竞争壁垒

一款产品想要在一段时间内不被模仿和超越，就要形成自己的壁垒。如该共享单车的智能锁专利，以及背后有创新工场、腾讯等的支持，在专利和资本流量上拥有绝对优势。对于其他竞争对手来说，模仿技术难度大、资金成本高，短期内难以超越，如图 11-15 所示。

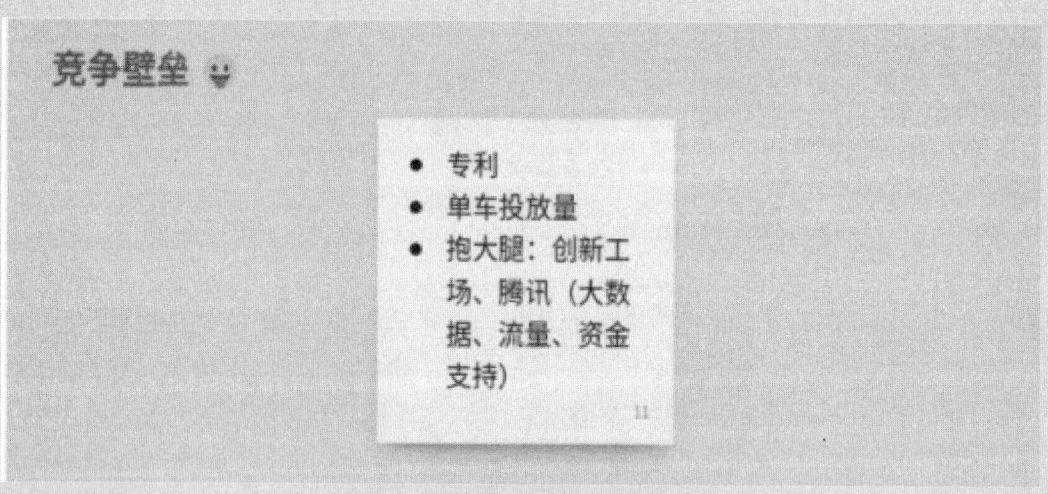

竞争壁垒

- 专利
- 单车投放量
- 抱大腿：创新工场、腾讯（大数据、流量、资金支持）

11

图 11-15　精益画布竞争壁垒解析

8. 成本分析

硬件成本、运营成本、人力成本都是产品在运营推广期间要考虑的问题。初期，要通过降低成本的方法，验证产品是否被用户所需要，以便用低成本的方式快速推进，如图 11-16 所示。

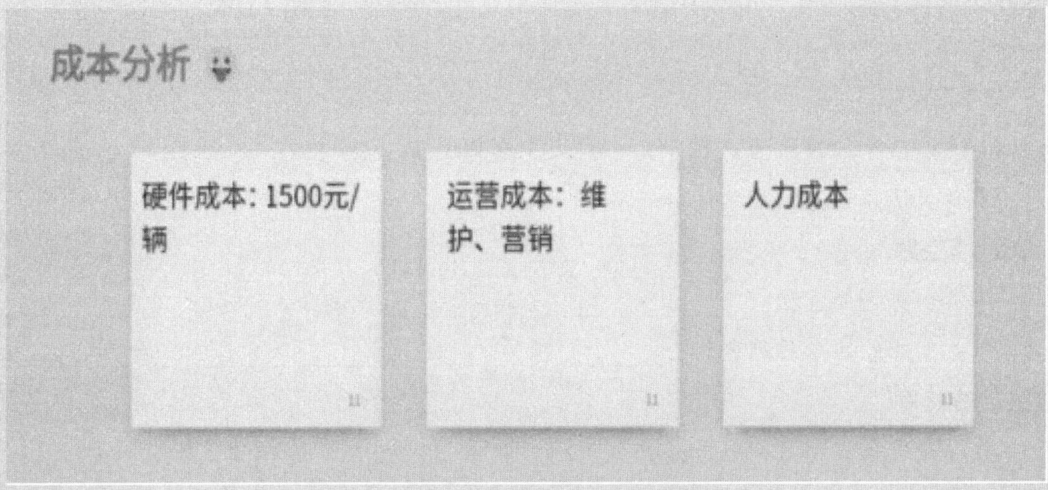

图 11-16　精益画布成本分析

9. 收入来源

在运营稳定并有了一定的用户基础上，创业者开始要考虑盈利模式。例如，共享单车的盈利模式有押金、预付金资金池、骑行单次消费及车身广告等，如图 11-17 所示。

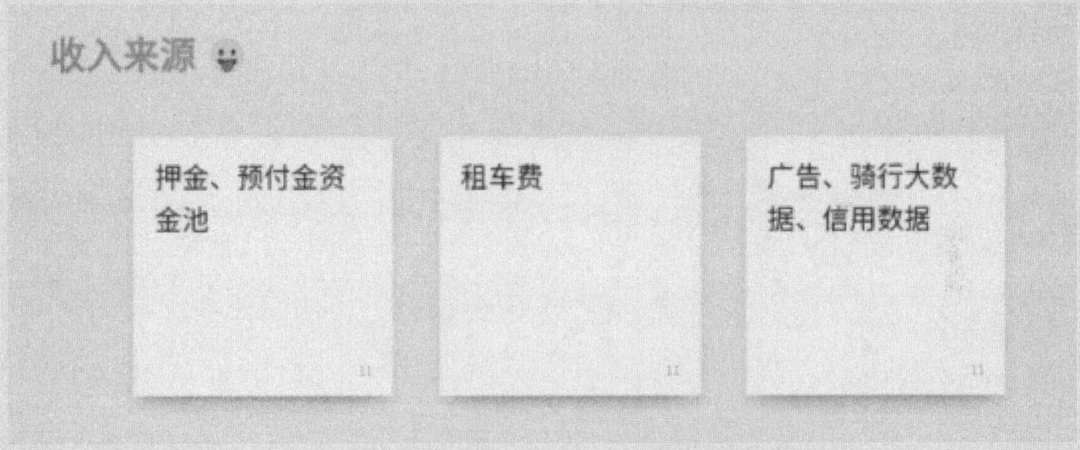

图 11-17　精益画布收入来源解析

通过使用精益画布对共享单车项目进行详细分析，能够快速找到共享单车项目的核心问题。通过 9 个部分的深入分析，给创业者新启动项目以参考。帮助创业者在思考产品问题时能从系统角度出发，形成科学的应用逻辑，从而制定出具有持续竞争力的商业模式。

思考与讨论：

（1）对于共享单车精益创业画布内容，你觉得还有哪些方面可以进一步改进和完善？

（2）请参照共享单车项目的精益创业画布，选择你所熟悉的一家本地创业企业，画出精益创业画布并与其他同学讨论。

复习与思考

一、判断题

1. 传统产品导入模式为产品开发—测试—产品发布。 ( )

2. 瀑布式产品开发顺序为设计—实施—发布。 ( )

二、填空题

1. 精益创业主要包括________、________和________三部分。

2. 精益创业的基本原则包括________、________、________、________和________。

三、分析题

1. 为什么近年来精益创业方法开始引起重视并流行起来？这种模式和传统创业模式有什么区别与联系？

2. 精益创业的基本框架和过程是怎么样的？

3. 最简可行产品有什么作用？如何验证？

4. 精益创业画布如何使用？

参考文献

[1] 德鲁克．创新与企业家精神 [M]．蔡文燕，译．北京：机械工业出版社，2018.
[2] 格林伯格，斯威特，威尔逊．新型创业领导者：培养塑造社会和经济机会的领导者 [M]．吴文华，林晓松，曹明，译．北京：北京大学出版社，2020.
[3] 施莱辛格，基弗，布朗．创业：行动胜于一切 [M]．郭霖，译．北京：北京大学出版社，2017.
[4] 陈文华，陈占葵．大学生创业思维与能力训练教程 [M]．北京：现代教育出版社，2018.
[5] 邓立治．商业计划书：原理、演示与案例 [M]．2 版．北京：机械工业出版社，2018.
[6] 黄新华，余康发，郭瞻．筑梦未来：大学生职业生涯规划（应用型本科）[M]．上海：上海交通大学出版社，2019.
[7] 李俊．创业实践：做中学创业 [M]．北京：北京师范大学出版社，2018.
[8] 吴晶鑫，凌邦如．大学生创新创业基础 [M]．北京：国家行政学院出版社，2018.
[9] 吴满琳，刘秋吟，李琴．大学生创业基础：知行合一学创业 [M]．上海：复旦大学出版社，2018.
[10] 吴晓波．激荡三十年：中国企业 1978—2008 [M]．北京：中信出版社，2017.
[11] 张玉利，薛洪志，陈寒松，等．创业管理 [M]．4 版．北京：机械工业出版社，2017.
[12] 朱恒源，余佳．创业八讲 [M]．北京：机械工业出版社，2016.
[13] 埃里克莱斯．精益创业 2.0 [M]．北京：中信出版社，2020.
[14] 阿什・莫瑞亚．精益创业实战 [M]．北京：人民邮电出版社，2023.